公路工程造价与招投标

主　编　刘金妹
副主编　侯力杨　任大勇
参　编　王立利　李　博　张东华

华中科技大学出版社
中国·武汉

内 容 简 介

本教材以公路工程造价编制流程为主线,以实际工程项目为依托,共设置了六个学习项目,分别是:项目一,认知公路工程造价;项目二,公路工程预算定额的应用;项目三,人工、材料、机械台班预算单价的确定;项目四,公路工程建设项目概算、预算费用标准和计算;项目五,公路工程概算、预算文件的编制;项目六,公路工程施工招标与投标文件的编制。

本教材紧密贴合生产一线,真实再现岗位核心技能,在实践指导方面具有较强的实用性,既可作为高职高专教育道桥相关专业的教材,也可作为相关专业各层次人员自学或培训的教材及参考书。

图书在版编目(CIP)数据

公路工程造价与招投标 / 刘金妹主编. -- 武汉:华中科技大学出版社,2025.1. -- ISBN 978-7-5772-1399-6

Ⅰ. U415.13

中国国家版本馆 CIP 数据核字第 202530H3H9 号

公路工程造价与招投标 刘金妹 主编
Gonglu Gongcheng Zaojia yu Zhaotoubiao

策划编辑:金　紫
责任编辑:狄宝珠
封面设计:原色设计
责任监印:朱　玢
出版发行:华中科技大学出版社(中国·武汉)　　电话:(027)81321913
　　　　　武汉市东湖新技术开发区华工科技园　　邮编:430223
录　　排:华中科技大学惠友文印中心
印　　刷:武汉市洪林印务有限公司
开　　本:787mm×1092mm　1/16
印　　张:13.5
字　　数:345 千字
版　　次:2025 年 1 月第 1 版第 1 次印刷
定　　价:49.80 元

本书若有印装质量问题,请向出版社营销中心调换
全国免费服务热线:400-6679-118　竭诚为您服务
版权所有　侵权必究

前言
Preface

　　党的二十大报告指出,要坚持以人民为中心的发展思想,深化供给侧结构性改革,推动高质量发展,并特别强调了生态文明建设的重要性。在公路造价与招投标领域深入贯彻这一精神,意味着我们在进行公路造价与招投标工作时,需优化造价管理流程,提高工作效率,勇于创新,推广使用节能环保材料和技术,以减少项目建设对环境的影响,实现可持续发展。我们不仅要考虑项目的经济效益,更要关注项目对人民群众生活质量的影响,在确保工程质量和安全的前提下,有效控制造价,让更多项目惠及民众。

　　本教材依据交通运输部颁发的《公路工程建设项目造价文件管理导则》(JTG 3810—2017)、《公路工程建设项目概算预算编制办法》(附第 1 号修改单)(JTG 3830—2018)、《公路工程预算定额》(上、下册)(JTG/T 3832—2018)、《公路工程机械台班费用定额》(JTG/T 3833—2018)以及《公路工程标准施工招标文件》(2018 年版)(交通运输部公告 2017 年第 51 号)等计价文件,结合近年来课程教学改革实践精心编写而成。

　　本教材对公路工程造价与招投标知识进行了梳理,融合了多年的教学和实践经验,依据人才培养方案和课程标准的要求,精选内容,力求创新。在编写过程中,我们广泛参阅了相关文献,征求了同行的宝贵意见,突出了职业技能训练的主导地位。本教材采用"案例式"引入,以"项目式"编排,每个项目都根据实际情况布置了"学习任务",设定了"学习目标",并在各任务后安排了针对性的实践活动,旨在培养学生的职业技能。此外,本教材配置了二维码,使用者可通过扫描二维码获取相关教学资源。

　　本教材具有以下两大特点。一是突出职业技能训练的主导地位。围绕职业技能训练要求,确定理论教学内容和要求,设置教学环节和进度,使理论教学服务于职业技能训练。二是理论教学与职业技能训练相结合。本教材注重感知和操作,强调学生学习的主体性,旨在实现以下目标。

(1)通俗化:将课程思政元素和劳动教育融入教材内容,采用简单易懂的语言介绍复杂知识,用直观的方式解释抽象概念。

(2)理实分配合理化:强调实践应用的可操作性,简洁明了地阐述专业技能所需的理论知识,重点突出实用性和操作性强的专业应用技能。

(3)多元化:教材编写注重多元化,以满足学生差异化的学习需求。教材内容不仅包含文字、图片等传统信息,还融入了音视频等多种媒体形式,将抽象内容生动具体地呈现出来。

(4)案例化:从案例的感性认识出发,符合学生认识新事物的规律。让学生在案例认知过程中产生兴趣并启发思考,同时结合项目化教学方法,明确目标任务,在规定时间内完成学习任务,变被动学习为主动探索,实现从感性认识到理性认识的提升。这也是理论与实践相结合原理在教学过程中的具体应用。

本教材具体编写分工如下:项目一任务三、项目二任务三、项目六任务一和任务二由内蒙古交通职业技术学院刘金妹编写;项目二任务一、任务二和任务五由内蒙古交通职业技术学院侯力杨编写;项目二任务四和项目六任务三由通辽市交通工程局任大勇编写;项目四由内蒙古交通职业技术学院王立利编写;项目二任务六和任务七以及项目五由内蒙古交通职业技术学院李博编写;项目一任务一、任务二和任务四以及项目三由内蒙古交通职业技术学院张东华编写。全书由刘金妹负责统稿。

在教材编写过程中,我们参阅和引用了众多专家、学者的论著资料,并得到了许多企业和院校专家的热情帮助和支持,在此一并表示衷心的感谢。由于编者经验和水平有限,书中难免存在缺点和不足,真诚希望使用本教材的教师和其他读者批评指正,并提出宝贵意见,以便我们今后进一步修订和完善。

编 者
2024 年 7 月

目录
Contents

项目一　认知公路工程造价 ·· (1)
　任务一　公路工程基本建设 ·· (3)
　任务二　公路工程造价文件 ·· (7)
　任务三　公路工程定额 ··· (18)
　任务四　公路工程工程量计算规则 ··· (24)

项目二　公路工程预算定额的应用 ·· (27)
　任务一　认知公路工程预算定额 ·· (29)
　任务二　路基工程预算定额的应用 ··· (40)
　任务三　路面工程预算定额的应用 ··· (51)
　任务四　隧道工程预算定额的应用 ··· (60)
　任务五　桥涵工程预算定额的应用 ··· (68)
　任务六　交通工程及沿线设施预算定额的应用 ··· (79)
　任务七　临时工程预算定额的应用 ··· (81)

项目三　人工、材料、机械台班预算单价的确定 ··· (85)
　任务一　人工、施工机械台班预算单价的计算 ··· (88)
　任务二　材料预算单价的确定 ··· (90)

项目四　公路工程建设项目概算、预算费用标准和计算 …………………………………… (98)

- 任务一　公路工程概算、预算基础知识认知 ………………………………………… (100)
- 任务二　建筑安装工程费的计算 ……………………………………………………… (105)
- 任务三　土地使用及拆迁补偿费的计算 ……………………………………………… (119)
- 任务四　工程建设其他费用的计算 …………………………………………………… (120)
- 任务五　预备费的计算 ………………………………………………………………… (129)
- 任务六　建设期贷款利息的计算 ……………………………………………………… (130)
- 任务七　公路工程建设项目各项费用的计算程序及方式 …………………………… (131)

项目五　公路工程概算、预算文件的编制 …………………………………………………… (134)

- 任务一　概算、预算文件认知 ………………………………………………………… (139)
- 任务二　应用同望造价软件编制施工图预算 ………………………………………… (148)
- 任务三　施工图预算编制实例 ………………………………………………………… (161)

项目六　公路工程施工招标与投标文件的编制 …………………………………………… (164)

- 任务一　认知公路工程招投标 ………………………………………………………… (167)
- 任务二　公路工程工程量清单的编制 ………………………………………………… (176)
- 任务三　公路工程施工投标报价的编制 ……………………………………………… (191)

参考文献 ……………………………………………………………………………………… (209)

项目一 认知公路工程造价

学习目标

1. 知识目标

(1) 了解公路工程基本建设的含义、内容及其项目组成。
(2) 掌握公路工程基本建设程序。
(3) 理解工程造价的含义,熟悉造价文件的类型。
(4) 掌握工程定额及公路工程定额的概念,了解其分类。
(5) 熟悉公路工程工程量计算规则。

2. 能力目标

(1) 能够区分不同工程建设阶段的造价文件。
(2) 能够对公路工程定额进行分类并进行初步运用。
(3) 能够独立完成概预算工程量计算与核对工作。

3. 素质目标

(1) 培养良好的职业道德,包括爱岗敬业、诚实守信以及遵守相关法律法规等品质。
(2) 培养对新知识、新技能的学习能力和创新意识。

思维导图

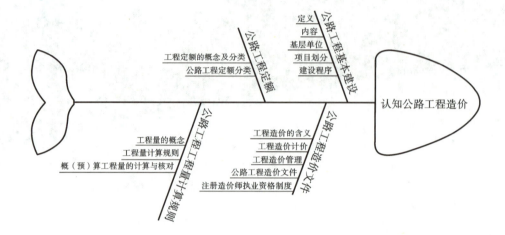

案例导入 1

背景材料：

某人工挖土方作业，土质为普通土。在挖掘 1 m³ 土方的过程中，需要消耗的基本工作时间为 60 min。此外，辅助工作时间占工作班连续时间的比例为 2%，准备与结束工作时间占比也为 2%，不可避免的中断时间占比 1%，而休息时间则占比 15%。

思考问题：

1. 该人工挖普通土的劳动定额中的时间定额是多少？
2. 该人工挖普通土的劳动定额中的产量定额是多少？

案例导入 2

背景材料：

某混凝土道路（区间道），长为 100 m，宽为 10 m，道路总厚度为 450 mm，其中中砂垫层厚度为 300 mm，混凝土面层厚度为 150 mm（强度等级为 C15）。道路两侧设置有预制混凝土路边石（断面尺寸为 120 mm×250 mm），如图 1-1 所示。

思考问题：

1. 熟悉施工图纸及相关资料。
2. 根据施工图纸的内容以及综合基价中的工程量计算规则，计算各分项工程的工程量。

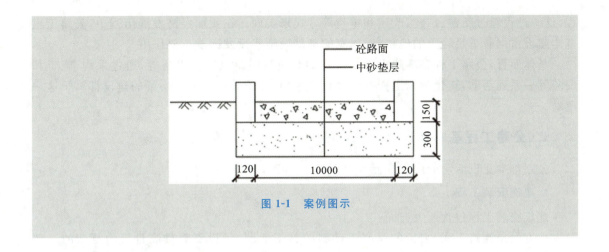

图 1-1 案例图示

思政园地

工程造价的源起

中华民族是人类历史上对工程项目造价认识最早的民族之一。在中国的封建社会时期，许多朝代的官府都热衷于大兴土木，这使得历代工匠们积累了丰富的建筑管理经验。这些经验经过官员们的归纳整理，逐渐形成了工程项目施工管理与造价管理理论和措施的雏形。

据春秋战国时期科学技术名著《考工记》中"匠人为沟洫"一节的记载，早在 2000 多年前，我们中华民族的祖先就已经规定："凡修筑沟渠堤防者，一定要先以匠人一天修筑的进度为参照，再以一里工程所需匠人数和天数来预算这个工程的劳力，然后可调配人力，进行施工。"这是人类最早的关于工程造价预算、工程施工控制以及工程造价控制措施的文字记录之一。

中国清代工部（负责官府建筑事务的政府部门）所编著的《工程做法则例》也是中华民族在工程项目造价管理理论与措施方面历史贡献的伟大著作之一。正如英国著名的工程造价管理专家 A. Ashworth 博士在其著作中所提到的那样，"在几千年前，人们就已经认识到了在工程建造之前计算工程造价的重要性"。我们伟大的中华民族早在几千年前就已经创立了工程造价管理理论与措施的雏形，并且在随后的年代里为人类对工程造价管理理论与措施的研究作出了巨大的贡献。

任务一 公路工程基本建设

一、公路工程基本建设的定义

公路工程基本建设是指国民经济建设中新增公路工程固定资产的建设、增设及安装过程,这一过程通过新建、扩建、改建和重建等方式来实现。在我国经济发展历程中,公路工程基本建设占据着举足轻重的地位,对国家的基础设施建设发挥着重要作用。

具体而言,公路工程基本建设是将一定的建筑材料、半成品、设备等,通过采购、施工和安装等一系列活动,转化为固定资产的过程。例如,一条公路或一座桥梁的建设都属于这一范畴。

二、公路工程基本建设活动的内容

公路基本建设活动的内容应涵盖以下几个方面。

1. 建筑安装工程

建筑安装工程包含两大方面:

一方面是建筑工程,它指的是兴工动料的施工活动,是投资额最高且最为复杂的一部分,涵盖了路基、路面、桥梁、涵洞、隧道、交通安全设施、机电系统、绿化及环境保护工程等。

另一方面是设备安装工程,它涉及生产和生活所需的各种机械及设备的安装、调试等工作(如工业生产设备),例如高速公路及大型桥梁所需的各种机械、设备、仪器的安装与调试。

2. 设备、工具及器具的购置

这部分指的是为公路营运、管理服务、养护等需求所购置的设备、工具、器具,以及为确保新建、改建公路初期正常生产、使用和管理服务所需的办公和生活用具的采购或自制,如通信、照明、养护设备等。

3. 其他基本建设工作

其他基本建设工作是指不属于上述两大类别的工作,它是为确保基本建设工程顺利实施和正常运行而进行的活动,主要包括勘察、设计及其相关的调查和技术研究工作,以及征用土地、青苗补偿、安置补助等事务。

三、公路工程基本建设基层单位

1. 建设单位

建设单位是负责执行国家基本建设计划的基层单位,简称建设单位、业主或甲方。它们在行政上拥有独立的组织形式,并在经济上实行独立核算。

2. 勘察设计单位

勘察设计单位包括设计院、设计所、设计室、设计公司等设计机构,它们应持有上级主管部门颁发的设计许可证。这些单位受建设单位或相关主管部门的委托,按照特定的设计要求为建设工程进行勘察和设计工作,并编制相应的设计文件。

3. 施工单位

施工单位是承担建筑安装工程施工任务的机构。它们是独立的经济核算单位,通过投标竞争获得施工任务,并负责编制与执行施工计划和财务计划。施工单位有权与其他经济核算单位签订经济合同,办理往来结算;它们独立经营业务,组织施工,办理工程交工手续,结算工程价款,并独立计算盈亏。

4. 监理单位

监理单位是指承担公路工程监理任务的单位,必须持有主管机关颁发的资格证书。监理单位与建设单位签订委托合同,负责对基本建设工程实施"三控二管一协调"工作。其中,"三控"指质量、进度、资金的控制,"二管"指合同管理和信息管理,以独立公正的态度为工程建设提供服务。"一协调"即协调业主与承包商以及各方之间的矛盾和关系。监理单位既维护业主的利益,又保障承包商的合法权益,按照合同文件规定的职责和权限履行职责。

5. 工程质量监督单位

工程质量监督单位是各级政府授权负责管理和监督工程质量的部门。

6. 中国建设银行(原中国人民建设银行)

中国建设银行是我国国家专业银行,负责管理基本建设资金的支出、预算和财务,办理基本建设资金的拨款、结算和放款业务,并进行财政监督。

四、公路基本建设项目划分

每项基本建设工程,从其实物形态来看,都由多个部分组成。为了提升基本建设工作的管理水平,便于编制施工组织设计文件和概(预)算文件,以及顺利开展工程招投标工作和施工管理,必须对基本建设工程进行科学合理的项目划分。根据项目规模和工作内容的大小,可以依次划分为:建设项目、单项工程、单位工程、分部工程、分项工程。

1. 建设项目

建设项目又称基本建设项目,通常指符合国家总体建设规划,能够独立发挥生产功能或满足生活需求,且已经通过项目建议书批准立项和可行性研究报告批准的建设任务。例如,一座工厂、一所学校、一条公路、一条铁路或一个港口的建设,均可视为一个建设项目。

2. 单项工程

单项工程又称工程项目,是建设项目的组成部分,具有独立的设计文件,并在竣工后能够独立发挥设计规定的生产能力或效益。一个建设项目可能仅包含一个单项工程,也可能包含多个单项工程。例如,高速公路中的独立特大桥和特长隧道等,均可作为单项工程。

3. 单位工程

单位工程是单项工程的组成部分,通常指具有独立施工条件,并能单独作为成本核算对象的工程。根据《公路工程质量检验评定标准 第一册 土建工程》(JTG F80/1—2017)的规定,公路工程建设项目可划分为路基工程(每10 km或每标段)、路面工程(每10 km或每标段)、桥梁工程(每座或每合同段)、隧道工程(每座或每合同段)、绿化工程(每合同段)、声屏障工程(每合同段)、交通安全设施(每20 km或每标段)、交通机电工程和附属设施等九个单位工程。

4. 分部工程

在单位工程中,根据结构部位、路段长度、施工特点或施工任务的不同,可以进一步划分为若干个分部工程。例如,路基工程可以划分为路基土石方工程(1~3 km路段)、排水工程(1~3 km路段)、小桥和符合小桥标准的通道、人行天桥及渡槽(每座)、涵洞、通道(1~3 km路段)、防护支挡工程(1~3 km路段)、大型挡土墙和组合挡土墙(每处)等分部工程。

5. 分项工程

分部工程还可以根据结构差异、材料种类和施工方法的不同,进一步划分为若干个分项工程。例如,路基土石方工程可以划分为土方路基、填石路基、软土地基处治层、土工合成材料处治层等分项工程。在概预算编制中,分项工程是概、预算定额的基本计量单位,因此也被称为工程定额子目或工程细目。

五、公路基本建设程序

基本建设程序是指基本建设项目从设想、选择、评估、决策、设计、施工直至竣工投产并交付使用的整个建设过程中,各项工作所必须遵循的先后顺序。它反映了基本建设全过程及其客观规律,是确保建设项目科学决策和顺利实施的关键保障。根据建设项目发展的内在联系和过程,建设程序被划分为若干具有严格先后次序的发展阶段,这些阶段不可任意颠倒。

我国现行的基本建设程序如图 1-2 所示。

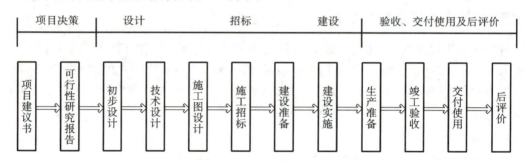

图 1-2 我国现行的基本建设程序图

公路建设作为基本建设项目,必须遵循国家规定的建设程序和相关规定。《公路建设监督管理办法》(交通部令 2006 年第 6 号)对政府投资及企业投资的公路建设程序均做出了明确规定。

1. 政府投资的公路建设程序

(1)根据规划,编制项目建议书。

(2)依据批准的项目建议书,开展工程可行性研究,并编制可行性研究报告。

(3)根据已批准的可行性研究报告,编制初步设计文件。

(4)基于初步设计文件的批准,进一步编制施工图设计文件。

(5)凭借施工图设计文件的批准,组织项目招标。

(6)遵循国家相关规定,完成征地拆迁等施工前准备工作,并向交通主管部门申请施工许可。

(7)在获得项目施工许可后,组织项目实施。

(8)项目竣工后,编制竣工图表、工程决算及竣工财务决算,办理项目交工、竣工验收及财产移交手续。

(9)竣工验收合格后,组织项目后评价。

2. 企业投资的公路建设程序

(1)根据规划,直接编制工程可行性研究报告。

(2)组织投资人招标,依法确定投资人。

(3)投资人负责编制项目申请报告,并按规定提交项目审批部门核准。

(4)核准通过后,根据项目申请报告编制初步设计文件,其中涉及公共利益、公众安全及工程建设强制性标准的内容需按项目隶属关系报交通主管部门审查。

（5）初步设计文件批准后，编制施工图设计文件。

（6）施工图设计文件批准后，组织项目招标。

（7）遵循国家相关规定，完成征地拆迁等施工前准备工作，并向交通主管部门申请施工许可。

（8）在获得项目施工许可后，组织项目实施。

（9）项目竣工后，编制竣工图表、工程决算及竣工财务决算，办理项目交工、竣工验收。

（10）竣工验收合格后，组织项目后评价。

（11）所有新建及改建的大、中型项目均须严格按照上述程序执行。对于小型项目，可根据实际情况适当合并或简化部分程序。

任务二　公路工程造价文件

公路工程基本建设程序及形成的造价文件

一、工程造价的含义

1. 工程造价

在适应市场经济的建设项目管理体制下，建设工程造价针对建设市场的需求主体和供给主体，具有双重含义。

第一种含义：从投资者（业主）的角度来看，工程造价指的是建设一项工程所预期或实际支出的全部固定资产投资费用。这通常指的是建设项目或单项工程的造价，即该项目有计划地进行固定资产投资的一次性费用总和。它代表了从项目业主的角度出发，为获取一项具备生产能力的固定资产所需承担的全部建设成本。根据我国现行的制度规定，工程造价涵盖了建筑工程费用、安装工程费用、设备（器具）购置费用、其他费用以及预留费用。

第二种含义：从市场交易的角度来看，工程造价是指在建成一项工程的过程中，预计或实际在土地市场、设备市场、技术劳务市场以及承包市场等交易活动中所形成的建筑安装工程价格和建设工程总价格。这里强调的是在工程建造过程中所形成的价格，与招投标阶段的控制价、报价、合同价以及结算价等口径大致相符。从建设工程市场交易的角度来看，工程造价反映了不同层次、不同种类的工程、设备或其他标的物的交易价格。其中，公路的土建工程是一个典型的例子。工程交易价格主要包含工程施工成本、利润以及税金等费用，这与公路的概、预算中的建筑工程费用大致相当。

2. 公路工程造价

公路工程造价是指公路工程基本建设项目和养护项目从筹建开始，直至竣工验收并交付使用所需承担的全部费用。

二、公路工程造价文件

公路工程造价文件是基本建设程序中各阶段涉及造价的文件的总称，包括投资估算、设计概算、施工图预算、工程量清单、工程量清单预算、招标控制价、投标报价、合同工程量清单、计量支付文件、工程变更费用计算、造价管理台账、工程结算以及工程竣工决算等一系列文件。

公路工程各阶段造价文件的构成框架如图1-3所示。

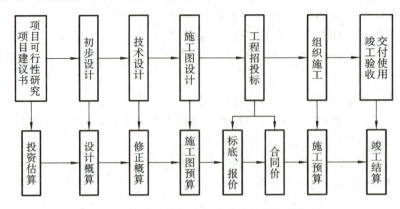

图1-3 公路工程各阶段造价文件的构成框架

1. 投资估算

投资估算是指在投资前期(包括编制项目建议书和可行性研究报告)阶段,建设单位为了确定建设项目的总投资额,向国家主管部门申请投资时编制的经济文件。它是项目决策阶段的一项关键经济指标,反映了建设单位进行某项工程建设所需投入的全部固定资产投资费用。其作用主要体现在:

(1)作为国家或主管部门审批项目建议书和确定投资计划的重要依据;
(2)已批准的投资估算对设计概算具有控制作用;
(3)可作为项目资金筹措和制订贷款计划的依据;
(4)它是国家编制中长期规划、保持合理投资比例和投资结构的重要参考。

投资估算应依据现行《公路工程建设项目投资估算编制办法》(JTG 3820—2018)(以下简称《投资估算编制办法》(2018年版))及相应的补充造价依据,采用现行《公路工程估算指标》(JTG/T 3821—2018)(以下简称《估算指标》(2018年版))进行编制。

2. 设计概算

设计概算包括初步设计概算和修正概算,是在初步设计或技术设计阶段,由设计单位根据设计图纸、概算定额(或概算指标)、各类费用定额以及建设地区的自然条件和技术经济条件等资料,预先计算和确定建设项目从筹建至竣工验收所需工程造价的经济文件。其作用主要表现为:

(1)它是国家确定和控制基本建设投资额、编制基本建设计划、选择最优设计方案、推行限额设计的重要依据;
(2)它是计算工程设计收费、编制招标控制价、确定总承包合同价的依据;
(3)它是银行控制基建拨款、进行财政监督的依据;
(4)它是控制施工图预算造价、进行造价对比、考核建设成果的基础。

设计概算应依据现行《公路工程建设项目概算预算编制办法》(附第1号修改单)(JTG 3830—2018)(以下简称《概算预算编制办法》(2018年版))及相应的补充造价依据,采用现行《公路工程概算定额》(上、下册)(JTG/T 3831—2018)(以下简称《概算定额》(2018年版))进行编制。

3. 施工图预算

施工图预算是在施工图设计完成后、工程开工前，施工方案已经确定的情况下，由设计单位根据施工图设计的工程量和施工方案，按预算定额和各类费用定额编制的经济文件，用于反映工程造价。其作用主要表现为：

(1) 它是确定工程造价的基本文件，也是加强施工管理、实行经济核算的基础；
(2) 它是签订工程承包合同的主要依据；
(3) 它是银行办理基本建设拨款和贷款的依据；
(4) 它是甲乙双方进行工程结算和决算的依据。

在工程实施过程中，如果施工图设计发生较大变化，应编制设计变更预算。施工图预算应依据现行《概算预算编制办法》(2018年版)及相应的补充造价依据，采用现行《公路工程预算定额》(上、下册)(JTG/T 3832—2018)(以下简称《预算定额》(2018年版))进行编制，且不得超过经批准的设计概算。

4. 标底

标底是建设单位在招标时，对拟建的工程项目，由自己或委托设计单位、咨询公司等，根据设计图纸和计价依据，计算出的建成该项目所需的工程造价。标底一般以设计概算和施工图预算为基础编制，主要依据其中的建筑安装工程费，且不得超过批准的概算或施工图预算的限额。

5. 招标控制价(最高投标限价)

招标控制价是招标人根据国家或省级、行业建设主管部门颁发的计价依据和办法，以及拟定的招标文件和招标工程量清单，编制的招标工程的最高限价。它体现了招标的公平、公正原则，用于限制投标人的最高报价。招标人应在招标文件中(或在开标前在指定的媒体上)如实公布招标控制价，并将其上报工程所在地的工程造价管理机构备案。

6. 投标报价

投标报价是投标人在工程招标发包过程中，按照招标文件的要求，根据工程特点并结合自身的施工技术、装备和管理水平，依据有关计价规定自主确定的工程造价。投标报价是投标文件的重要组成部分和核心内容，也是决定能否中标的关键因素。投标人的投标报价不得高于招标控制价(最高投标限价)，也不得低于工程成本。因此，可以得出以下关系：工程成本≤投标报价≤招标控制价(最高投标限价)。

7. 施工预算

施工预算是指在施工准备阶段，施工企业在施工合同价的控制下，为完成单位工程所需编制的工种工时、材料数量、机械台班数量和直接费用标准。它主要用于指导施工活动和企业内部的经济核算。其作用主要体现在：

(1) 为施工企业合理调配劳动力、科学安排材料采购和供应提供可靠依据；
(2) 作为衡量工人劳动成果、计算应得报酬的重要标准；
(3) 通过与施工图预算的对比，帮助企业提高经济效益。

8. 工程结算

工程结算是指在公路工程实施过程中或工程完工后，发包人和承包人依据国家有关法律、法规及合同约定，共同计算并确定的最终工程价款。

当合同约定的工程、服务或采购项目完成后,应编制工程结算文件。该文件是承包人向发包人申请办理最终工程价款清算的重要依据。工程结算文件的编制应依据合同文件、计量与支付记录、工程变更费用文件等相关资料。

9. 竣工决算

工程竣工决算是指经审定的公路工程从筹建到竣工验收、交付使用全过程中实际发生的全部工程建设费用。它是整个公路工程的最终造价,也是建设单位财务部门汇总固定资产价值的主要依据。在公路工程建设项目竣工验收前,应编制工程竣工决算文件。

公路工程各个阶段造价文件的编制是一个相互衔接、由粗到细、由浅入深、由预期到实际的过程。前一阶段的造价文件对后一阶段具有制约作用,而后一阶段的造价文件则对前一阶段进行修正和补充。

三、工程造价计价

1. 工程造价计价的概念与基本原理

工程造价计价就是计算和确定建设工程项目的造价,简称工程计价,也被称为工程估价。工程计价包含不同的内容、方法及表现形式。业主或其委托的咨询机构编制的工程项目投资估算、设计概算、施工图预算,咨询机构编制的招标控制价,以及承包商提出的投标报价,都是工程计价的不同展现形式。

工程造价计价的基本原理在于确定"量"(即基本构造要素的工程数量)和"价"(即基本构造要素的工程单价),并通过一定的计算方式将"量"与"价"相结合。这一过程可以用式(1-1)来表达:

$$工程造价 = \sum_{i=1}^{n}(基本构造要素工程量 \times 相应工程单价) \quad (1-1)$$

式中:i——第 i 个基本构造要素;

n——工程结构分解得到的基本构造要素数目。

在计价过程中,基本构造要素的工程量和工程单价与项目分解的深度和细致程度直接相关。通常而言,分解的结构层次越多,基本子项划分越细致,计算的结果也就越精确。一个建设项目往往包含多个单项工程,而每一个单项工程又由多个单位工程所构成。单位工程可以进一步细分为分部工程,分部工程则可以继续分解为分项工程。我国工程造价计算的主要思路是将建设项目细分到最基本的构成单元(即基本构造要素,例如分项工程),通过将它们的工程量与相应的单价相乘并汇总,最终得出整个建设项目的工程造价。

因此,工程造价计价的顺序是:分项工程造价→分部工程造价→单位工程造价→单项工程造价→建设项目总造价。

2. 公路工程计价的方式

公路工程计价目前采用的计价方式主要包括定额计价和工程量清单计价。

1)定额计价

定额计价是以费用项目清单为具体表现形式,依据定额来计算并确定工程造价及技术经济指标的一种计价方式。公路工程费用项目清单,是结合公路工程造价的费用构成、综合费用来源及作用、工程管理和定额计价习惯等因素,并依据长期的工程设计和建设管理实践经验,按照特定规则,依据工程或费用编码、名称、统计单位等因素进行划分,在公路工程计价的各个阶段以列表形式展现的一种相对稳定的工程或费用明细清单。该清单主要包括估算项目清单、概算项目清单、预算项目清单等。定额计价是我国长期以来在工程价格形成中一直采用的计价模式，国家通过颁布统一的估算指标、概算定额、预算定额和相应的费用定额，对建筑产品价格进行有计划的管理。目前，公路工程估算、概算和预算的编制主要采用的就是定额计价方式。

2）工程量清单计价

工程量清单计价是以工程量清单为表现形式，按照约定的计价规则来计算确定单价和工程合价的一种计价方式。在公路工程工程量清单表中，单价指的是全费用单价或完全价格，即完成本计价工程子目所需的全部工程内容和费用内容的总和，这包括完成该子目下所有工程内容所需的成本、利润、税金以及一般风险费用。将清单子目所给的工程数量与该单价相乘，即可得到该子目的"合价"。作为一种市场价格的形成机制，工程量清单计价主要在工程的招投标和结算阶段得到应用。

3. 公路工程计价的基本要素

公路工程造价计价包含以下五个关键要素。

1）预算工程量

预算工程量由两部分构成：

（1）工程实体数量，即设计文件中的设计工程量；

（2）施工措施工程量，包括施工方案所确定的辅助工程量（这部分在工程图纸中不直接显示，而是取决于施工组织设计）以及临时工程量。

2）单位分项工程消耗的工、料、机（人工、材料、施工机械台班）数量标准（定额水平）

在正常施工条件下，完成合格的单位数量分项工程所需的工、料、机数量标准，是决定资源消耗实物量的关键因素，也是确定工程成本的重要一环。承包商在进行投标估价时，应以反映其个别成本的企业定额为基础，并适当参考行业统一定额。而业主在编制招标控制价（标底）时，由于不直接参与施工，无法确定未来施工承包商的个别成本，因此只能以反映行业平均水平的部颁预算定额为依据，来估算所需的工、料、机资源数量。

3）工、料、机的预算单价

预算单价用于计算工程的直接费用，并应满足以下两个条件：一是尽可能反映工、料、机的市场供应价格，为此需要做好充分的市场价格调查；二是预算单价中必须包含分摊至该工、料、机要素的全部成本或费用，例如材料预算单价应涵盖出厂价（原价）、自供应地至工地的运杂费、场外运输损耗费以及材料仓储保管损耗费用。但需要注意的是，工、料、机的预算单价中不应包含需单独列出的综合取费和利润因素。

4）综合费率

承包商在确定工程成本或投标报价时，对于除直接费、设备购置费、规费、专项费用之外的措施费、企业管理费、利润等，应依据本单位的费用定额来确定具有竞争性的各项费率，而对于税金的计算则必须严格遵守国家税法规定。业主在确定招标控制价（最高投标限价）时，对于综合取费一般应执行交通运输部发布的现行《概算预算编制办法》（2018年版）或地方上的补充编制办法中规定的费率标准，或在此基础上略有降低。

5）计价规则或计价程序

通常按照交通运输部颁布的现行《概算预算编制办法》（2018年版）中规定的计价规则或计价程序来计算建安工程造价，这反映了以上四个要素的整合方式。

4. 公路工程的计价特征

公路工程的计价特征主要包括单件性计价、多次性与动态计价、分阶段多次计价、需考虑影响工程造价的动态因素、按工程构成分部组合计价，以及计价依据的多样性。

1）单件性计价

由于每个建设工程项目的具体设计资料和当地实际情况的差异，工程造价各不相同。因此，公路工程造价不能像工业产品那样按品种、规格、质量成批生产和定价，而是需根据各个建设工程项目的具体情况单独计算。

2）多次性与动态计价

公路工程通常规模较大、技术复杂，且受自然条件影响显著，消耗的人力、物力和资金巨大。为满足不同阶段投资控制的需求，需要在不同阶段进行多次计价，并考虑动态因素，以确保工程造价确定与控制的科学性。

3）分阶段多次计价

考虑到公路基本建设过程包含多个阶段，需要在各个阶段进行多次计价，以逐步深化、细化和接近实际造价。

4）需考虑影响工程造价的动态因素

公路工程建设受多种动态因素影响，如市场价格波动、政策调整等，这些因素在计价过程中必须予以充分考虑。

5）按工程构成分部组合计价

公路工程由多个分部构成，如路基、路面、桥梁等，计价时需要按照工程构成的分部进行组合计价。

6）计价依据的多样性

以上特征共同构成了公路工程造价计价的独特性和挑战性，要求在编制工程造价时充分考虑各种因素，确保造价的准确性和合理性。

5. 公路工程的计价依据

1）工程造价计价依据的概念

工程造价计价依据是指用以编制各阶段造价文件所依据的方法、规则、定额、费用标准、造价指标以及其他相关的计价标准。

2）公路工程造价计价依据的种类

在公路基本建设程序的各个阶段中，需要编制估算、概算、预算、招标控制价、投标报价、工程结算以及竣工决算价等工程造价成果。针对不同造价编制阶段或不同成果要求的主要计价依据，具体可参见表1-1。

表1-1 公路工程造价计价依据一览表

序号	造价类型	主要计价依据
1	概算	《概算定额》(2018年版)、《公路工程机械台班费用定额》(JTG/T 3833—2018)[以下简称《机械台班费用定额》(2018年版)]、《概算预算编制办法》(2018年版)、设计文件、基础单价
2	施工图预算	《预算定额》(2018年版)、《机械台班费用定额》(2018年版)、《概算预算编制办法》(2018年版)、设计文件、基础单价

续表

序号	造价类型	主要计价依据
3	招标控制价	项目招标文件、《预算定额》(2018年版)、《机械台班费用定额》(2018年版)、《概算预算编制办法》(2018年版)、设计文件、基础单价、施工组织方案
4	投标报价	项目招标文件、企业定额、项目有关调查资料(项目所在地的自然、社会、经济等情况的调查资料)、设计文件、施工组织设计
5	工程结算	合同文件、结算资料(工程量清单、监理工程师签署的各类证书、日常施工记录)、结算规定(时间、内容、程序)
6	竣工决算	设计文件、概(预)算文件、招标文件、招标控制价、合同文件、支付凭证、竣工图纸、其他有关文件及资料

四、工程造价管理

1. 工程造价管理的含义

工程造价具有两种含义，相应地，工程造价管理也包含建设工程投资费用管理和工程价格管理两个层面的内容。

建设工程投资费用管理是指为实现投资预期目标，在既定的规划、设计方案下，对工程造价进行预测、计算、确定和监控的一系列系统活动。这一管理活动属于建设工程投资管理的范畴，既包含了微观层面的项目投资费用管理，也涉及了宏观层面的投资费用管理。

工程价格管理则属于价格管理的范畴。在社会主义市场经济条件下，价格管理分为微观和宏观两个层面。在微观层面，生产企业基于市场价格信息，为实现管理目标而进行成本控制、计价、定价和竞价等系统活动。在宏观层面，政府则根据社会经济发展的需求，运用法律、经济和行政手段对价格进行管理和调控，并通过市场管理来规范市场主体的价格行为。

2. 全面造价管理

全面造价管理是指有效地运用专业知识和技术来计划和控制资源、造价、盈利以及风险。建设工程全面造价管理涵盖了全寿命造价管理、全过程造价管理、全要素造价管理和全方位造价管理等多个方面。

1) 全寿命造价管理

建设工程全寿命期造价是指建设工程从初始建造到最终拆除期间的所有成本，包括建设前期、建设期、使用期及拆除期等各个阶段的费用。由于工程建设及使用的不同阶段存在诸多不确定性因素，工程造价管理者难以全面管理建设工程全寿命期造价。因此，全寿命造价管理目前主要作为一种指导思想，旨在实现建设工程全寿命周期造价的最小化，并为建设工程投资决策及设计方案的选择提供指导。

2) 全过程造价管理

建设工程造价管理贯穿于建设工程前期决策及实施的各个阶段。这包括前期决策阶段的项目策划、投资估算、项目经济评价、项目融资方案分析；设计阶段的限额设计、方案比选、概预算编制；招投标阶段的标段划分、承包发包模式及合同形式的选择、招标控制价(标底)的编制；施工阶段的工程计量与结算、工程变更控制、索赔管理；以及竣工验收阶段的竣工结算与决算等。

3）全要素造价管理

控制建设工程造价不仅涉及成本要素（即建设工程的成本），还需要同时考虑工期、质量、安全、环境等其他要素。通过综合考虑这些因素，实现工程造价、工期、质量、安全、环境的集成管理。

4）全方位造价管理

建设工程造价管理并非仅仅是业主或承包单位的任务，而是需要政府建设行政主管部门、行业协会、业主方、设计方、承包方以及相关咨询机构等多方共同参与。尽管各方的地位、利益和角度有所不同，但只有通过建立完善的协同工作机制，才能实现建设工程造价的有效控制。

3. 工程造价管理的基本内容

工程造价管理的基本内容，就是合理确定并有效控制工程造价。

1）工程造价的合理确定

工程造价的合理确定，指的是在建设程序的各个阶段，科学地确定投资估算、概算造价、预算造价、承包合同价、结算价以及竣工决算价。

2）工程造价的有效控制

工程造价的有效控制，是指在优化建设方案、设计方案的基础上，通过采用一定的方法和措施，在建设程序的各个阶段，将建设项目投资的发生控制在合理的范围和核定的造价限额之内。具体来说，就是要利用投资估算价来控制设计方案的选择和初步设计概算造价；利用概算造价来控制技术设计和修正概算造价；利用概算造价或修正概算造价来控制施工图设计和预算造价。有效地控制工程造价应遵循以下三项原则：以设计阶段为重点的建设全过程造价控制、主动控制以及技术与经济相结合。

五、注册造价工程师执业资格制度

为统一和规范造价工程师职业资格的设置与管理，提升工程造价专业人员的素质，以及提高建设工程造价管理水平，住房和城乡建设部、交通运输部、水利部、人力资源和社会保障部于2018年7月20日联合发布了《造价工程师职业资格制度规定》及《造价工程师职业资格考试实施办法》。

1. 造价工程师的基本规定

(1)造价工程师的定义。造价工程师是指通过国家职业资格考试，获得中华人民共和国造价工程师职业资格证书，并经注册后，专门从事建设工程造价工作的专业技术人员。

(2)造价工程师的级别分类。造价工程师分为一级造价工程师和二级造价工程师，其英文名称分别为 Class 1 Cost Engineer 和 Class 2 Cost Engineer。

(3)造价工程师的素质要求。造价工程师需具备思想品德、专业知识和身体健康等多方面的素质，这些素质是其工作能力的基础。在实际工作中，造价工程师应能独立完成建设方案、设计方案的经济比较，项目可行性研究的投资估算、设计概算、施工图预算、招标标底和投标报价的编制与管理，补充定额和造价指数的制定，合同价结算和竣工决算的管理，以及对造价变动规律和趋势进行分析预测。

(4)造价工程师的权利与义务。造价工程师享有以下权利：①使用注册造价工程师称谓；②依法独立执行工程造价业务；③在本人执业活动中形成的工程造价成果文件上签字并加盖执业印章;④发起设立工程造价咨询企业;⑤保管和使用本人的注册证书和执业印章;⑥参加继续教育。同时,造价工程师应履行以下义务:①遵守法律、法规及相关管理规定,恪守职业道德;②确保执业活动成果的质量;③接受继续教育,提升执业水平;④执行工程造价计价标准和计价方法;⑤与当事人存在利害关系的,应主动回避;⑥保守在执业过程中知悉的国家秘密和他人的商业、技术秘密。

(5)造价工程师的禁止行为。造价工程师不得有以下行为:

①不履行注册造价工程师的义务;

②在执业过程中索贿、受贿或谋取合同约定费用以外的其他利益;

③在执业过程中实施商业贿赂;

④签署含有虚假记载或误导性陈述的工程造价成果文件;

⑤以个人名义承接工程造价业务;

⑥允许他人以本人名义从事工程造价业务;

⑦同时在两个或两个以上单位执业;

⑧涂改、倒卖、出租、出借或以其他形式非法转让注册证书或执业印章;

⑨其他违反法律、法规、规章规定的行为。

2. 造价工程师考试实施办法

1) 考试组织办法

一级造价工程师职业资格考试的具体考务工作由人力资源和社会保障部人事考试中心负责承担。各省、自治区、直辖市住房和城乡建设、交通运输、水利、人力资源社会保障行政主管部门需共同负责本地区一级造价工程师执业资格考试的组织工作,具体职责分工由各地根据实际情况协商确定。

一级造价工程师职业资格考试实行全国统一大纲、统一命题、统一组织。而二级造价工程师职业资格考试则实行全国统一大纲,各省、自治区、直辖市自主命题并组织具体实施。考点原则上应设在省会城市、自治区首府和直辖市的大、中专院校或高考定点学校内。

2) 一级造价工程师报考条件

凡遵守中华人民共和国宪法、法律、法规,具备良好的业务素质和道德品行,并具备下列条件之一者,均可申请参加一级造价工程师职业资格考试:

(1)具有工程造价专业大学专科(或高等职业教育)学历,且从事工程造价业务工作满5年;

(2)具有土木建筑、水利、装备制造、交通运输、电子信息、财经商贸大类大学专科(或高等职业教育)学历,且从事工程造价业务工作满6年;

(3)具有通过工程教育专业评估(认证)的工程管理、工程造价专业大学本科学历或学位,且从事工程造价业务工作满4年;

(4)具有工学、管理学、经济学门类大学本科学历或学位,且从事工程造价业务工作满5年;

(5)具有工学、管理学、经济学门类硕士学位或第二学士学位,且从事工程造价业务工作满3年;

(6)具有工学、管理学、经济学门类博士学位,且从事工程造价业务工作满1年;

(7)具有其他专业相应学历或学位的人员,其从事工程造价业务工作年限需相应增加1年。

3）二级造价工程师报考条件

凡遵守中华人民共和国宪法、法律、法规,具备良好的业务素质和道德品行,并具备下列条件之一者,均可申请参加二级造价工程师职业资格考试:

(1)具有工程造价专业大学专科(或高等职业教育)学历,且从事工程造价业务工作满2年;

(2)具有土木建筑、水利、装备制造、交通运输、电子信息、财经商贸大类大学专科(或高等职业教育)学历,且从事工程造价业务工作满3年;

(3)具有工程管理、工程造价专业大学本科及以上学历或学位,且从事工程造价业务工作满1年;

(4)具有工学、管理学、经济学门类大学本科及以上学历或学位,且从事工程造价业务工作满2年;

(5)具有其他专业相应学历或学位的人员,其从事工程造价业务工作年限需相应增加1年。

4）考试科目

一级造价工程师职业资格考试包括《建设工程造价管理》《建设工程计价》《建设工程技术与计量》和《建设工程造价案例分析》四个科目。其中,《建设工程造价管理》和《建设工程计价》为基础科目,而《建设工程技术与计量》和《建设工程造价案例分析》则为专业科目。

二级造价工程师职业资格考试则包括《建设工程造价管理基础知识》和《建设工程计量与计价实务》两个科目。其中,《建设工程造价管理基础知识》为基础科目,而《建设工程计量与计价实务》为专业科目。

5）造价工程师专业类别

造价工程师职业资格考试的专业科目分为土木建筑工程、交通运输工程、水利工程和安装工程四个专业类别。考生在报名时可根据实际工作需要选择其中一个专业类别进行报考。其中,土木建筑工程和安装工程专业由住房和城乡建设部负责;交通运输工程专业由交通运输部负责;而水利工程专业则由水利部负责。

6）考试时间安排

一级造价工程师职业资格考试每年举办一次,全国统一规定考试时间,通常安排在10月份进行。考试分为四个半天进行,其中《建设工程造价管理》《建设工程计价》和《建设工程技术与计量》科目的考试时间均为2.5小时,而《建设工程造价案例分析》科目的考试时间则为4小时。

二级造价工程师职业资格考试每年举办次数不少于一次,具体考试日期由各地根据实际情况确定。二级造价工程师职业资格考试分为两个半天进行,其中《建设工程造价管理基础知识》科目的考试时间为2.5小时,而《建设工程计量与计价实务》科目的考试时间则为3小时。

7）考试周期

一级造价工程师职业资格考试的成绩实行四年为一个周期的滚动管理办法。考生需在连续的四个考试年度内通过全部考试科目,方可取得一级造价工程师职业资格证书。

二级造价工程师职业资格考试的成绩则实行两年为一个周期的滚动管理办法。考生需在连续的两个考试年度内通过全部两个科目的考试,方可取得二级造价工程师职业资格证书。

8)免考条件

具备以下条件之一的考生,在参加一级造价工程师考试时可免考基础科目:

(1)已取得公路工程造价人员资格证书(甲级);

(2)已取得水运工程造价工程师资格证书;

(3)已取得水利工程造价工程师资格证书。

申请免考部分科目的考生在报名时应提供相应证明材料。

具备以下条件之一的考生,在参加二级造价工程师考试时可免考基础科目:

(1)已取得全国建设工程造价员资格证书;

(2)已取得公路工程造价人员资格证书(乙级);

(3)具有经专业教育评估(认证)的工程管理、工程造价专业学士学位的大学本科毕业生。

3. 造价工程师的注册

国家对造价工程师职业资格实行执业注册管理制度。取得造价工程师职业资格证书且从事工程造价相关工作的人员,必须经过注册,才能以造价工程师的名义执业。

住房和城乡建设部、交通运输部、水利部各自负责一级造价工程师的注册及相关管理工作。而各省、自治区、直辖市的住房和城乡建设、交通运输、水利行政主管部门则按照专业类别,分别负责二级造价工程师的注册及相关管理工作。对于经批准注册的申请人,住房和城乡建设部、交通运输部、水利部将核发《中华人民共和国一级造价工程师注册证》(或电子证书);相应地,各省、自治区、直辖市的住房和城乡建设、交通运输、水利行政主管部门将核发《中华人民共和国二级造价工程师注册证》(或电子证书)。

造价工程师在执业时,应持有注册证书和执业印章。注册证书、执业印章的样式以及注册证书的编号规则,由住房和城乡建设部会同交通运输部、水利部统一制定。而执业印章则由注册造价工程师按照统一规定自行制作。

造价工程师的注册类型包括初始注册、续期注册以及变更注册。

4. 造价工程师的执业规定

造价工程师不得同时受聘于两个或两个以上单位进行执业,也不得允许他人以本人名义进行执业,严格禁止"证书挂靠"行为。对于出租、出借注册证书的行为,将依据相关法律法规进行处罚;若构成犯罪,将依法追究刑事责任。

专业技术人员在取得一级造价工程师或二级造价工程师职业资格后,可被认定具备工程师或助理工程师的职称,并可将此作为申报更高一级职称的条件。

5. 造价工程师的执业范围

一级造价工程师的执业范围涵盖了建设项目全过程的工程造价管理与咨询等领域,具体工作内容包括:

(1)项目建议书、可行性研究投资估算的编制与审核,以及项目评价的造价分析;

(2)建设工程设计概算的编制、施工预算的编制与审核;

(3)建设工程招标文件中的工程量和造价的编制与审核;

(4)建设工程合同价款、结算价款、竣工决算价款的编制与管理;

(5)参与建设工程审计、仲裁、诉讼以及保险中的造价鉴定工作,调解工程造价纠纷;

(6)编制与管理建设工程计价依据、造价指标;

(7)处理与工程造价管理相关的其他事项。

二级造价工程师主要协助一级造价工程师开展工作,并可独立承担以下具体工作内容:
(1)建设工程工料的分析、计划、组织与成本管理,以及施工图预算、设计概算的编制;
(2)建设工程量清单、最高投标限价以及投标报价的编制;
(3)建设工程合同价款、结算价款和竣工决算价款的编制工作。

6. 造价工程师的继续教育

取得造价工程师注册证书的人员,应当按照国家关于专业技术人员继续教育的相关规定,接受继续教育,以更新专业知识,提升业务水平。在每一注册期内,造价工程师应当满足注册机关所规定的继续教育要求。注册造价工程师的继续教育分为必修课和选修课,每一注册有效期内,必修课和选修课各需达到 30 学时。完成继续教育并达到合格标准的,将颁发继续教育合格证明。

任务三　公路工程定额

一、工程定额的概念及分类

1. 工程定额的概念

工程定额是指在合理的劳动组织安排和材料与机械的高效使用条件下,完成一定计量单位的合格建筑产品所需消耗的人工、材料、施工机械台班(或工时)(即工、料、机)等资源的数量标准。

在理解工程定额的概念时,我们应当注意以下三点:
(1)定额中所提到的人工、材料、施工机械消耗量,是指在正常施工条件下,即对施工对象进行合理组织、合理制定工作组成以及合理编制施工人员配置时的工、料、机等消耗量。
(2)定额中所涉及的人工、材料、施工机械消耗量,必须符合国家技术标准、技术规范以及质量检验评定标准等相关要求。
(3)定额中所规定的人工、材料、施工机械消耗量,是指在完成定额所规定的相应工作内容,同时达到既定的质量标准以及安全要求下的工、料、机等消耗量。

2. 工程定额的特点

1)定额具有科学性

定额的各类参数是在深入研究客观规律的基础上,通过运用科学的方法精心制定的。定额的确定及管理在理论、方法和手段上都体现了科学性。

2)定额具有统一性

每一种定额的制定、颁布和实施,在全国和各行业内部都遵循统一的原则、标准和要求。

3)定额具有针对性

定额的针对性很强,不同的工程需要采用不同的定额;一种工序对应一项定额。必须严格按照定额的项目、工作内容、质量标准、安全要求来执行,不得随意增减工时消耗、材料消耗或其他资源消耗,也不得减少工作内容或降低质量标准等。

4)定额具有系统性

任何一种专业定额都是一个完整且独立的系统。公路工程定额与公路技术标准、规范相配套,全面且准确地反映了公路工程施工工艺流程中的每个环节。公路工程中的任何一个分部分项工程在公路工程定额中都有明确的规定,它们之间相互协调,共同组成一个完善的系统。

5) 定额具有法令性

定额是由国家主管部门或其他具有授权资格的机关统一制定的,一经颁布便具有了法令性质。在执行范围内,任何单位都必须严格遵守并执行,不得任意变更定额的内容和水平。定额的法令性确保了对工程项目有一个统一的核算尺度,使得国家对设计的经济效果及施工管理水平能够进行统一的考核和监督。

6) 定额具有稳定性

定额反映的是一定时期内的施工技术和管理水平,因此在一段时间内会保持相对稳定。公路工程定额的稳定时间通常为5~10年。由于定额的编制和修改是一项复杂而重要的工作,它需要动员和组织大量的人力、物力资源,收集大量的资料和数据,并进行深入的调查、研究、测算、比较、平衡、审查等环节,最终才能批准并印刷发行。因此,定额的编制和修改需要很长的周期来完成。当生产力水平变化不大时,保持定额的相对稳定性是必要的。此外,定额的稳定性还能为政府决策和经济宏观调控提供有力的保障。

3. 工程定额的作用

(1) 定额是节约社会劳动和提高生产效率的重要工具。

首先,企业可以利用定额作为激励工人节约社会劳动、提高劳动效率、加快工作进度的手段,从而提升市场竞争能力,获取更多的利润。其次,作为工程造价计算的重要依据,各类定额可以促使企业加强管理,将社会劳动的消耗控制在合理的范围内。此外,作为项目决策的重要参考,定额指标在更高层次上可以促进项目投资者合理且有效地利用和分配社会劳动资源。因此,定额在工程建设中对于节约社会劳动和优化资源配置发挥着至关重要的作用。

(2) 定额是国家对工程建设项目进行宏观调控和管理的重要手段。

利用定额对工程建设进行宏观调控和管理主要体现在以下几个方面:

① 对工程造价进行管理和调控;

② 对资源的配置及流向进行预测和平衡;

③ 对经济结构进行合理调控,包括企业结构、所有制结构的调整,以及技术结构和产品结构的优化。

(3) 定额有利于市场竞争的规范化。

定额既是对市场信息的加工处理,又是对市场信息的有效传递。定额所提供的准确信息为市场需求主体和供给主体之间的公平竞争创造了有利条件。

(4) 定额是对市场行为进行规范的重要标准。

定额既是投资决策的重要依据,也是价格决策的重要参考。投资者利用定额可以权衡自身的财务状况和支付能力,预测资金投入和预期回报,并利用定额提供的大量信息,有效提高项目决策的科学性,优化投资行为。施工企业在投标报价时只有充分考虑定额的要求,做出合理的价格决策,才能在市场竞争中占据优势。因此,定额对于完善我国固定资产投资市场和工程承包市场都发挥着重要作用。

(5) 定额有利于完善市场信息系统。

信息是市场体系中不可或缺的要素,其可靠性、完备性和灵敏性是衡量市场成熟度和市场效率的重要标志。在我国,以定额形式建立和完善市场信息系统是公有制经济为主体的社会主义市场经济的重要特点。

(6)定额有利于推广先进的施工技术和工艺。

定额水平中蕴含着一些已经成熟且先进的施工技术和经验。工人要达到或超过定额标准,就必须掌握和应用这些先进技术,并在工作中不断改进机具和技术操作方法,避免原材料和能源的浪费。为了推行定额标准,企业或主管部门往往会组织技术培训,帮助工人提升技能水平以达到或超过定额标准。这样,新技术、新工艺、新材料和新经验就能够得到更广泛的推广和应用,从而大大提高全社会的劳动生产效率。

4. 工程定额的分类

工程定额揭示了工程建设与各种资源消耗之间的客观规律,它是一个综合性的概念,涵盖了工程建设中的各类定额。工程建设定额种类繁多,可以根据不同的原则和方法进行分类。

1)按定额反映的生产要素内容分类

根据定额反映的生产要素内容,工程定额可分为劳动消耗定额、机械消耗定额和材料消耗定额三种。

劳动消耗定额,简称劳动定额(也称人工定额),是指在一定的生产(施工)组织和生产(施工)技术条件下,为完成单位合格产品所必需的劳动消耗量的标准。劳动消耗定额的主要表现形式是时间定额,但同时也以产量定额的形式表现,两者互为倒数关系。

机械消耗定额,又称机械台班定额,是以一台机械一个工作班为计量单位。它是指在合理使用机械和合理的施工组织条件下,生产工人使用机械完成单位合格产品必须消耗的机械作业时间的标准。机械消耗定额同样以时间定额为主要表现形式,同时也以产量定额的形式表现。

材料消耗定额,简称材料定额,是指在节约与合理使用材料的条件下,规定生产单位合格产品所必须消耗的原材料、成品、半成品、构配件、燃料以及水、电等动力资源的数量标准。

2)按定额的用途分类

根据定额的用途,工程定额可分为施工定额、预算定额、概算定额和投资估算指标四种。

施工定额是施工企业(建筑安装企业)为组织生产和加强管理而在企业内部使用的一种定额,属于企业定额的性质。施工定额以同一性质的施工过程——工序为对象进行编制,表示生产产品数量与生产要素消耗之间的综合关系。为了适应组织生产和管理的需要,施工定额的项目划分非常细致,是工程定额中分项最细、定额子目最多的一种定额,也是工程定额中的基础性定额。

预算定额是在编制施工图预算阶段,以工程中的分项工程和结构构件为对象进行编制,用于计算工程造价和计算工程中的劳动、机械台班、材料需要量的定额。预算定额是一种计价性定额。从编制程序上看,预算定额是以施工定额为基础综合扩大编制的,同时它也是编制概算定额的基础。

概算定额是以扩大分项工程或扩大结构构件为对象编制的,用于计算和确定劳动、机械台班、材料消耗量的定额,同样是一种计价性定额。概算定额是编制扩大初步设计概算、确定建设项目投资额的依据。概算定额的项目划分粗细与扩大初步设计的深度相适应,一般是在预算定额的基础上综合扩大而成的,每一综合分项概算定额都包含了数项预算定额。

投资估算指标是在项目建议书和可行性研究阶段编制投资估算、计算投资需要量时使用的一种定额。它非常概略,通常以独立的单项工程或完整的工程项目为计算对象,编制内容涵盖所有项目费用之和。它的概略程度与可行性研究阶段的深度相适应。投资估算指标往往根据历史预决算资料和价格变动等资料进行编制,但其编制基础仍然离不开预算定额和概算定额。

上述各种定额的相互联系可参见表 1-2。

表 1-2 各种定额间的关系比较

项目	施工定额	预算定额	概算定额	投资估算指标
对象	工序	分项工程	扩大的分项工程	独立的单项工程或完整的工程项目
用途	编制施工预算	编制施工图预算	编制扩大初步设计概算	编制投资估算
项目划分	最细	细	较粗	很粗
定额水平	平均先进	平均	平均	平均
定额性质	生产性定额		计价性定额	

3)按适用范围分类

根据适用范围,工程定额可分为全国通用定额、行业通用定额和专业专用定额三种。全国通用定额是指在各部门和各地区均可广泛使用的定额;行业通用定额则是指具有专业特色,能在本行业部门内普遍适用的定额;而专业专用定额则是针对特殊专业领域制定的定额,其适用范围仅限于指定的领域。

4)按主编单位和管理权限分类

依据主编单位和管理权限的不同,工程定额可分为全国统一定额、行业统一定额、地区统一定额、企业定额和补充定额五种。

全国统一定额是由国家建设行政主管部门综合考虑全国工程建设中的技术和施工组织管理情况而编制的,具有全国范围内的适用性。

行业统一定额则是根据各行业部门的专业工程技术特点及施工生产和管理水平进行编制的,通常仅在本行业和相同专业性质的范围内使用。例如,交通运输部的《公路工程预算定额》即为行业统一定额的一种。

地区统一定额则主要考虑了地区性特点,对全国统一定额水平进行了适当的调整和补充。它包括省、自治区、直辖市等地方性的定额。

企业定额是施工企业根据自身具体情况,参照国家、部门或地区定额的水平而制定的定额。企业定额仅在企业内部使用,它是衡量企业素质的一个重要标志。为了满足生产技术发展、企业管理和市场竞争的需要,企业定额的水平通常应高于国家现行定额。在工程量清单计价方式下,企业定额作为施工企业进行建设工程投标报价的重要依据,其作用日益凸显。

补充定额是在现行定额无法满足设计、施工技术发展需求的情况下,为了弥补定额缺陷而编制的。补充定额仅在指定的范围内使用,并可作为未来修订定额的基础。

上述各类定额虽然适用于不同的情况和用途,但它们之间是相互联系、有机统一的。在实际工作中,我们需要根据具体情况灵活配合使用这些定额。

二、公路工程定额分类

公路工程定额的分类方法一般有两种,即按生产因素分类和按定额用途分类。其中,按生产因素分类是基本的,按用途分类的定额实际上已经包括了按生产因素分类的定额。另外,也可按编制单位和执行定额的范围及专业不同进行分类。

1. 按生产因素分类

劳动力、材料和机械是施工生产中的三大要素,同时也是公路工程定额的重要组成部分。根据不同的生产因素,定额可以被划分为劳动消耗定额、材料消耗定额和机械设备定额三种,如图 1-4 所示。

1) 劳动消耗定额

劳动消耗定额,又称劳动定额、工时定额或人工定额,是指在正常的生产技术和生产组织条件下,为完成单位数量合格产品或工作任务所规定的劳动消耗量标准。劳动消耗定额的表现形式主要有时间定额和产量定额两种。

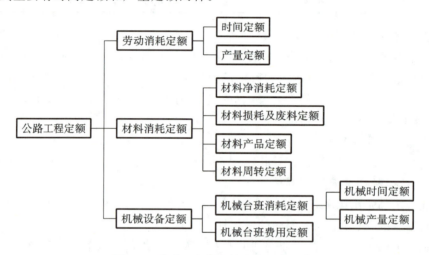

图 1-4 公路工程定额按生产因素分类

(1)时间定额。时间定额是指在技术条件正常、生产工具使用合理和劳动组织正确的条件下,工人为完成单位数量合格产品所必须消耗的工作时间。

时间定额以工日为单位,每个工日除潜水工作按 6 h、隧道工作按 7 h 计算外,其余均为 8 h。时间定额按式(1-2)计算。

$$S=\frac{D}{Q} \tag{1-2}$$

式中:S——时间定额(劳动量单位/产品单位);

D——耗用劳动量数量,一般单位为工日;

Q——完成的合格产品的数量(产品实物单位)。

(2)产量定额。产量定额是指在技术条件正常、生产工具使用合理和劳动组织正确的条件下,工人在单位时间内完成的合格产品的数量。产量定额与时间定额是互为倒数的关系,按式(1-3)计算。

$$C=\frac{Q}{D} \tag{1-3}$$

式中:C——产量定额(产品单位/劳动量单位);

其余符号意义同前。

【例1-1】 《公路工程预算定额》(JTG/T 3832—2018)中的表 1-1-9"挖掘机挖装土石方"规定,当使用 0.6 m³ 以内的履带式单斗挖掘机开挖普通土时,其产品单位为 1000 m³,劳动量单位为 4.5 工日。求该项目的人工的时间定额和每工日的产量定额。

【解】 人工的时间定额为 4.5 工日/1000 m³,每工日的产量定额为 1000 m³/4.5 工日=222.2 m³/工日。

2)材料消耗定额

材料消耗定额又称材料定额,是指在节约和合理使用材料的条件下,完成单位数量合格品所必须消耗的材料的数量标准。其以材料的实物计量单位作为计算单位,如 m、kg、t 等。

材料消耗定额由材料净消耗定额和材料损耗及废料定额两部分构成。材料的净消耗指的是在不考虑废料和损耗的情况下,直接用于构造物上的材料数量。而材料的损耗及废料则是指在施工过程中难以避免的废料和必要的工艺性损耗,这通常包括施工过程中的损耗以及从仓库或露天堆料场运输至施工地点的运输损耗,但不包含那些可以避免的消耗和损失的材料。例如,在浇筑混凝土构件或浆砌砌体时,由于混凝土混合料或砂浆混合料在拌制、运输及浇筑过程中不可避免地会产生损耗,因此规定浇筑 1 m³ 构件需要消耗 1.01~1.02 m³ 的混凝土。

材料损耗量与材料净消耗量之比称为材料损耗率,按式(1-4)计算。

$$材料损耗率=\frac{材料损耗量}{材料净消耗量}\times 100\% \quad (1-4)$$

材料消耗定额按式(1-5)计算。

$$材料消耗定额=(1+材料损耗率)\times 完成单位产品的材料净消耗量 \quad (1-5)$$

(1)材料产品定额。材料产品定额是指一定规格的原材料,在合理的操作前提下,获得合格产品的数量。这种定额形式在公路工程定额中应用较少,这里不再叙述。

(2)材料周转定额。产品所消耗的材料中,除了直接用于工程本身的材料外,还包括一些为工程服务所需的辅助材料(如模板、支架、拱盔等所需材料)。这些材料并非一次性使用,而是可以周转使用的,即所谓的周转性材料。周转性材料应当按照规定进行周转使用。在施工中,周转性材料合理周转使用的次数或总量,被称为材料周转定额(参见《公路工程预算定额》附录三)。

3)机械设备定额

机械设备定额分为机械台班消耗定额和机械台班费用定额。机械台班消耗定额又分为机械时间定额和机械产量定额。

【例1-2】 《公路工程预算定额》(JTG/T 3832—2018)中的表 1-1-9"挖掘机挖装土石方"规定,2.0 m³ 以内履带式单斗挖掘机挖装普通土的时间定额为 1.15 台班/1000 m³,则产量定额为多少?

【解】 产量定额为 1000 m³÷1.15 台班=869.57 m³/台班。

在公路工程概、预算编制中,按照机械台班消耗定额并根据工程数量可计算出工程所需各种机械台班数量。例如:1.0 m³ 以内履带式单斗挖掘机挖装普通土 1000 m³ 需要 2.15 台班,如果挖装普通土工程数量为 10000 m³,则需要 1.0 m³ 以内履带式单斗挖掘机的数量应为 21.5 台班。

机械台班费用定额是以机械的一个台班作为计算单位,规定了该台班所消耗的工时、燃料以及其他相关费用的数量标准,并且这些标准可以折算成货币形式来表示。该定额可用于分析和计算机械台班的单价,以及每台班所消耗的人工、燃料等实物量的具体数值。

目前采用的机械台班费用定额是交通运输部于2018年12月17日发布的《公路工程机械台班费用定额》(JTG/T 3833—2018)。

2. 按定额用途分类

按定额用途分类如本节前面所述。

3. 按编制单位和执行定额的范围及专业不同进行分类

按编制单位和执行定额的范围及专业不同进行分类如本节前面所述。

从使用的角度,公路工程定额分类可归纳为如图1-5所示的结构。

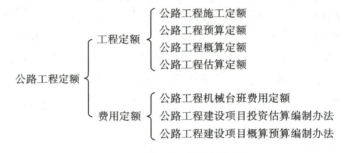

图1-5 公路工程定额分类

任务四　公路工程工程量计算规则

一、工程量的概念

1. 工程量

工程量是指建筑安装工程各个分项工程或结构构件以物理计量单位或自然计量单位所表示的实物数量。物理计量单位指的是需要度量的具有物理性质的单位,例如长度用米(m)表示,面积用平方米(m^2)表示,体积用立方米(m^3)表示,质量用千克(kg)或吨(t)表示;而自然计量单位则是指不需要度量的具有自然属性的单位,如建筑成品或结构构件在自然状态下所表示的个、条、块、座等,但需要明确这些成品或构件的结构尺寸。

2. 设计工程量

设计工程量是指在公路工程设计文件中列出的各个分项工程的工程数量。这些分项工程的数量通常由设计图纸前面的工程数量表和设计图纸中的文字说明共同定义。

3. 概(预)算工程量

概(预)算工程量是概(预)算编制人员根据设计文件中的设计工程量、概(预)算工程量计算规则、施工组织方案所确定的施工措施工程量(又称辅助工程量)及临时工程量,并结合概(预)算定额子目的具体规定,以概(预)算定额子目为编制单元所确定的工程量。因此,概(预)算工程量不仅包括设计的永久工程量(即设计工程量),还包括因施工工艺差异、自然因素影响等原因而产生的施工措施工程量(辅助工程量)和临时工程量。

二、工程量的计算规则

在工程计量中,主要涉及的工程量计算规则有两种:一是概(预)算工程量计算规则;二是工程量清单计量规则。

1. 概(预)算工程量计算规则

概(预)算工程量计算规则是确定概(预)算工程量的基础,其性质通常是推荐性的,而非强制性的。公路工程并未设立专门的概(预)算工程量计算规则,相关计算规则散见于概(预)算定额的章节说明中,这些说明在套用定额时用于确定概(预)算工程量。具体而言,公路工程概(预)算定额中的工程量计算规则,是根据分部工程、分项工程的界定,以及定额单位所涵盖的施工工艺内容来确定的,更准确地说,它是从设计图表资料中提取工程量(即设计工程量)的指导原则。

2. 工程量清单计量规则

工程量清单计量规则遵循"净值、成品"的计算原则,依据设计图纸来计算最终完成的工程数量。这一规则通常具有统一性和一定的强制性。例如,房屋建筑工程和市政工程的工程量计算应依据现行的《建设工程工程量清单计价规范》(GB 50500—2013)。而公路工程项目的工程量清单计量规则目前则依据《公路工程标准施工招标文件》(2018年版)中的"第八章 工程量清单计量规则",该章节包括说明和具体的计量规则两部分。

3. 两种工程量计算规则的相互关系

概(预)算工程量计算规则主要适用于定额计价方式下的设计概算和施工图预算的编制,同时在清单计价方式中,也可作为分析工程量清单计价工程子目综合单价的参考。

工程量清单计量规则是招投标阶段编制工程量清单、计算清单工程子目工程数量的依据,同时也是标底(招标控制价)或报价编制中分析清单计价子目综合单价,以及施工阶段对已完工程数量进行计量支付的依据。

在编制标底(招标控制价)或报价时,需要同时运用这两种工程量计算规则来分析综合单价。

三、概(预)算工程量的计算与核对

1. 概(预)算工程量的计算

概(预)算工程量的计算过程涉及设计图纸、拟定的施工方案、概(预)算工程量计算规则以及预算定额划分的项目。这一过程包括列出分部分项工程的名称和工程量计算式,并据此计算结果。概(预)算工程量的计算内容涵盖永久工程量(即设计工程量)、施工措施工程量(又称辅助工程量)以及临时工程量的计算。

2. 工程量的核对与摘取

永久工程量(即设计工程量)的计算是依据设计图纸上的尺寸来计算实物工程数量的过程。在公路工程的不同设计阶段,设计图表中已由设计人员计算出了相应的工程量(主要是设计工程量),并以表格形式在设计文件中呈现;同时,设计结构图中也给出了相应的工程数量。而施工措施工程量(辅助工程量)和临时工程量则主要由施工组织设计或施工方案来确定。

因此,深入熟悉设计文件中的设计图表、设计说明等设计图纸资料,对工程项目进行分项,并做好工程量(特别是设计工程量)的核对工作,是准确、快速、全面地编制工程概(预)算的必要前提。而如何从设计图表中正确摘取作为概(预)算编制基础资料的工程量,则是概(预)算编制人员必须具备的基本技能与业务知识之一。摘取计价工程量实际上是根据定额规定的工程量计算规则,将设计图表中提供的工程量进行分类、统计、汇总,从而得出符合定额表要求的计价工程量。为确保正确摘取工程量,做到不重不漏,编制人员必须明确定额规定的工程内容、适用范围,并熟悉定额的各章、节说明及定额表附注。

任务实施

任务描述:
结合本项目所学,查询相关资料,以小组为单位完成以下任务,并填写任务单。
(1)绘制公路工程造价多次计价过程图。
(2)解决案例导入中的思考问题。

任务单

任务名称:认知公路工程造价					
组别		组长		组员	
任务要求	结合所学并查阅资料,绘制公路工程造价多次计价过程图;解决案例导入中的思考问题				
完成任务的体会:					
小组成员分工合作情况说明:					
参考资料来源:					

项目二 公路工程预算定额的应用

学习目标

1. 知识目标

(1)熟悉公路工程预算定额的具体内容。
(2)掌握公路工程预算定额各章节的说明内容及运用关键要点。

2. 能力目标

(1)学会运用公路工程预算定额的基本方法和相关要求。
(2)能够分析公路工程预算定额的变动情况及其对工程造价产生的具体影响。

3. 素质目标

(1)培养细致入微、严谨认真的工作态度。
(2)提升问题解决与应对的能力。
(3)增强团队协作与配合的意识。
(4)牢固树立质量第一的工作理念。

思维导图

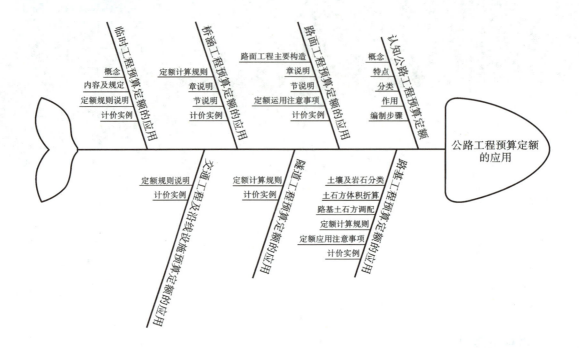

案例导入

在公路工程领域,预算定额是项目成本控制和预算编制不可或缺的重要依据。本项目旨在通过介绍公路工程预算定额的实际应用案例,加深大家对其在工作中的理解。

背景材料:

某地区正着手建设一条全长约 50 km 的双向六车道高速公路,旨在连接两个主要城市。该项目涵盖路基、路面、桥梁、涵洞、交通工程及沿线设施等多个工程内容。为确保项目顺利实施,项目管理部需精准预测各项工程的成本,为招标、合同签订及成本控制等环节提供有力依据。

在定额编制过程中,应完成以下关键步骤。

(1)资料收集:编制预算定额前,首要任务是全面收集项目相关资料,包括但不限于工程量清单、设计图纸、施工方案等。

(2)工程项目划分:根据项目实际情况,科学地将工程细分为多个子项目,例如路基、桥梁、涵洞等。

(3)预算单价确定:综合考虑项目特点、地区价格水平、材料设备价格等因素,合理确定各子项目的预算单价。

(4)预算定额编制:依据工程量清单,将各子项目的预算单价与相应工程量相乘,得出各子项目的预算金额,并最终汇总形成项目的总预算。

确定项目总预算至关重要,它有助于我们更好地控制项目的进度与预算,确保项目在预算范围内高效推进。

思政园地

在公路工程建设中,定额发挥着举足轻重的作用,它涵盖了路基、路面、隧道、桥梁、绿化等多个方面。定额的制定与应用有助于实现公路工程建设过程的规范化和标准化,有效减少因个体差异或主观判断所造成的造价波动。合理的定额能够助力施工单位更好地控制成本、优化资源配置、提升施工效率。因此,在确定工程造价时,必须准确理解和合理运用定额。唯有如此,我们才能确保工程造价的合理性、准确性和高效性,为公路工程建设的高质量发展提供坚实保障。

任务一 认知公路工程预算定额

一、定额的概念

1. 定额的含义

在公路工程施工过程中,完成任何一项产品都需要消耗一定数量的人工、材料和机械。这些资源的消耗会随着生产中各种因素的变化而变化。定额就是在正常生产条件下,通过合理组织施工和合理使用材料、机械,完成单位合格产品所必需的人工、材料、机械设备及资金消耗的限额标准。同时,定额中还规定了相应的工作内容、要达到的质量标准以及安全要求。

2. 定额水平

定额水平是指定额标准的高低,它与当时的生产因素及生产力水平密切相关,是社会生产力在一定时期的反映。定额水平高,说明生产力水平较高,完成单位合格产品所需消耗的资源较少;反之,则说明生产力水平较低,所需消耗的资源较多。

定额水平并非一成不变,而是随着生产力水平的变化而变化。一般影响定额水平的因素主要有:

(1)工作人员的技术水平、心理状态、劳动态度等;

(2)施工对象的机械化程度;

(3)新材料、新工艺、新技术的应用;

(4)企业的组织管理水平；

(5)劳动生产环境；

(6)产品的质量及操作安全等要求。

因此，定额水平的确定必须从实际出发，根据生产条件、质量标准和现有技术水平，选择先进合理的操作对象进行观测、计算和分析。同时，随着生产力水平的提高，定额应及时进行补充和修订，以适应生产发展的需要。

定额应起到调动职工积极性、提高劳动生产率、降低工程成本、保证质量及工期的作用。因此，在制定定额时，既要考虑其先进性和合理性，还要考虑在正常条件下，大多数人经过努力均可达到且少数人可能超额完成的情况。

3. 定额的产生和发展

定额产生于19世纪末，与当时生产力的发展密切相关。当时工业发展迅速，但传统管理方法导致工人劳动生产率低下，劳动强度大。在这种背景下，美国工程师泰罗开始了企业管理研究，旨在提高工人劳动生产率。他通过研究工人的操作方法，科学利用工时，将工作时间分成若干部分，并利用秒表记录工人每个动作消耗的时间，从而制定出工时消耗标准。这个标准成为衡量工作效率的尺度，标志着最初工时定额的形成。继泰罗制之后，随着生产力水平的不断发展和新材料、新技术的不断涌现，定额也得到了较大的发展，产生了多种不同种类的定额以适应各行各业的需要。同时，定额对生产力的发展也起到了推动作用。

二、定额的特点

定额的性质取决于社会生产关系的性质，也即社会制度的性质。在社会主义制度下，定额体现了多劳多得、按劳分配的社会主义分配原则，与劳动者的根本利益相一致，因此，定额是调动企业生产力的有力工具。在社会主义制度下，定额具有以下特性。

1. 定额的科学性与群众性

定额的科学性主要体现在其必须与生产力发展水平相适应，能够反映出工程建设中生产消耗的客观规律。定额数据的确定必须有可靠的科学依据。定额的标定工作是在认真研究和总结广大工人生产实践经验的基础上，实事求是地广泛搜集资料，经过科学的分析研究而确定的，能够正确地反映单位产品生产所需的资源量。

定额的群众性则体现在定额的制定和执行过程中，都有工人群众的直接参与。定额的产生来源于群众，定额的执行也要依靠群众。定额水平既要反映国家和集体的整体利益，也要体现群众的要求和愿望，这样群众才能乐于接受，定额才能得以顺利贯彻执行。

2. 定额的权威性与强制性

工程建设定额是由国家基本建设委员会或授权机关编制的，具有权威性。在某些情况下，这种权威性具有经济法规的性质和执行的强制性。权威性体现了统一的意志和要求，也反映了信誉和信赖程度。强制性则体现了定额的严肃性。

工程建设定额的权威性和强制性意味着，在规定的范围内，定额的使用者和执行者都必须按照定额的规定执行。在当前市场不规范的情况下，赋予工程建设定额以强制性是十分重要的，它不仅是定额作用得以发挥的有力保证，也有利于理顺工程建设各方面的经济关系和利益关系。需要说明的是，这种强制性也有相对性。在竞争机制引入工程建设的情况下，定额的水平必然会受到市场供求状况的影响，从而在执行中可能产生定额水平的浮动。准确地说,这种强制性只是一种对生产消费水平的合理限制,而不是对降低生产消费或生产力发展的限制。在社会主义市场经济条件下,对定额的权威性和强制性不应绝对化。

3. 定额的稳定性与时效性

工程建设定额中的任何一种都是一定时期社会生产力发展的反映,因此在一段时期内都表现出稳定的状况。保持定额的稳定性是维护定额权威性的必要条件,也是有效贯彻定额的必要条件。如果某种定额经常修改变动,必然会造成执行中的困难和混乱,使人们感到没有必要认真对待它,从而导致定额权威性的丧失。

然而,工程建设定额的稳定性是相对的。任何一种工程建设定额都只能反映一定时期的生产力水平。当生产力向前发展时,定额就会与已经发展了的生产力不相适应。这样,它原有的作用就会逐步减弱甚至消失,甚至可能产生负效应。因此,工程建设定额在具有稳定性特点的同时,也具有显著的时效性。当定额不再能起到促进生产发展的作用时,就需要对工程建设定额进行重新编制或修订。

4. 定额的针对性

定额的针对性很强。实行什么工程就用什么定额,一种工序对应一项定额,不得乱套定额。必须严格按照定额的项目、工作内容、质量标准、安全要求来执行定额。不得随意增减工时消耗、材料消耗或其他资源消耗;也不得减少工作内容、降低质量标准等。

三、工程建设定额的分类

工程建设定额是一个综合性的概念,涵盖了多种类型的定额。下面将分别介绍按照不同分类方法所划分的定额。

1. 按生产要素分类

按照生产要素来划分,工程建设定额包括劳动定额、材料消耗定额和机械台班使用定额。这是最基本的分类方法,它直接反映了生产某种单位合格产品所必须具备的因素,见图2-1。

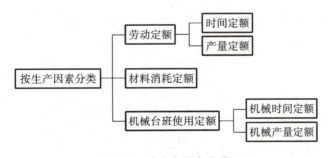

图 2-1 按生产因素分类

1)劳动定额

劳动定额即人工定额,它反映了建筑工人的劳动生产率水平。在合理、正常的施工条件下,劳动定额表示单位时间内能够完成的合格产品数量,或者完成单位合格产品所需的工时数量。因此,根据表述形式的不同,劳动定额又分为时间定额与产量定额。

2)材料消耗定额

材料消耗定额是指在合理组织施工、合理使用材料的情况下,生产单位合格产品所必须消耗的某一定规格的建筑材料、成品、半成品、水、电等资源的数量标准。它反映了生产因素中第二个因素——劳动对象在生产活动中的消耗情况。

3）机械台班使用定额

机械台班使用定额也称机械使用定额，它反映了在合理的劳动组织、生产组织条件下，由专职工人或工人小组管理或操纵机械时，该机械在单位时间内的生产效率。根据表现形式的不同，机械台班使用定额也可分为机械时间定额和机械产量定额。

2. 按定额的编制程序和用途分类

1）工序定额

工序定额是以个别工序为标定对象进行编制的，它是构成各种定额的基础。通常，工序定额仅作为企业内部下达个别工序施工任务的依据。

2）施工定额

施工定额是施工企业在组织生产和加强内部管理时所使用的生产定额。它以同一性质的施工过程为标定对象，规定了某种建筑产品生产所需的人工、机械使用和材料消耗量的标准。施工定额由劳动定额、机械台班使用定额和材料消耗定额三个相对独立但又相互关联的部分组成。

3）预算定额

预算定额是在施工定额的基础上编制的，它是施工定额的综合和扩大化。预算定额是编制施工图预算、确定建筑工程预算造价的重要依据，同时也是编制概算定额和估算指标的基础。

4）概算定额

概算定额是在预算定额的基础上编制的，它是预算定额的进一步综合和扩大。概算定额是编制设计概算、修正概算或进行方案技术经济比较的主要依据，也是编制主要材料计划的重要参考。

5）估算指标

估算指标是比概算定额更为综合的指标。它是项目建议书及工程可行性研究阶段估算工程造价的重要依据，是进行技术经济分析、估算建设成本的标准。

以上各种定额之间的关系如图 2-2 所示。

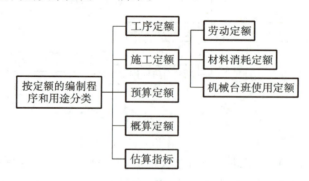

图 2-2 按定额的编制程序和用途分类

3. 按照投资的费用性质分类

按照投资的费用性质可以把工程建设定额分为建筑工程定额、设备安装工程定额、其他直接费定额、现场经费定额、间接费定额、工器具定额,以及其他费用定额等。

1) 建筑工程定额

建筑工程定额是建筑工程施工定额、建筑工程预算定额、建筑工程概算定额和建筑工程估算指标的统称。

2) 设备安装工程定额

设备安装工程定额包括安装工程施工定额、安装工程预算定额、安装工程概算定额和安装工程估算指标。在通用定额中,建筑工程定额和安装工程定额有时会合并称为建筑安装工程定额。

3) 其他直接费定额

其他直接费定额是指预算定额分项内容以外,与建筑安装施工生产直接相关的各项费用开支标准。列入其他直接费的项目主要包括冬雨季施工增加费、夜间施工增加费、高原地区施工增加费、沿海地区工程施工增加费、行车干扰工程施工增加费以及施工辅助费等。这些费用定额独立于预算定额之外,是编制施工图预算、设计概算、投资估算以及招标工程标底的依据。

4) 现场经费定额

现场经费定额是指与现场施工直接相关,但未包括在直接费定额内的某些费用的定额,包括临时设施费和现场管理费两项。它是施工准备、组织施工生产和管理所需的费用定额。

5) 间接费定额

间接费定额是指为企业生产全部产品所必需,以及为维持企业的经营管理活动所发生的各项费用开支的标准。间接费包括企业管理费和财务费用两类性质的费用。

6) 工器具定额

工器具定额是为新建或扩建项目投资运转首次配置的工、器具数量标准。工具和器具是指按照有关规定不够固定资产标准,但起劳动手段作用的工具、器具和生产用家具。

7) 其他费用定额

其他费用定额是独立于建筑安装工程、设备和工器具购置之外的其他费用开支的标准。工程建设的其他费用主要包括土地征购费、拆迁安置费、建设单位管理费等。这些费用的发生与整个项目的建设密切相关。其他费用定额是按各项独立费用分别制定的,以便合理控制这些费用的开支。

4. 按照专业性质分类

按照专业性质可以将工程建设定额分为建筑安装工程定额、公路工程定额、水运工程定额等。

5. 按颁发部门及适用地区分类

按颁发部门及适用地区,工程建设定额可分为全国统一定额、行业统一定额、地区统一定额、企业定额和补充定额五种。

1) 全国统一定额

全国统一定额是由国家建设行政主管部门综合考虑全国工程建设中的技术和施工组织管理情况而编制的,并在全国范围内执行的定额,例如全国统一安装工程定额。

2) 行业统一定额

行业统一定额是考虑到各行业部门专业工程技术特点以及施工生产和管理水平而编制

的,通常只在本行业和具有相同专业性质的范围内使用的专业定额,如水运工程定额、公路工程定额等。

3) 地区统一定额

地区统一定额主要是根据地区性特点,对全国统一定额水平进行适当调整补充而编制的。由于各地区在气候条件、经济技术条件、物质资源条件和交通运输条件等方面存在差异,这些差异对定额项目、内容和水平产生影响,成为地区统一定额存在的客观依据。

4) 企业定额

企业定额是由施工企业根据自身具体情况,参照国家、部门或地区定额的水平而制定的定额。企业定额仅在企业内部使用,是企业素质的一个重要标志。为了满足生产技术发展、企业管理和市场竞争的需要,企业定额水平一般应高于国家现行定额。

5) 补充定额

补充定额是在设计、施工技术不断发展,现行定额不能满足需求的情况下,为了补充缺项而编制的定额。补充定额只能在指定的范围内使用,并可以作为以后修订定额的基础。

四、预算定额

1. 预算定额及其作用

1) 预算定额的定义

预算定额是用于确定一定计量单位的分项工程或结构构件所需的人工、材料和机械台班消耗量的数量标准。它是在施工定额的基础上,依据国家的方针、政策进行编制,并经国家或授权机关批准,具有权威性质的一种指标性文件。

2) 预算定额的作用

(1) 预算定额是国家对基本建设投资进行计划管理的重要依据。

(2) 预算定额是编制施工图预算、确定工程预算造价、审查设计方案、考核设计水平以及进行技术经济分析的基础。

(3) 预算定额是编制工程招标标底和投标报价的参考依据。

(4) 预算定额是进行工程拨款和办理工程结算的主要依据。

(5) 预算定额还是组织施工力量、编制施工计划以及确定各种资源需求量的重要依据。

2. 预算定额编制的原则和依据

1) 预算定额编制的原则

预算定额是确定工程人工、材料、机械费用消耗水平的标准,也是确定工程直接费的依据。因此,预算定额的编制是一项严肃而科学的工作,需要兼顾历史水平、现实情况和未来发展趋势。在编制预算定额时,应遵循以下原则。

(1) 技术先进性。

技术先进性要求在编制过程中,结构选择、施工工艺、施工方法、经营管理和材料确定等方面,要符合当前设计和施工技术与管理水平,确保已成熟并推广的先进技术和先进管理经验得到进一步推广和应用。

(2) 经济合理性。

经济合理性是指定额水平要符合社会必要劳动时间的中等水平,也要符合当前大多数施工企业的生产和经营管理水平。预算定额的平均水平是根据正常施工条件、合理施工组织和工艺条件、平均劳动熟练程度和劳动强度,完成单位分项工程基本构造要素所需的劳动时间来确定的。预算定额水平以施工定额水平为基础,但并非简单套用,而是体现平均水平,施工定额则体现平均先进水平。

(3)简明实用性。

编制预算定额应贯彻简明、实用原则,确保定额的可操作性和便于掌握。为此,在编制预算定额时,对于主要、常用、价值量大的项目,分项工程划分应细致;而对于次要、不常用、价值量相对较小的项目,则可以适当放宽。

在贯彻简明实用性原则时,预算定额的项目齐全具有重要意义。应补充因采用新技术、新结构、新材料和先进经验而出现的新的定额项目。若项目不全,缺漏项多,将导致建筑安装工程价格缺乏充足、可靠的依据。补充定额一般受资料限制,费时费力,可靠性较差,容易引起争议。

(4)统一性与因地制宜相结合。

统一性是指从统一市场规范计价行为出发,计价定额的制定、修订规划计划和组织实施由国务院建设行政主管部门归口管理,并负责全国统一定额的制定或修订,以及颁发有关工程造价管理的规章制度等。这有利于通过定额和工程造价的管理实现建筑安装工程价格的宏观调控。通过编制全国统一定额,为建筑安装工程提供一个统一的计价依据,也使考核设计和施工的经济效果具有一个统一的尺度。而因地制宜则是指在统一性基础上,各部门和省、自治区、直辖市主管部门可根据本部门、本地区的具体情况,按照国家的编制原则,编制部门定额和地区定额,并颁发补充性制度、办法,对定额实行日常管理。

(5)专家编审责任制原则。

专家编审责任制原则要求预算定额的编制应充分发挥专家的作用,实行专家负责制,确保定额的科学性和准确性。

2)预算定额的编制依据

编制预算定额应根据国家现行的基本建设有关规定、规范和标准。其主要依据包括:

(1)国家及有关部门的文件、规定和通知;

(2)现行通用设计规范、施工及验收技术规范、质量验收标准、安全操作规程及国家现行的基建方针、政策;

(3)施工定额及一些质量较好的补充定额;

(4)通用标准图、定额选定设计图;

(5)现场观察资料、统计资料以及新工艺、新技术、新结构、新材料等的资料,以及各地区现行工资、材料及机械台班单价;

(6)以前的预算定额;

(7)有关机械、设备产品目录及其他有关科学试验报告。

五、预算定额的编制

1. 预算定额的编制步骤

(1)根据上级主管部门关于编制预算定额的批文,成立编制小组,并拟订编制方案。

(2)抽调专业人员开展调查研究,搜集现行预算定额的执行情况及其他相关预算资料,确定需要调整与补充的项目,并制订详细的工作计划。

(3)对收集到的各种现行规范、图纸、资料进行全面测算和分析。

(4)确定编制细则,包括定额项目的划分、工程量计算规则,以及定额水平的设定,并在此基础上编制预算定额初稿。

(5)测算定额水平,并将初稿送审,根据审查意见进行定稿。定额水平的测算工作包括:

①新旧定额水平的对比分析;

②预算造价的比较分析;

③与实际的人工、材料、机械用量进行对比分析。

(6)根据审查意见对初稿进行修改和补充,完善预算定额内容。

(7)将完善后的预算定额进行出版和发行,以便广泛应用。

(8)整理预算定额的编制资料,并进行归档保存,以备后续查阅和参考。

2. 预算定额的编制方法

(1)确定各项目的名称、工作内容及施工方法。

(2)确定预算定额的计量单位。

确定预算定额的计量单位应遵循以下原则:计量单位应与相应工程项目内容相适应,便于计算工程量,能准确反映分项工程的最终产品形态和实物量,且使用方便。

①项目的计量单位。

一般情况下,计量单位的确定方法如下:

a. 当物体截面积一定时,以延米为单位,如管道、输电线、伸缩缝、栏杆等。

b. 当物体厚度一定时,以平方米(m^2)为单位,如垫层、基层、路面面层(沥青混凝土除外)等。

c. 当形状为任意时,以立方米(m^3)为单位,如混凝土工程、砖石工程、土石方工程等。

d. 金属结构以质量为单位(t 或 kg),如钢筋工程等。

e. 零星工程以个、套为单位,如泄水管等。

定额单位确定后,为便于制定和使用,在定额项目表中,一般采用原施工定额单位的 10 倍或 100 倍作为预算定额的单位。

②人工、材料、机械计量单位及小数位数的确定。

a. 人工:以工日为单位,取一位小数(公路工程预算定额)或两位小数(建筑工程预算定额)。

b. 基价:以元为单位,取整数。

c. 主要材料及半成品。

木材:以米(m)为单位,取三位小数。

钢筋、型钢:以吨(t)为单位,取三位小数。

小五金:以千克(kg)为单位,取一位小数。

水泥:以吨(t)为单位,取三位小数。

砂浆、混凝土:以立方米(m^3)为单位,取两位小数。

d. 其他材料费:以元为单位,取一位小数。

e. 机械:以台班为单位,取两位小数。

(3)按典型设计图纸和资料计算工程量。

(4)人工定额消耗量指标的确定。

①预算定额的人工消耗。

定额包括完成某分项工程所必需的各种用工量。它是根据测算后综合取定的工程数量和参照施工定额中人工消耗指标计算得出的。

完成某分项工程的各种用工包括以下内容。

a. 基本用工：指完成该分项工程的主要用工量，包括属于预算定额规定工作内容范围内的一些用工。如现浇钢筋混凝土基础工程，包括模板制作、安装、拆除、修理、涂脱模剂以及混凝土配料、拌合、运输、浇筑、捣固、养护等基本工作内容的基本用工。它综合了模板制作安装、浇筑混凝土两个施工过程，因此应将这些用工数累计后，才是预算定额的基本用工数。

b. 超运距用工：在编制定额时，当材料、半成品等的运距超过劳动定额规定的运距时，需要额外增加的用工数量。

c. 辅助用工：指为完成主要工作而附带进行的一些辅助性工作所需的用工。

d. 人工幅度差：考虑在劳动定额中没有包括，而在一般情况下又难以避免的一些用工。按劳动定额综合后的数量，再增加一个百分数，增加的幅度与原数之比，即为人工幅度差。可用下式表示：

$$人工幅度差 = (基本用工 + 超运距用工 + 辅助用工) \times 人工幅度差系数$$
$$- (基本用工 + 超运距用工 + 辅助用工) \qquad (2-1)$$

人工幅度差系数的取值因不同专业和不同分项工程而异。表 2-1 展示了《公路工程预算定额》在制定时所采用的人工幅度差系数的情况。

表 2-1 人工幅度差系数表

预算定额工程项目	系数
准备工作、土方、石方、安全设施、材料采集加工、材料运输	1.04
路面、临时工程、纵向排水、整修路基、其他零星工程	1.06
砌筑、木作、支拱架、混凝土及钢筋混凝土、沿线房屋	1.80
隧道、基坑、打桩、造孔、沉井、安装、预应力、钢桥	1.10

《公路工程预算定额》中的人工幅度差考虑了以下因素：

(a)工序搭接及转移工作面所导致的间断时间；

(b)各工种交叉作业时的相互影响；

(c)工作开始及结束时因放样交底及任务不饱和而导致的产量降低；

(d)配合机械施工及移动管线时产生的操作间歇；

(e)检查质量及验收隐蔽工程时对工时利用的影响；

(f)因雨雪天气或其他原因需要排除的故障；

(g)其他零星工作，如临时交通指挥、安全警戒、现场挖沟排水、修路材料的整理堆放、场地清扫等；

(h)由于图纸变更或施工方法不同而需要增加的工序及工作项目。

应指出：上述人工幅度差系数与其他专业的取值的含义不同。如一般土建工程预算定额的人工幅度差系数是个小于 1 的百分数，其人工幅度差表示为：

$$人工幅度差 = (基本用工 + 超运距用工 + 辅助用工) \times 人工幅度差系数 \qquad (2-2)$$

式(2-1)的优点在于确定预算定额用工时的表达式比较简洁。如某分项工程的预算定额用工为：

$$预算定额用工数 = (基本用工 + 超运距用工 + 辅助用工) \times 人工幅度差系数 \qquad (2-3)$$

②各种用工量的计算。

a. 基本用工工日数的计算。

基本用工工日数按综合取定的工程量套用劳动定额计算。

【例 2-1】 人工挖运土的预算定额,按陡坡土方 5%、槽内土方 15%、槽外土方 80% 取定天然密实土;定额单位为 100 m³。试计算挖普通土、人工运输 20 m³ 的基本用工工日及定额用工。

【解】 (1)挖陡坡土方的用工量。

查劳动定额 2-1-2,见表 2-2。劳动定额为 0.14 工日/m³。

$$用工量 = 100 \text{ m}^3 \times 5\% \times 0.14 \text{ 工日}/\text{m}^3 = 0.7 \text{ 工日}$$

表 2-2　人工挖陡坡土方 1 m³ 的劳动定额

项目	松土	普通土	硬土
时间定额	0.085	0.14	0.21
每工日产量	11.8	7.14	4.76
编号	1	2	3

(2)挖槽内土方的用工量。

查劳动定额 2-2-5,见表 2-3。劳动定额为 0.269 工日/m³。

$$用工量 = 100 \text{ m}^3 \times 15\% \times 0.269 \text{ 工日}/\text{m}^3 = 4.035 \text{ 工日}$$

表 2-3　人工挖土方 1 m³ 的劳动定额

项　目	第一个 20 m³ 挖运						每增运 100 m³	
	槽外			槽内			挑运	手推
	松土	普通土	硬土	松土	普通土	硬土		
时间定额	0.15	0.231	0.33	0.177	0.269	0.379	0.033	0.01
每工日产量	6.33	4.33	3.03	5.65	3.72	2.64	—	—
编号	1	2	3	4	5	6	7	8

(3)挖槽外土方的用工量。

查劳动定额 2-2-5,见表 2-3。劳动定额为 0.231 工日/m³。

$$用工量 = 100 \text{ m}^3 \times 80\% \times 0.231 \text{ 工日}/\text{m}^3 = 18.48 \text{ 工日}$$

设工人等级与劳动定额规定的工人等级相同。

(4)本项目无超运距用工及辅助用工。

(5)基本用工。

$$基本用工 = (0.7 + 4.035 + 18.48) \text{ 工日} = 23.215 \text{ 工日}$$

(6)定额用工。

查人工幅度差系数表(表 2-1)可知,人工幅度差系数 = 1.04,则

$$定额用工 = 23.215 \text{ 工日} \times 1.04 = 24.144 \text{ 工日}$$

工人技术等级为 2.3 级。

b. 超运距用工量的计算。

$$超运距距离 = 预算定额规定的运距 - 施工定额规定的运距$$
$$超运距用工量 = \sum 超运距材料数量 \times 时间定额$$

c. 辅助用工量的计算。

辅助用工量的计算方法与基本用工量的计算方法相同。

(5)材料消耗量指标的确定。

材料耗用定额是指在正常施工和合理使用材料的条件下,完成每单位合格产品所耗用的材料、成品及半成品的数量标准。

预算定额的材料消耗量由材料的净用量和各种合理损耗组成,其中,材料的净用量的计算方法在施工定额中已做介绍。

各种合理损耗包括场内运输损耗和操作损耗,而场外运输损耗和工地仓库保管损耗则纳入材料预算单价之中。

(6)施工机械台班消耗指标的确定。

预算定额中的机械台班消耗量指标,是根据其施工定额中各分项工程的机械台班耗用量,再考虑机械的幅度差来确定的。

机械的幅度差,是指在施工定额测定范围内未包括,而在预算定额中又必须考虑的因素所增加的机械台班数量。对于不同的机械和不同的服务对象,其幅度差系数是不同的。

《公路工程预算定额》的机械幅度差考虑了以下因素:

①正常施工组织情况下不可避免的机械空转、技术中断及合理停置时间;

②必要的备用台数造成的闲置台班;

③由于气候关系或排除故障影响台班的利用;

④工地范围内机械转移的台班数,以及非自行式机械转移时所需的运载牵引工具;

⑤配套机械相互影响所损失的时间,以及停车场至工作地点超定额运距所需的时间;

⑥施工初期限于条件所造成的效率差,以及结尾时工程量不饱满所损失的时间;

⑦因供电、供水故障,以及水电路线的移动检修而发生的运转中断;

⑧不同厂牌机械的效率差、机械不配套造成的效率低;

⑨工程质量检查的影响。

公路工程预算定额的机械台班消耗量指标按以下方法确定:

①按施工定额的机械台班消耗量乘幅度差系数的方法确定预算定额;

②按劳动组织配备计算机械台班数量。此时,幅度差系数一律按1.05进行计算。

【例2-2】 用 0.6 m^3 挖掘机挖装土方,75 kW 推土机清理余土。土方工程量为1050 m^3,其中部分机械达不到需由人工完成,其工程量为 50 m^3。土质为普通土。试计算工、料、机用量。

【解】 按相关规定:"机械施工土、石方,挖方部分机械达不到需由人工完成的工程量由施工组织设计确定。其中人工操作部分,按相应定额乘以 1.15 系数。"

(1)机械完成部分的工、料、机用量。

$$工程量 = 1050 \ m^3 - 50 \ m^3 = 1000 \ m^3$$

查定额1-10-2可知,每1000 m^3天然密实土的工、料、机消耗指标如下。

人工:5.0 工日。

75 kW 以内履带式推土机:1.34 台班。

0.6 m^3 以内单斗挖掘机:4.03 台班。

(2)人工完成部分的工、料、机用量。

$$工程量 = 50 \ m^3$$

查定额1-7-2可知,每100 m^3天然密实土的工、料、机消耗指标如下。

人工:24.5 工日。则 50 m³ 需人工:

$$24.5\ 工日 \times 0.5 = 12.3\ 工日$$

再乘以 1.15 系数:

$$12.3\ 工日 \times 1.15 = 14.15\ 工日$$

则完成 1050 m³ 普通土需人工:

$$5\ 工日 + 14.15\ 工日 = 19.15\ 工日$$

0.6 m³ 以内单斗挖掘机:4.03 台班。

75 kW 以内履带式推土机:1.34 台班。

(3)其他换算。

凡不属于以上两种换算的都称为其他换算。

【例 2-3】 人工挖基坑土方,坑深 7 m,干处开挖,试计算 10 m³ 土方的工、料、机用量。

【解】 查定额 4-1 人工挖基坑土、石方及其附注,附注为"土方基坑深超过 6 m 时,每加深 1 m,按挖基深度 6 m 以内定额干处递增 5%,湿处递增 10%。"干处开挖、坑深 6 m 以内定额为 4-1-2,每 10 m³ 实体需人工 9.0 工日,则人工用量为:

$$9.0\ 工日 \times (1+5\%) \times 10/10 = 9.45\ 工日$$

公路工程
预算定额

任务二　路基工程预算定额的应用

路基工程涵盖了路基土石方工程、排水工程、路基防护工程以及特殊路基工程,因其量大面广,成为公路造价中的重点和难点。

《公路工程标准施工招标文件》(2018 年版)中的技术规范、计量与支付条款,详细规定了清单计量规则(以下简称《计量规范》)。同时,《公路工程预算定额》(JTG/T 3832—2018)(以下简称《定额》),则明确规定了定额套用方法及工程量计算规则。

一、土壤及岩石分类

《定额》第一章说明第 1 条即对土壤及岩石进行了分类,该分类适用于清单和定额数量的计算。土壤和岩石的类别划分依据是开挖的难易程度,将土壤、岩石分为六类。

土壤分为三类:松土、普通土、硬土。

岩石分为三类:软石、次坚石、坚石。

定额土、石分类与六级土、石分类以及十六级土、石分类的对照表详见表 2-4。

表 2-4　土石分类对照表

公路定额分类	松土	普通土	硬土	软石	次坚石	坚石
六级分类	Ⅰ	Ⅱ	Ⅲ	Ⅳ	Ⅴ	Ⅵ
十六级分类	Ⅰ～Ⅱ	Ⅲ	Ⅳ	Ⅴ～Ⅵ	Ⅶ～Ⅸ	Ⅹ～ⅩⅥ

二、土石方体积折算

土石方在施工中存在密实状态各异的情况,针对不同状态需要进行换算。《定额》第一章说明第 8 条第(1)款对此进行了明确规定,该规定适用于清单和定额数量的计算。

土石方体积的计算方式如下:除非定额中有其他特别说明,土方挖方一般按天然密实积来计算，填方则按压（夯）实后的体积来计算，而石方爆破同样按天然密实体积来计算。当以填方压实体积作为工程量，并采用以天然密实方为计量单位的定额时，所采用的定额应乘以相应的系数，具体系数参见表2-5。

表2-5　土石天然密实方与压实方换算系数

公路等级	土类			
	土方			石方
	松土	普通土	硬土	
二级及二级以上等级公路	1.23	1.16	1.09	0.92
三、四级公路	1.11	1.05	1.00	0.84

其中：推土机、铲运机施工土方的增运定额按普通土栏目的系数进行计算；人工挖运土方的增运定额，以及机械翻斗车、手扶拖拉机运输土方、自卸汽车运输土方的运输定额，在表中系数的基础上需增加0.03的土方运输损耗系数，但弃方运输不应计入运输损耗。

三、路基土石方调配

1. 相关概念

（1）断面方：根据线路标志桩所示的路基填挖横断面积及其相应间的距离，分别计算得出的土石方数量，称为断面方数量，即设计图上所提供的"土石方数量表"中的数值。

（2）利用方：指利用路堑挖方来填充路堤的方量（在编制预算时，对于利用方，仅计算填方部分，不计挖方，但应考虑夯实过程中增加的工料机消耗）。

（3）施工方（在公路工程中习惯称为"计价方"）：指路堑挖方和从取土坑借土填筑路堤的填方之和。

2. 土石方调配的概念及目的

路基土石方调配应考虑在经济合理的运距条件下，尽可能将挖方用作填方，以达到用最少的施工方数量实现路基工程快速施工和节约成本的目的。所谓土石方调配，就是要确定路堑挖方中有多少数量用于移挖作填，有多少数量需要运往弃土堆，以及还需要从路堤两侧取土坑或其他取土场挖取多少土石用作路堤填筑的施工组织设计方法。填方土源包括附近公路的挖方利用和借土；挖方去向则包括调往附近填方利用和弃土等。土石方调配示意图如图2-3所示。

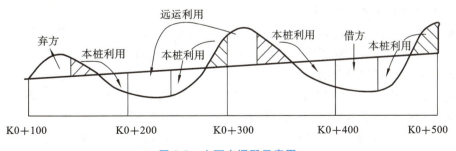

图2-3　土石方调配示意图

土石方调配的目的：确定填方用土的来源、挖方弃土的去向，以及计价土石方的数量和运量等。通过调配，合理地解决各路段土石方的平衡与利用问题，使得从路堑挖出的土石方,在经济合理的调运条件下能够被用作填方,实现填方有所"取"、挖方有所"用",从而避免不必要的路外借土和弃土,减少耕地占用,并降低公路造价。

3. 土石方调配原则

土石方调配的总原则:加大利用方,减少施工方;首先进行横向平衡,再考虑纵向平衡,最后考虑借方(或弃方);同时考虑土质及土方最大经济运距。具体方法如下。

(1)就近利用,以减少运量。

在半填半挖断面中,应优先考虑在本路段内移挖作填进行横向平衡,然后再进行纵向调配,以减少总的运输量。

(2)不跨沟调运。

土石方调配应考虑桥涵位置对施工运输的影响,一般大沟不进行跨越调运。

(3)高向低调运。

应注意施工的可能性和方便性,尽可能避免和减少上坡运土;位于山坡上的回头曲线段应优先考虑上线向下线的土方竖向调运。

(4)经济合理。

为使调配合理,必须根据地形情况和施工条件,选用适当的运输方式,进行远运利用与附近借土的经济比较(移挖作填与借土费用的比较),确定合理的经济运距,用以分析工程用土是调运还是外借。土石方调配中的"移挖作填"虽然要考虑经济运距问题,但这不是唯一的指标,还要综合考虑弃方或借方占地、赔偿青苗损失及对农业生产的影响等。有时移挖作填虽然运距稍长,运输费用可能稍高,但如能减少占地、少影响农业生产,从整体来看也未必是不经济的。

(5)不同的土方和石方应根据工程需要分别进行调配,以保证路基稳定和人工构造物的材料供应。

(6)土石方调配时,对于借土和弃土的处理应事先与地方协商,妥善处理。

4. 土石方调配方法

1)土石方调配关系式

$$断面方 = 挖方 + 填方 = (挖方 + 借方) + (填方 - 借方) = 施工方 + 利用方 \quad (2-4)$$

$$挖方 + 借方 = 填方 + 弃方 \quad (2-5)$$

$$挖方 = 利用方 + 弃方 \quad (2-6)$$

$$填方 = 利用方 + 借方 \quad (2-7)$$

2)土石方调配方法

目前常用的土石方调配方法是土石方计算表调配法,即直接在土石方计算表上进行调配。这种方法简单明了,调配过程清晰,且精度符合要求。此外,该表的生成也可由计算机自动完成。具体的调配步骤如下。

(1)土石方调配是在土石方数量计算与复核工作完成后进行的。在进行调配前,应将可能影响运输调配的因素,如桥涵位置、陡坡、大沟等,在表旁进行注明,以供调配时参考。

(2)计算并填写表中的"本桩利用""填缺"和"挖余"等各栏目。当使用石方作为填料时,应将石方数量填入"本桩利用"中的"土"一栏,并使用特定符号进行区分。然后按填挖方分别进行闭合核算,其核算式为:

$$填方 = 本桩利用 + 填缺 \quad (2-8)$$

$$挖方 = 本桩利用 + 挖余 \qquad (2\text{-}9)$$

(3) 在进行纵向调配之前,需要根据填缺和挖余的分布情况,选择适当的施工方法及可采用的运输方式,并据此确定合理的经济运距,以供土方调配时参考。

(4) 根据填缺和挖余的分布情况,结合路线的纵坡和自然条件,本着技术经济合理、尽量少占用农田的原则,具体制订调配方案。将相邻路段的挖余就近纵向调配到填缺处加以利用,并在纵向调配栏中用箭头明确标注具体的调运方向和数量。

(5) 经过纵向调配后,如果仍存在填缺或挖余的情况,则应与当地政府协商确定借土或弃土的地点,然后将借土或弃土的数量和运距分别填写到借方或废方栏内。

(6) 调配完成后,应分页进行闭合核算,核算式为:

$$填缺 = 远运利用 + 借方$$
$$挖余 = 远运利用 + 废方$$

(7) 本公里调配完毕,应进行本公里合计,总闭合核算除上述外,尚有:

$$(跨公里调入方) + 挖方 + 借方 = (跨公里调出方) + 填方 + 废方 \qquad (2\text{-}10)$$

(8) 土石方调配通常在本公里范围内进行,若有必要也可进行跨公里调配,但调配的方向及数量需分别明确标注,以避免混淆。

(9) 每公里土石方数量的计算与调配工作完成后,需将其汇总并列入"路基每公里土石方表"中,同时进行全线的总计与核算。至此,全部的土石方计算与调配工作即告完成。

5. 计价土石方数量

借方:填方数量减去利用方后尚缺的土方数量。

废方:挖方数量减去利用方后尚余的土方数量。

$$计价土石方数量 = 挖方数量 + 借方数量$$

土石方数量计算关系:

$$填方 = 本桩利用 + 纵向调运(远运利用) + 借方$$
$$挖方 = 本桩利用 + 纵向调运(远运利用) + 废方$$
$$挖方 + 借方 = 填方 + 废方$$

路基土石方工程量计算

如某工程土石方数量为填方 500 m³、挖方 200 m³、借方 400 m³、弃方 100 m³,则

$$计价土石方数量 = 挖方数量 + 借方数量 = 200 \text{ m}^3 + 400 \text{ m}^3 = 600 \text{ m}^3$$
$$挖方 + 借方 = 填方 + 废方$$

即: $200 \text{ m}^3 + 400 \text{ m}^3 = 500 \text{ m}^3 + 100 \text{ m}^3$

关于调配计算的几个问题具体如下。

1) 经济运距

运距通常指的是从挖方体积的中心点到填方体积的中心点之间的距离。经济运距是指将移挖作填与附近借方进行经济比较时,调运挖方与借土费用相等时的运距。

2) 平均运距

平均运距指挖方路段中心桩号到填方路段中心桩号的距离。

3) 运量

土石方运量是指平均运距与土石方调配数量的乘积,单位为 m³·km。

四、定额计算规则

1. 第一章说明

(1)第一章路基工程定额共分为路基土、石方工程、排水工程、软基处理工程三节,章节说明中均列举了定额运用时需要注意的事项。

(2)土壤岩石类别的划分,详见土壤及岩石分类。

(3)定额工程(除特别注明外)均包括以下内容:

①各种机械在 1 km 内由停车场至工作地点的往返空驶;

②工具小修;

③钢钎淬火。

2. 第一节路基土、石方工程说明

(1)"人工挖运土方""人工开炸石方""机械打眼开炸石方""抛坍爆破石方"等定额中,已包含开挖边沟所需的人工、材料和机械台班数量。因此,开挖边沟的数量应计入路基土、石方数量内统一计算。

(2)各种开炸石方的定额中已包含边坡清理的工作内容。

(3)机械施工土、石方时,挖方部分若存在机械无法到达而需由人工完成的工程量,应由施工组织设计确定。其中,人工操作部分按相应定额乘以 1.15 的系数。

(4)抛坍爆破石方定额按地面横坡坡度划分。地面横坡变化复杂时,为简化计算,凡变化长度在 20 m 以内,以及零星变化长度累计不超过设计长度的 10%时,可并入附近路段计算。抛坍爆破的石方清运及增运定额,系按设计数量乘以(1-抛坍率)后编制。

(5)自卸汽车运输路基土、石方的定额项目和洒水汽车洒水定额项目,仅适用于平均运距在 15 km 以内的土、石方或水的运输。当平均运距超过 15 km 时,应按社会运输的相关规定计算其运输费用。当运距超过第一个定额运距单位时,其运距尾数不足一个增运定额单位的半数时不计,等于或超过半数时按一个增运定额运距单位计算。

(6)路基加宽填筑部分如需清除,按刷坡定额中的普通土子目计算;清除的土方如需远运,则按土方运输定额计算。

(7)以下数量应由施工组织设计提出,并计入路基填方数量内统一计算:

①清除表土、零填方地段的基底压实、耕地填前夯(压)实后,回填至原地面标高所需的土、石方数量;

②因路基沉陷需增加的填筑土、石方数量;

③为保证路基边缘的压实度而需加宽填筑时所需的土、石方数量。

(8)工程量计算规则:

①土、石方体积的计算方法,详见土、石方体积折算;

②零填及挖方地段基底压实面积等于路槽底面宽度(m)与长度(m)的乘积;

③抛坍爆破的工程量按抛坍爆破设计计算;

④整修边坡的工程量按公路路基长度计算。

【例 2-4】 某高速公路路基土、石方工程数量见表 2-6(填方为压实方,其余为天然密实方),借方为普通土。试计算利用方填方、借方填方定额数量以及借方的开挖量和运输定额数量。

表 2-6 某高速公路路基土、石方工程数量

项目	挖方/$10^4 m^3$					远运利用方/$10^4 m^3$					填方/$10^4 m^3$
	松土	普通土	硬土	石方	合计	松土	普通土	硬土	石方	合计	
工程量	50	150	100	100	400	30	100	50	30	210	400

【解】(1)利用方填方、借方填方定额数量。

根据第一节说明工程量计算规则,除定额中另有说明者外,定额土方填方按压(夯)实后的体积计算,因此,要将填方换算成压实方计算数量。

①将利用方的天然密实方数量换算为压实方数量(注意土方运输损耗系数)。

松土: $[30 \div (1.23+0.03)] \times 10^4 m^3 = 23.8095 \times 10^4 m^3$

普通土: $[100 \div (1.16+0.03)] \times 10^4 m^3 = 84.0336 \times 10^4 m^3$

硬土: $[50 \div (1.09+0.03)] \times 10^4 m^3 = 44.6429 \times 10^4 m^3$

石方: $(30 \div 0.92) \times 10^4 m^3 = 32.6087 \times 10^4 m^3$

利用方(压实方)合计:

$(23.8095+84.0336+44.6429+32.6087) \times 10^4 m^3 = 185.0947 \times 10^4 m^3$

②计算借方压实数量。

$(400-185.0947) \times 10^4 m^3 = 214.9053 \times 10^4 m^3$

(2)借方的开挖量和运输定额数量。

根据第一节说明工程量计算规则,定额土方挖方按天然密实体积计算。

①借方的开挖数量。

$214.9053 \times 10^4 m^3 \times 1.16 = 249.2901 \times 10^4 m^3$

②借方的运输工程数量。

$214.9053 \times 10^4 m^3 \times (1.16+0.03) = 255.7373 \times 10^4 m^3$

3. 第二节排水工程说明

(1)边沟、排水沟、截水沟的挖基费用按照人工挖截水沟、排水沟的定额来计算,而其他排水工程的挖基费用则依据第一节土、石方工程的相关定额来计算。

(2)边沟、排水沟、截水沟以及急流槽的定额均未包含垫层的费用,若需要,则按照相关的定额另行计算。

(3)当雨水箅子的规格与定额不符时,可以按照设计的用量来替换定额中铸铁箅子的消耗量。

(4)工程量计算规则如下:

①本章定额中砌筑工程的工程量是指砌体的实际体积,这包括构成砌体的砂浆体积。

②本章定额中预制混凝土构件的工程量是指预制构件的实际体积,但不包括预制构件中的空心部分体积。

③挖截水沟、排水沟的工程量计算方法是:设计水沟截面面积乘以水沟长度,再加上水沟的圬工体积。

④路基盲沟的工程量是指设计设置的盲沟长度。

⑤轻型井点降水定额按照50根井管为一套来计算,如果不足50根也按一套计算。井点的使用天数按日历天数来计算,具体的使用时间则根据施工组织设计来确定。

【例 2-5】边沟 M7.5 浆砌片石、挖普通土、回填砂砾土的体积分别为:M7.5 浆砌片石

I-1 型分别为 1083 m³、798 m³、323 m³；M7.5 浆砌片石 I-2 型分别为 62.92 m³、46.92 m³、42.56 m³。边沟采用人工挖基，土、石方使用 2 m³ 装载机装车，使用 8 t 自卸汽车运输 3 km 后弃置，砂砾土、片石则直接购买。根据表 2-7，编制报价原始数据表。

表 2-7 边沟、排水沟工程量清单

子目号	子目名称	单位	数量	单价	合价
207-1	M7.5 浆砌片石边沟				
207-1-a	M7.5 浆砌片石 I-1 型	m³	2280		
207-1-b	M7.5 浆砌片石 I-2 型	m³	130		

【解】 编制报价原始数据表步骤如下。

(1) 根据方案明确各工艺。

(2) 分析工艺需要套取的定额子目、确定工程量。

注：无法明确计算工程量的按一定的比例分摊。

(3) 以单个清单子目为一个编制单元，列算清单和定额工程量，编制报价原始数据表，填写其清单和定额列项、工程量等信息。

清单子目工程内容包括：扩挖、装、运、卸、回填；砌筑勾缝、铺筑垫层；嵌缝；抹灰压顶；预制安装（钢筋）混凝土盖板。依据以上工程内容和采用的施工方法，套用定额，填写数据，见表 2-8。

表 2-8 边沟、排水沟原始报价数量表

子目号	子目名称	单位	数量	取费	备注
207-1	M7.5 浆砌片石边沟				
207-1-a	M7.5 浆砌片石 I-1 型	m³	2280		
1-2-1-2	人工挖截水沟、排水沟	1000 m³	0.798	人工土方	挖基
1-1-10-2	2 m³ 装载机装土方	1000 m³	0.798	机械土方	挖基土装车
1-1-11-9+10×4	8 t 以内自卸汽车运输 3 km	1000 m³	0.798	机械运输	挖基土运输
1-2-3-1 换	石砌边沟、排水沟、截水沟浆砌片石	10 m³ 实体	108.3	构造物 I	M5 水泥砂浆换成 M7.5 水泥砂浆
4-11-5	基础垫层填砂砾	10 m³ 实体	32.3	构造物 I	回填
207-1-b	M7.5 浆砌片石 I-2 型	m³	130		
1-2-1-2	人工挖截水沟、排水沟	1000 m³	0.04692	人工土方	挖基
1-1-10-2	2 m³ 装载机装土方	1000 m³	0.04692	机械土方	挖基土装车
1-1-11-9+10×4	8 t 以内自卸汽车运输 3 km	1000 m³	0.04692	机械运输	挖基土运输
1-2-3-1 换	石砌边沟、排水沟、截水沟浆砌片石	10 m³ 实体	6.292	构造物 I	M5 水泥砂浆换成 M7.5 水泥砂浆
4-11-5	基础垫层填砂砾	10 m³ 实体	4.256	构造物 I	回填

4. 第三节软基处理工程说明

(1) 袋装砂井及塑料排水板用于处理软土地基，其工程量按照设计深度计算，定额材料消耗中已包含砂袋或塑料排水板的预留长度。

(2)振冲碎石桩的定额中未包括污泥排放处理的费用,如有需要,应另行计算。

(3)挤密桩和石灰砂桩处理软土地基的定额工程量,为设计桩断面面积乘以设计桩长。

(4)粉体喷射搅拌桩和高压旋喷桩处理软土地基的定额工程量,按照设计桩长计算。

(5)高压旋喷桩的定额中,浆料是按照普通水泥浆编制的。若设计采用添加剂或水泥用量与定额不同,可按设计要求进行替换。

(6)土工布的铺设面积,为锚固沟外边缘所包围的面积,包括锚固沟的底面和侧面。定额中未包括排水内容,如有需要,应另行计算。

(7)强夯定额适用于处理松散、软弱的碎石土、砂土、低饱和度的粉土与黏性土、湿陷性黄土、杂填土和素填土等地基。定额中已综合考虑夯坑的排水费用,使用时不得再增加相关费用。夯击遍数应根据地基土的性质由设计确定,低能量满夯不计入夯击遍数。

(8)堆载预压定额中已包括堆载四面的放坡、沉降观测、修坡道增加的工、料、机消耗,以及施工中测量放线、定位的工、料消耗。使用时,均不得再另行计算。

五、定额运用注意事项

路基工程计价时,需要注意一些常见数据以及厚度、距离、配合比等的套用和换算,同时,特别要关注辅助工程量的确定、土石工程量的分解和自定义,这些内容往往对定额的正确套用有很大影响。

1. 辅助工程量取定原则

在编制路基工程造价时,辅助工程量的取定应符合项目的实际情况,并考虑分标段的要求。这主要包括防排水、安全防护等方面的措施,例如路基工程中的轻型井点降水安装与拆除等。

2. 路基工程量的分解和自定义

路基工程量的分解和自定义主要指的是土、石方工程量的分解和自定义。这部分内容容易被忽视,但涉及的工程量较大。例如,清除场地后回填土、石方的体积,填前夯实后增加的土、石方体积、自然沉降引起的增加的土、石方体积等,都是与地基相关且必须增补计算的工程量。

在清除表土和淤泥的计价中,如果设计文件仅列出了清除表土、淤泥的数量,而未明确给出表土、淤泥的弃运方式与运输距离,以及考虑松方系数后的回填土数量、取土位置、运输方式、运输距离和回填压实方的数量等,那么在实际应用时,必须对这些内容进行分解和自定义。具体而言,应根据弃土堆和借土坑的位置,确定运输方式和运输距离等参数。

3. 分解与换算

路基工程内容繁多,涉及的定额也多种多样,在套用时常需要根据工序进行分析后进行分解或换算。

1)路基盲沟定额套用注意事项

一般路基盲沟工程包括挖基、土工布铺设、PVC排水管安装和回填碎石等环节。因此,在定额使用时,应注意抽换土工布、PVC排水管及碎石的用量。另外,由于定额子目偏少(最大结构尺寸为 0.6 m×0.8 m),对于大尺寸结构(如 2 m×2 m 以上的盲沟、渗沟),直接套用沟定额时存在人工消耗量抽换的问题,且抽换的依据不足。建议将大结构尺寸的盲沟、渗沟按工程内容分列计算,如挖基套用挖截水沟、排水沟定额,土工布、排水管、碎石均套用相应的定额进行计算。

2)挡土墙定额套用注意事项

挡土墙工程一般包括基础开挖、砂砾垫层、基础浇筑、墙身砌筑、回填等项目。在套用定额时,需要注意的问题主要有:片石混凝土的配比调整,台后回填定额的使用,泄水孔、土工布等防排水材料的计算等。一般来说,基础开挖应按机械开挖计算;垫层可套用砂砾垫层定额,并根据实际情况进行材料抽换(除非图纸明示材料品种);土工布及泄水管等防排水材料可直接增加到墙身定额中,其中孔径超过 50 mm 的泄水孔还应计算成孔费用;回填工程主要是回填材料的选用,一般图纸标注为回填碎石,但实际施工时多采用回填石渣,此时可采用材料抽换或按装运及碾压土、石方定额进行计算。

路基工程定额应用要点

3)抗滑桩定额套用注意事项

在编制抗滑桩、挖孔桩的预算时,建议进行如下处理:

(1)清表或削坡土、石方:抗滑桩工程一般设置在坡面上,当设计图纸未标注清表及削坡土、石方数量时,应根据地形条件计算清表或削坡土石方工程量,并单独列出路基工程滑坡清单。

(2)桩身土石、方开挖:计算完成后应校核总体积是否等于护壁混凝土与桩身混凝土体积之和。当桩长大于 30 m 时,建议增加通风、照明费用,可参照相关省份的补充定额进行计算。

(3)护壁钢筋:护壁结构一般需配置钢筋网或补强钢筋。若设计图纸未提供钢筋工程数量时,造价人员应计算护壁钢筋数量。护壁钢筋数量与护壁厚度、直径、地质条件等有关,每立方米护壁混凝土的含筋量变化较大,一般为 30~80 kg/m³。

(4)桩身混凝土:桩身混凝土一般可套用部颁定额进行计算。但当地质及地形条件较差,需要按水下混凝土计算时,可套用水下灌注桩混凝土定额进行计算,并将混凝土消耗量由 12.02 调整为 10.2(抗滑桩桩身定额消耗量)。

(5)桩身检测管:当桩身混凝土按水下混凝土计算时,应计算桩身检测管的费用。

(6)若挖孔弃渣运距超过 40 m 时,应另行计算弃渣运输费用。

六、计价实例

【例 2-6】 某平原微丘区二级公路 30 km,路基宽 12 m,数量见表 2-9,表中数量除标注外均为压实方,填前碾压 336420 m³,问题:(1)计算路基设计断面方、计价方数量;(2)编制工程量清单、报价原始数据表。

表 2-9 路基数量表

序号	项目名称	单位	数量	附注
1	本桩利用土方	10⁴ m³	2.2	硬土,135 kW 推土机推土方
2	远运利用土方	10⁴ m³	4.8	硬土,运距 250 m,8 m³ 铲运机铲土
3	借土方	10⁴ m³	62	硬土,运距 4 km,135 kW 推土机推松集土,2 m³ 装载机装土
4	填土方	10⁴ m³	69	

续表

序号	项目名称	单位	数量	附注
5	本桩利用石方(天然密实方)	10^4m^3	0.9	软石,机械打眼开炸,135 kW 推土机运输
6	远运利用石方(天然密实方)	10^4m^3	7.7	软石,运距200 m,机械打眼开炸,135 kW 推土机集石,2 m^3 装载机装车,机动翻斗车运输
7	填石方	10^4m^3	9.3478	

【解】(1)计算路基设计断面方、计价方数量。

设计断面方＝挖方(天然密实方)＋填方(压实方)

挖土方数量： $(2.2+4.8) \times 10^4 \text{m}^3 \times 1.09 = 7.63 \times 10^4 \text{m}^3$

挖石方数量： $(0.9+7.7) \times 10^4 \text{m}^3 = 8.6 \times 10^4 \text{m}^3$

填方数量： $(69+9.3478) \times 10^4 \text{m}^3 = 78.3478 \times 10^4 \text{m}^3$

断面方数量： $(7.63+8.6+78.3478) \times 10^4 \text{m}^3 = 94.5778 \times 10^4 \text{m}^3$

计价方数量＝挖方数量＋借方数量＝断面方数量－利用方数量

即： $(7.63+8.6+62) \times 10^4 \text{m}^3 = 78.23 \times 10^4 \text{m}^3$

或 $(94.5778-2.2-4.8-9.3478) \times 10^4 \text{m}^3 = 78.23 \times 10^4 \text{m}^3$

(2)编制工程量清单。

依据工程量清单计量规则,计算工程量,编制的清单表见表2-10。

利用土方压实方： $(2.2+4.8) \times 10^4 \text{m}^3 = 7 \times 10^4 \text{m}^3$

利用石方压实方： $(8.6 \div 0.92) \times 10^4 \text{m}^3 = 9.3478 \times 10^4 \text{m}^3$

借土填方压实方为 $62 \times 10^4 \text{m}^3$。

表2-10 工程量清单表

子目号	子目名称	单位	数量	单价	合价
203-1	路基挖方				
203-1-a	挖土方	m^3	76300		
203-1-b	挖石方	m^3	86000		
204-1	路基填筑(包括填前压实)				
204-1-a	利用土方填筑	m^3	70000		
204-1-b	利用石方填筑	m^3	93478		
204-1-c	利用土石混填	m^3			
204-1-d	借土填方	m^3	620000		

(3)编制报价原始数据表。

根据清单子目包括的工程内容和采用的施工方法,以每个清单子目为一个编制单元,编制报价原始数据表,见表2-11。各清单子目应分摊的工程数量如下。

挖方总量： $(76300+86000) \text{m}^3 = 162300 \text{ m}^3$

填方总量:783478 m^3。

挖方、填方总量： $(162300+783478) \text{m}^3 = 945778 \text{ m}^3$

整修路拱 $30000 \text{ m} \times 12 \text{ m} = 360000 \text{ m}^2$,分摊如下。

203-1-a 挖土方： $360000×(76300÷945778) \text{m}^2 = 29043 \text{ m}^2$

203-1-b 挖石方： $360000×(86000÷945778) \text{m}^2 = 32735 \text{ m}^2$

204-1-a 利用土方填筑：$360000×(70000÷945778) \text{m}^2 = 26645 \text{ m}^2$

204-1-b 利用石方填筑：$360000×(93478÷945778) \text{m}^2 = 35581 \text{ m}^2$

204-1-d 借土填方：$360000×(620000÷945778) \text{m}^2 = 235996 \text{ m}^2$

整修边坡 30 km，分摊如下。

203-1-a 挖土方： $30×(76300÷945778) \text{km} = 2.420 \text{ km}$

203-1-b 挖石方： $30×(86000÷945778) \text{km} = 2.728 \text{ km}$

204-1-a 利用土方填筑：$30×(70000÷945778) \text{km} = 2.220 \text{ km}$

204-1-b 利用石方填筑：$30×(93478÷945778) \text{km} = 2.965 \text{ km}$

204-1-d 借土填方： $30×(620000÷945778) \text{km} = 19.666 \text{ km}$

填前碾压 336420 m^3，分摊如下。

204-1-a 利用土方填筑：$336420×(70000÷783478) \text{m}^3 = 30058 \text{ m}^3$

204-1-b 利用石方填筑：$336420×(93478÷783478) \text{m}^3 = 40139 \text{ m}^3$

204-1-d 借土填方：$336420×(620000÷783478) \text{m}^3 = 266224 \text{ m}^3$

路基土石方工程定额应用

表 2-11 报价原始数据表

子目号	子目名称	单位	数量	取费	备注
203-1-a	挖土方	m^3	76300		
1-1-12-15	135 kW 推土机推硬土第一个 20 m	1000 m^3 天然密实方	22	机械土方	1.09
1-1-13-3	8 m^3 铲运机铲土第一个 100 m	1000 m^3 天然密实方	48	机械土方	1.09
1-1-13-4×3	8 m^3 铲运机铲土增运 150 m	1000 m^3 天然密实方	48	机械土方	1.09
1-1-20-1	机械整修路拱	1000 m^2	29.043	机械土方	分摊计算
1-1-20-3	二级及以上等级公路整修边坡	1 km	2.42	人工土方	分摊计算
203-1-b	挖石方	m^3	86000		
1-1-15-24	机械打眼开炸软石 135 kW 推土机运第一个 20 m	1000 m^3 天然密实方	86	机械石方	
1-1-15-27	135 kW 推土机运软石增运 10 m	1000 m^3 天然密实方	77	机械石方	
1-1-10-5	2 m^3 装载机装石	1000 m^3 天然密实方	77	机械石方	
1-1-8-2	机动翻斗车运石第一个 100 m	1000 m^3 天然密实方	77	汽车运输	
1-1-8-4	机动翻斗车运石 500 m 内增运 100 m	1000 m^3 天然密实方	77	汽车运输	
1-1-20-1	机械整修路拱	1000 m^2	32.735	机械土方	分摊计算
1-1-20-3	二级及以上等级公路整修边坡	1 km	2.728	人工土方	分摊计算
204-1-a	利用土方填筑	m^3	70000		

续表

子目号	子目名称	单位	数量	取费	备注
1-1-5-4	路堤填前压实 12～15 t 光轮压路机	1000 m³	30.058	机械土方	分摊计算
1-1-18-9	15 t 振动压路机碾压二级公路土方	1000 m³ 压实方	70	机械土方	
1-1-20-1	机械整修路拱	1000 m²	26.645	机械土方	分摊计算
1-1-20-3	二级及以上等级公路整修边坡	1 km	2.22	人工土方	分摊计算
204-1-b	利用石方填筑	m³	93478		
1-1-5-4	路堤填前压实 12～15 t 光轮压路机	1000 m³	40.139	机械土方	分摊计算
1-1-18-20	15 t 振动压路机碾压二级公路土方	1000 m³ 压实方	93.478	机械石方	
1-1-20-1	机械整修路拱	1000 m²	35.581	机械土方	分摊计算
1-1-20-3	二级及以上等级公路整修边坡	1 km	2.965	人工土方	分摊计算
204-1-d	借土填方	m³	620000		
1-1-5-4	路堤填前压实 12～15 t 光轮压路机	1000 m³	266.224	机械土方	分摊计算
1-1-12-15	135 kW 推土机推松集土	1000 m³ 天然密实方	620	机械土方	1.09×0.8
1-1-10-2	2 m³ 装载机装土	1000 m³ 天然密实方	620	机械土方	1.09
1-1-11-17	12 t 自卸汽车运土第一个 1 km	1000 m³ 天然密实方	620	汽车运输	1.12
1-1-11-18	12 t 自卸汽车运土 5 km 以内增运 3 km	1000 m³ 天然密实方	620	汽车运输	1.12×6
1-1-18-9	15 t 振动压路机碾压二级公路土方	1000 m³ 压实方	620	机械土方	
1-1-20-1	机械整修路拱	1000 m²	235.996	机械土方	分摊计算
1-1-20-3	二级及以上等级公路整修边坡	1 km	19.666	人工土方	分摊计算

任务三　路面工程预算定额的应用

一、路面工程的主要构造

路面按其组成的结构层次从下至上可分为垫层、基层和面层。

1. 垫层

垫层是设置在土基和基层之间的结构层。垫层一般应比基层每侧宽出 25 cm 以上或与路基同宽。其主要功能包括：①改善土基的温度和湿度状况，以保证路面层和基层的强度和稳定性,避免受到冻胀翻浆的破坏;②能扩散由面层和基层传来的车轮荷载垂直作用力,减小土基的应力和变形;③阻止路基土嵌入基层中,确保基层结构不受影响。

垫层根据选用的材料不同,分为透水性垫层和稳定性垫层。根据其设置目的和作用不同,又可细分为稳定层、隔离层、防冻层、防污层、整平层和辅助层。

透水性垫层由松散的颗粒材料构成,如碎石、片石、块石、砂砾、砂、矿渣、卵石等。这些材料对强度要求不高,但水稳性、隔热性和吸水性必须良好。可用颗粒材料(如碎石等)或水泥煤渣稳定土等材料铺筑。稳定性垫层由整体性材料构成,如水泥稳定土、石灰稳定土、煤渣等无机结合料稳定土。

2. 基层

基层主要承受由面层传来的车辆荷载垂直力,并将其扩散到垫层和土基中,是路面结构的承重层。基层要求有足够的强度、刚度、平整度和水稳定性。

基层由一层或数层组成,上层称为基层或上基层,下层称为底基层或下基层。路面的基层(底基层)可分为结合料稳定类和粒料类。

(1)结合料稳定类基层。在各种粉碎或原状松散的土、碎(砾)石、工业废渣中,掺入适当数量的无机结合料(如水泥、石灰或工业废渣等)和水,经拌合得到的混合料在压实与养生后,其抗压强度符合规定要求的材料称为无机结合料稳定类混合料。以此修筑的路面基层称为无机结合料稳定基层。无机结合料稳定类材料的刚度介于柔性路面材料和刚性路面材料之间,常称之为半刚性材料。以此修筑的基层或底基层亦称为半刚性基层或半刚性底基层。在我国已建成的城市道路、高速公路和一级公路中,大多数路面采用了这种基层,一般包括水泥稳定类、石灰稳定类和综合稳定类。以水泥稳定土为例:在粉碎的土或原状松散的土(包括各种粗、中、细粒土)中,掺入适量的水泥和水,按照技术要求,经拌合、摊铺,在最佳含水量下压实及养生成型,其抗压强度符合规定要求。以此修建的路面基层称为水泥稳定类基层(底基层),包括水泥土、水泥砂砾、水泥稳定碎石等。水泥稳定土的强度随水泥剂量的增加而增长,但水泥用量过多会导致不经济且易开裂,因此水泥剂量为 $4\%\sim8\%$ 较为合理,具体应经试验确定。混合料须拌合均匀并充分压实,采用湿法养生,养生温度越高,强度增长越快。

(2)粒料类基层(底基层)。粒料类包括级配碎(砾)石、填隙碎石、泥(灰)结碎石和天然砂砾(石)。粒料类中的泥(灰)结碎石、填隙碎石属于嵌锁型基层(底基层),其强度主要依靠碎石之间的嵌锁和摩阻作用所形成的内摩阻力以及黏结力保证。其强度和稳定性取决于石料的强度、形状、尺寸、均匀性、表面粗糙度以及施工时的压实程度等。粒料类中的级配碎(砾)石、符合级配的天然砂砾属于级配型基层(底基层),其强度和稳定性取决于粒料之间的内摩阻力和黏结力的大小,即很大程度上取决于碎(砾)石的类型、最大粒径、细料的含量及塑性指数以及密实度等。

3. 面层

面层是修筑在基层之上的表面层次,确保汽车能够以一定的速度安全、舒适且经济地行驶。它要求具备较高的结构强度、刚度和稳定性,同时还应耐磨、不透水,其表面还需具备良好的抗滑性和平整度。

1)沥青路面

沥青路面的类型主要包括沥青混凝土、沥青玛蹄脂碎石、沥青贯入式和沥青表面处治等,在沥青面层之间还设有透层、黏层和封层等相关结构。

沥青混凝土是由沥青和级配矿料(粗集料、细集料、填料)拌合而成的较密级配混合料(以 AC 表示密级配沥青混合料)。

按摊铺时的温度可分为热拌热铺沥青混凝土和热拌冷铺沥青混凝土;按路面的结构形式可分为单层式、双层式和三层式;按矿料最大粒径可分为粗粒式(25 mm、35 mm,表示为 AC-25、AC-35)、中粒式(16 mm、20 mm,表示为 AC-16、AC-20)、细粒式(10 mm、13 mm,表示为 AC-10、AC-13)和砂粒式(最大公称粒径为 5 mm,表示为 AC-5)。另外,还有一种抗滑表层,其最大公称粒径为 13 mm 或 16 mm,表示为 AK-13、AK-16。

2)水泥混凝土路面

(1)水泥混凝土的组成材料包括水泥、细集料(砂)、粗集料(碎石、砾石)、水及外加剂,以及钢筋(传力杆、拉杆及补强钢筋等)。目前,根据交通量的大小,水泥混凝土路面的面板厚度一般为 18~24 cm,高等级公路已采用了 25 cm 的厚度,交通量很大的重交通道路的面板厚度为 28~30 cm。路面结构采用水泥稳定粒料、水泥石灰稳定土等基层和多形式、多层次的稳定土底基层,路面总厚度为 70~100 cm。当不设基层时,可设置整平层 6~10 cm。

(2)为确保混凝土路面经久耐用,混凝土应具备一定的抗压、抗折强度,一般抗压强度不低于 30 MPa,抗折强度不低于 4 MPa;粗集料的级配最大粒径应不大于 40 mm,其级配可采用连续级配和间断级配,工程中一般采用工作性优良的连续级配,若为间断级配,应采用强力振捣;水灰比通常为 0.5~0.55,当采用真空吸水方法时,水灰比可降到 0.35~0.4;混凝土的含砂率一般为 28%~33%。

(3)为改善混凝土的技术性质,在混凝土的制备过程中,常掺入一定量的流变剂、调凝剂和引气剂等外加剂。

二、本章说明

本章说明主要阐述了定额单位、路面厚度计算、用水量调整、水费和洒水汽车台班调整、混凝土拌合费用包含情况、单车道路面压路机系数调整、混合料运输距离和费用等相关内容。

(1)本章定额涵盖了各种类型路面以及路槽、路肩、垫层、基层等,其中,除沥青混合料路面、厂拌基层稳定土混合料运输以 1000 m³ 路面实体作为计算单位外,其余均以 1000 m³ 为计算基准。

(2)路面项目中的厚度均指压实后的厚度,而路肩培筑厚度则是指净路肩夯实后的厚度。

(3)本章定额中的混合料是按照最佳含水量进行编制的,定额中已考虑了养生用水,并适当扣除了材料的天然含水量。但山西、青海、甘肃、宁夏、新疆、西藏等省、自治区,由于湿度偏低,可根据实际情况,在定额数量的基础上适当增加用水量。

(4)本章定额中,凡涉及洒水汽车的子目,均按 5 km 范围内洒水汽车在水源处自吸水进行编制,不计入水费。若工地附近无天然水源,需采用供水部门供水(如自来水)时,可根据定额子目中洒水汽车的台班数量,按每台班 35 m³ 计算定额用水量,再乘以供水部门规定的水价来增列水费。若洒水汽车取水的平均运距超过 5 km,可按路基工程的洒水汽车洒水定额中的增运定额来增加洒水汽车的台班消耗,但增加的洒水汽车台班消耗量不再计算水费。

(5)本章定额中的水泥混凝土已包含其拌合费用,使用时无须再另行计算。

(6)压路机台班按行驶速度进行编制,具体为:两轮光轮压路机 2.0 km/h、三轮光轮压路机 2.5 km/h、轮胎式压路机 5.0 km/h、振动压路机 3.0 km/h。若设计为单车道路面宽度时,两轮光轮压路机需乘以 1.14 的系数、三轮光轮压路机乘以 1.33 的系数、轮胎式压路机和振动压路机乘以 1.29 的系数。

(7)自卸汽车运输稳定土混合料、沥青混合料和水泥混凝土的定额项目,仅适用于平均运距在 15 km 以内的混合料运输。当平均运距超过 15 km 时,应按照社会运输的相关规定来计算其运输费用。若运距超过第一个定额运距单位,且运距尾数不足一个增运定额单位的半数时,不计入增运费用;等于或超过半数时,则按一个增运定额运距单位来计算。

【例 2-7】 稳定土拌合机拌合水泥砂砾基层 540000 m³,厚 15 cm,6000 L 洒水汽车洒水(515.31 元 1 台班)在 6 km 处吸取自来水(0.6 元/m³),求增加的费用及洒水汽车台班数。

【解】 按定额本章说明(4)规定,本题洒水汽车取水运距为 6 km,且吸取的是自来水,需要增列水费、增加洒水汽车台班消耗量。

(1)增列水费可根据定额子目中洒水汽车的台班数量,按每台班 35 m³ 计算定额用水量,乘以供水部门规定的水价增列水费。查定额[2-1-2-21]可知,稳定土拌合机拌合水泥砂砾基层压实厚度为 15 cm,6000 L 洒水汽车定额消耗量为 0.75 台班/1000 m³,则增加用水数量为:

$$0.75 \times (540000 \div 1000) \times 35 \text{ m}^3 = 14175 \text{ m}^3$$

增加用水费用为:

$$14175 \times 0.6 \text{ 元} = 8505 \text{ 元}$$

(2)运距超过 5 km,可按路基工程的洒水汽车洒水定额中的增运定额增加洒水汽车的台班消耗。查定额[1-1-22-7×2]可知,洒水汽车洒水 10 km 每增运 0.5 km,增加洒水汽车消耗量为:

$$14175 \times (0.88 \div 1000) \times (1 \div 0.5) \text{ 台班} = 24.95 \text{ 台班}$$

增加洒水汽车台班消耗量增加的费用为:

$$24.95 \times 515.31 \text{ 元} = 12856.98 \text{ 元}$$

增加的费用合计为:

$$(8505 + 12856.98) \text{ 元} = 21361.98 \text{ 元}$$

(3)实际洒水汽车台班总消耗量:

$$[0.75 \times (540000 \div 1000) + 24.95] \text{ 台班} = 429.95 \text{ 台班}$$

三、路面基层及垫层定额说明

该说明主要阐述了定额中关于每层压实厚度的规定与调整方法;分层拌合、碾压时人材机的调整原则;稳定土配合比的换算方式;人工沿路翻拌合筛拌的土,不计入过筛费用,定额中的土预算单价按自采及自办运输计算;定额中稳定土基层的碎石土、砂砾土均指天然材料;底基层采用基层定额时的调整情形等。

(1)各类稳定土基层和级配碎石、级配砾石基层的压实厚度在 15 cm 以内,填隙碎石一层的压实厚度在 12 cm 以内,垫层、其他种类的基层和底基层压实厚度在 20 cm 以内时,拖拉机、平地机和压路机的台班消耗按定额数量计算。若超过上述压实厚度,需进行分层拌合、碾压时,拖拉机、平地机和压路机的台班消耗则按定额数量加倍计算,并且每 1000 m² 增加 3 个工日。

(2) 各类稳定土基层定额中的材料消耗系依据一定配合比进行编制的。当设计配合比与定额中标明的配合比不一致时,相关材料可按以下公式进行换算。

$$C_i = [C_d + B_d \times (H_1 - H_0)] \times \frac{L_i}{L_d}$$

式中:C_i——按设计配合比换算后的材料数量;
C_d——定额中基本压实厚度的材料数量;
B_d——定额中压实厚度每增减 1 cm 的材料数量;
H_0——定额的基本压实厚度;
H_1——设计的压实厚度;
L_d——定额标明的材料百分率;
L_i——设计配合比的材料百分率。

路面基层定额应用

【例 2-8】 石灰粉煤灰稳定碎石基层,定额标明的配合比为石灰:粉煤灰:碎石=5:15:80,基本压实厚度为 15 cm;设计配合比为石灰:粉煤灰:碎石=4:11:85,设计压实厚度为 16 cm。求各种材料调整后的数量。

【解】 各种材料调整后的数量为:
生石灰: $[15.829 + 1.055 \times (16-15)] \times 4 \div 5$ t = 13.507 t
粉煤灰: $[63.31 + 4.22 \times (16-15)] \times 11 \div 15$ m³ = 49.52 m³
碎石: $[164.89 + 10.99 \times (16-15)] \times 85 \div 80$ m³ = 186.873 m³

(3) 人工沿路翻拌合筛拌稳定土混合料定额中均已包含土的过筛工消耗,因此,在土的预算单价中不应再计算过筛费用。

(4) 本节定额中的土的预算单价,依据材料采集及加工和材料运输定额中的相关项目进行计算。

(5) 各类稳定土基层定额中的碎石土、砂砾土,均指的是天然碎石土和天然砂砾土。

(6) 各类稳定土底基层在采用稳定土基层定额时,每 1000 m² 路面应减少 12~15 t 光轮压路机 0.18 台班。

【例 2-9】 水泥砂砾底基层(水泥含量 5%),设计厚度 32 cm,拖拉机带铧拌犁拌合。试按预算定额确定每 1000 m² 消耗量。

【解】 (1) 查预算定额[2-1-2-5+6]得单层 16 cm 厚水泥砂砾基层消耗量。

(2) 根据上述"各类稳定土底基层在采用稳定土基层定额时,每 1000 m² 路面应减少 12~15 t 光轮压路机 0.18 台班",得单层 16 cm 厚水泥砂砾底基层消耗量。

(3) 根据上面所述,当分两层拌合、碾压时,拖拉机、平地机和压路机的台班消耗按定额数量加倍计算,每 1000 m² 增加 3 个工日,得两层 16 cm 厚水泥砂砾底基层消耗量。

注意:虽然没有定额说明,但根据定额消耗量的确定原则,拌合材料的消耗量和厚度有关,由材料净用量+损耗组成。则两层拌合时厚度为单层 16 cm 的两倍,材料数量也应翻倍,详见表 2-12。

表 2-12 每 1000 m² 定额消耗量

项目	单层 16 cm 厚水泥砂砾基层	单层 16 cm 厚水泥砂砾底基层	两层 16 cm 厚水泥砂砾底基层
人工/工日	14.3+0.6=14.9	14.9	14.9+3=17.9

续表

项目	单层 16 cm 厚水泥砂砾基层	单层 16 cm 厚水泥砂砾底基层	两层 16 cm 厚水泥砂砾底基层
32.5 级水泥/m³	15.95＋1.085＝17.035	17.035	(15.95＋1.085)×2＝34.07
砂砾/m³	197.2＋13.15＝210.35	210.35	(197.2＋13.15)×2＝420.7
设备摊销费/元	(1.6＋0.1)×0.855＝1.5	1.5	1.5
120 kW 以内自行式平地机/台班	0.37	0.37	2×0.37＝0.74
75 kW 以内履带式拖拉机/台班	0.21	0.21	2×0.21＝0.42
6～8 t 光轮压路机/台班	0.27	0.27	2×0.27＝0.54
12～15 t 光轮压路机/台班	1.27	1.27－0.18＝1.09	2×1.09＝2.18
6000 L 以内洒水汽车/台班	0.75＋0.03＝0.78	0.78	0.78

四、路面面层定额说明

(1) 泥结碎石、级配碎石、级配砾石、天然砂砾、粒料改善土壤路面面层的压实厚度在 15 cm 以内时,拖拉机、平地机和压路机的台班消耗按定额数量计算。如超过上述压实厚度需进行分层拌合、碾压时,拖拉机、平地机和压路机的台班消耗按定额数量加倍计算,每 1000 m² 增加 3 个工日。

(2) 泥结碎石及级配碎石、级配砾石面层定额中,均未包括磨耗层和保护层。需要时,应按磨耗层和保护层定额另行计算。

(3) 沥青表面处治路面、沥青贯入式路面和沥青上拌下贯式路面的下贯层以及透层、黏层、封层定额中,已计入热化、熬制沥青所用的锅、灶等设备的费用。使用定额时,不得另行计算。

(4) 沥青碎石混合料、沥青混凝土和沥青碎石玛蹄脂混合料路面定额中,均已包括混合料拌合、运输、摊铺作业时的损耗因素。路面实体工程量按路面设计面积乘以压实厚度计算。

(5) 沥青路面定额中均未包括透层、黏层和封层。需要时,可按有关定额另行计算。

(6) 沥青路面定额中的乳化沥青和改性沥青,均按外购成品料进行编制。如在现场自行配制时,其配制费用应计入材料预算单价中。

(7) 如沥青玛蹄脂碎石混合料设计采用的纤维稳定剂的掺加比例与定额不同时,可按设计用量调整定额中纤维稳定剂的消耗量。

(8) 沥青路面定额中,均未考虑为保证石料与沥青的黏附性而采用的抗剥离措施的费用。需要时,应根据石料的性质,按设计提出的抗剥离措施计算其费用。

(9) 在冬五区、冬六区采用层铺法施工沥青路面时,其沥青用量可按定额用量乘以下列系数:沥青表面处治 1.05,沥青贯入式基层 1.02,面层 1.028,沥青上拌下贯式下贯部分 1.043。

(10) 本定额系按一定的油石比编制。当设计采用的油石比与定额不同时,可按设计油石比调整定额中的沥青用量。

【例 2-10】 某高速公路表面层设计采用 SMA 路面,设计材料稳定剂为合成矿物纤维素,设计掺入量为 0.35%,试确定定额中稳定剂的数量。

【解】 定额中稳定剂的掺入量按路面材料总质量的 0.3% 计算。

$$7.344 \times 0.35\% \div 0.3\% \text{ t} = 8.568 \text{ t}$$

或根据预算定额[2-2-12-2]计算:

1000 m³ 路面实体积需消耗混合料体积 1020 m³,SMA 的材料干密度为 2.353 t/m³(预算定额附录一),纤维稳定剂(代号 856)的场内运输及操作损耗率为 2%(预算定额附录四),则矿物纤维稳定剂消耗量:

$$1020 \times 2.353 \times 0.35\% \times 1.02 \text{ t} = 8.568 \text{ t}$$

五、路面附属工程说明

(1)整修和挖除旧路面按照设计提出的需要整修的旧路面面积和需要挖除的旧路面体积进行计算。

(2)整修旧路面定额中,砂石路面均按整修厚度 6.5 cm 计算,沥青表面处治面层按整修厚度 2 cm 计算,沥青混凝土面层按整修厚度 4 cm 计算,黑色路面基层的整修厚度均按 6.5 cm 计算。

(3)硬路肩工程项目根据其不同的设计层次结构,分别采用不同的路面定额项目进行计算。

(4)铺砌水泥混凝土预制块人行道、路缘石、沥青路面镇边和土硬路肩加固的定额中,均已包括水泥混凝土预制块的预制费用,使用定额时不得另行计算。

六、定额运用注意事项

路面工程计价时,应特别注意一些常见数据、厚度、配合比等的套用和换算,同时还要特别关注辅助工程量的确定、路面工程量的分解和自定义,这些内容往往对定额的正确套用产生重大影响。

1. 厚度

(1)路面项目中的厚度均指压实后的厚度。

$$\text{路面各层实体工程量} = \text{定额面积} \times \text{压实厚度}$$

(2)当同一层厚度不同时,需进行换算;分层拌合、碾压时,也需进行相应的换算。

2. 配合比

混合料的配合比、路面材料的油石比可按设计进行调整;SMA 稳定剂的用量也可按设计进行调整,定额中默认为木纤维。

3. 辅助工程量取定原则

在编制路面工程造价时,辅助工程量的取定应符合项目的实际情况,并考虑分标段的要求。需要确定以下要素:厂拌各类混合料路面拌合设备的安装、拆除,场地修建及混合料的运输等数量和费用。

(1)拌合设备。

①拌合设备位置、型号及数量的确定。应根据施工组织设计,考虑拌合站的位置、型号、数量,并据此确定路面工程中的稳定土厂拌设备、沥青混合料拌合设备、混凝土搅拌站(楼)

设备的安装和拆除。一般需根据工期、拌合设备的功率、生产效率、场地情况等因素进行确定。每一路面标段一般可计列一套设备,但若工程数量较少,不经济时,也可考虑几个标段合用。

②拌合设备型号、数量的定额调整。

采用相应的定额计算厂拌基层(底基层)稳定土混合料的工程量时,定额是按拌合能力为 300 t/h 的拌合设备编制的。若拌合设备不同,应按定额要求进行调整,可参照《预算定额》(2018 年版)中"不同生产能力拌合设备定额消耗数量调整表"的数据,调整定额中人工、装载机和拌合设备的消耗数量。

【例 2-11】 请计算采用拌合能力为 200 t/h 的拌合设备,在拌合水泥剂量为 5%、设计厚度为 18 cm 的水泥碎石基层时,对于 1000 m^2 的面积,定额中拌合设备的消耗量。

【解】 设计配合比与定额相同,设计厚度为 18 cm 的厂拌水泥碎石基层的定额编号为 [2-1-7-5+6×3]。其中,对于 1000 m^2 的面积,300 t/h 以内稳定土厂拌设备的消耗量为:

$$(0.24+0.02\times 3)\text{台班}=0.30\text{ 台班}$$

根据定额注释,若实际使用的拌合设备与定额中规定的拌合设备拌合能力不同,应参照《预算定额》中的"不同生产能力拌合设备定额消耗数量调整表"进行调整。因此,将定额中的 300 t/h 以内稳定土厂拌设备调整为 200 t/h 以内稳定土厂拌设备,其消耗量为:

$$(0.36+0.02\times 3)\text{台班}=0.42\text{ 台班}$$

(2)混合料运输距离、运费。

当混合料采用集中拌合方式时,就会产生将拌制好的混合料运输至施工现场的环节。若一种材料存在两个或两个以上的供应点,应根据不同的运距、运量、运价,采用加权平均的方法来计算运费。在设计过程中,若存在多种铺筑厚度,且这些厚度可能对混合料运输费用产生较大影响时,应分别按照不同厚度的起终点来确定其运距和运量,并以此作为计算运费的依据。然而,在实际情况下,同一路段的同一层次铺筑厚度往往变化不大,且厚度与长度相比,其数量较小,对运费的影响也相对较小。因此,为了简化计算,实际操作中常不考虑厚度的差异。

混合料平均运距的计算主要包括三个步骤:首先,确定公路沿线同一材料在多料场供应条件下,相邻料场间经济供应的分界点(即相邻两料场间的经济分界点);其次,计算每个料场在其供应范围内材料的平均运距;最后,计算全线在多料场供应条件下的加权平均运距。

七、计价实例

【例 2-12】 某公路施工图设计的路面基层为 36 cm 厚(5%)水泥稳定碎石,底基层为 20 cm 厚(5:15:80)石灰粉煤灰砂砾。其中,某标段路线长 30 km,基层数量为 771780 m^3,底基层数量为 780780 m^3,要求采用集中拌合施工。根据施工组织设计,在距路线两端 1/3 处各有一块较为平坦的场地,距上路点 200 m,底基层与基层的施工期计划为 6 个月(不含拌合站安装与拆卸时间),拌合站场地占地问题不予考虑。

请按照不同的结构层次,分别列出本标段路面工程造价所涉及的相关定额的名称、单位、定额代号以及数量等内容,并填入表格中。若需要,请列式进行计算。

【解】 (1)基层、底基层混合料拌合设备设置数量的计算。

底基层体积:

$$780780\times 0.2\text{ m}^3 = 156156\text{ m}^3$$

基层体积：
$$771780 \times 0.36 \text{ m}^3 = 277841 \text{ m}^3$$

混合料质量：
$$(156156 \times 2 + 277841 \times 2.3) \text{t} = 951346.3 \text{ t}$$

根据施工工期安排，要求在6个月内完成路面基层和底基层的施工，路面面积较大，宜采用大功率设备，假定采用500 t/h拌合设备，每天施工10 h，每月有效工作时间为22天，设备利用率为0.85，拌合设备安拆需1个月，则需要的拌合设备数量为：
$$951346.3 \div (500 \times 10 \times 0.85 \times 22 \times 6) \text{台} = 1.7 \text{台}$$

应设置2台拌合能力为500 t/h的拌合设备。

(2) 计算基层(底基层)混合料综合平均运距。

沿线应设基层(底基层)稳定土拌合站两处，每处安装500 t/h稳定土拌合设备1台。其混合料综合平均运距为：
$$(5 \times 20 \div 30 + 2.5 \times 10 \div 30 + 0.2) \text{km} = 4.37 \text{ km}$$

按4.5 km考虑。

路面施工图预算计算数据见表2-13。

表2-13　路面施工图预算

工程细目		定额代号	定额单位	定额数量	定额调整或系数
设备安拆	稳定土厂拌设备安拆(500 t/h以内)	2-1-10-6	1台	2	
底基层混合料拌合	厂拌石灰：粉煤灰：砂砾(5：15：80)压实厚度20 cm	2-1-7-29	1000 m³	780.78	拌合设备换算为500 t/h
混合料运输	20 t以内自卸汽车运稳定土第一个1 km	2-1-8-9	1000 m³	156.156	
	20 t以内自卸汽车运稳定土每增运0.5 km(运距15 km以内)	2-1-8-10	1000 m³	156.156	×7
摊铺	12.5 m以内摊铺机铺筑底基层混合料	2-1-9-12	1000 m³	780.78	
基层混合料拌合	厂拌水泥碎石稳定土(5%)压实厚度20 cm	2-1-7-5	1000 m³	771.78	拌合设备换算为500 t/h
	厂拌水泥碎石稳定土(5%)每增减1 cm	2-1-7-6	1000 m³	771.78	拌合设备换算为500 t/h
混合料运输	20 t以内自卸汽车运稳定土第一个1 km	2-1-8-9	1000 m³	277.841	
	20 t以内自卸汽车运稳定土每增运0.5 km	2-1-8-10	1000 m³	277.841	×7
摊铺	12.5 m以内摊铺机铺筑基层混合料	2-1-9-11	1000 m³	771.78	分层碾压，调整设备和人工消耗量

注：各类稳定土基层和级配碎石、级配砾石基层的压实厚度在20 cm以内。超过上述厚度应分层摊铺压实。

任务四　隧道工程预算定额的应用

一、定额计算规则

1. 隧道工程章说明

本章定额涵盖了开挖、支护、防排水、衬砌、装饰、照明、通风及消防设施、洞门及辅助坑道等项目。本章定额依据一般凿岩机钻爆法施工的开挖方式编制,适用于新建隧道工程,改(扩)建及公路大中修工程可参照执行。

(1)本章定额根据现行隧道设计、施工技术规范,将围岩分为六级,即Ⅰ~Ⅵ级。

(2)本章定额中的混凝土工程未包含拌合费用,应按桥涵工程相关定额另行计算。

(3)本章开挖定额已综合考虑超挖及预留变形因素。

(4)洞内出渣运输定额已综合考虑洞门外500 m的运距。当洞门外运距超过此范围时,可按照路基工程自卸汽车运输土石方的增运定额加计增运部分的费用。根据公路隧道围岩的分级,Ⅵ级围岩按土方计算,Ⅰ级、Ⅱ级、Ⅲ级、Ⅳ级、Ⅴ级按石方计算增运部分的费用。

(5)本章定额中未包含混凝土及预制块的运输费用,需要时应按有关定额另行计算。

(6)本章定额未包括地震、坍塌、溶洞及大量地下水处理等特殊情况以及其他特殊情况所需的费用,需要时可根据设计另行计算。

(7)本章定额未考虑施工时所需的监控量测以及超前地质预报的费用。监控量测的费用已在《公路工程基本建设项目概预算编制办法》的施工辅助费中综合考虑,使用定额时不得另行计算。超前地质预报的费用可根据需要另行计算。超前地质预报一般与土建工程分开招标,根据隧道监测项目内容,采用成本分析法计算报价。

(8)隧道工程项目采用其他章节定额的规定。

①洞门挖基、仰坡及天沟开挖、明洞明挖土石方等,应使用其他章节的相关定额进行计算。明洞段采用暗挖土石方时,则仍使用隧道章节的定额。

②洞内工程项目如需采用其他章节的相关项目时,所采用定额的人工工日、机械台班数量及小型机具使用费,应乘以1.26的系数。

【例2-13】某新建隧道正洞长度为1200 m,为了缩短工期,决定采取两头同时进洞开挖的方式。根据设计调查和规划,两个弃土场分别位于距离进口端1900 m处和距离出口端800 m处。设计挖掘量中,Ⅴ类围岩为86400 m³,Ⅱ类围岩为129600 m³。请计算该隧道开挖、出渣涉及的定额工程数量。

【解】(1)开挖。

开挖定额套用表见表2-14。

表2-14　开挖定额套用表

定额编号	定额名称	定额单位	定额数量	备注
3-1-3-8	正洞机械开挖,隧道长度2000 m以内Ⅱ级围岩	100 m³	1296	
3-1-3-11	正洞机械开挖,隧道长度2000 m以内Ⅴ级围岩	100 m³	864	

(2)出渣。

出渣定额套用表见表2-15。洞门外运距超过500 m时,按照路基工程自卸汽车运输土石方的增运定额加计增运部分的费用。

进口端：　　　　　　　　(1900－500)m＝1400 m
出口端：　　　　　　　　(800－500)m＝300 m
两端运输石方量分别为：　(86400÷2)m³＝43200 m³
石方量为：　　　　　　　(129600÷2)m³＝64800 m³

表 2-15　出渣定额套用表

定额编号	定额名称	定额单位	定额数量	备注
3-1-3-40	自卸汽车运输出渣,隧道长度2000 m以内Ⅱ级围岩	100 m³	1296	洞内及洞外500 m
3-1-3-41	自卸汽车运输出渣,隧道长度2000 m以内Ⅴ级围岩	100 m³	864	
1-1-11-22	15 t以内自卸汽车运土方,5 km以内每增运 0.5 km	1000 m³	129.6	进口端43.2×3
1-1-11-22	15 t以内自卸汽车运土方,5 km以内每增运 0.5 km	1000 m³	43.2	出口端
1-1-11-50	15 t以内自卸汽车运石方,5 km以内每增运 0.5 km	1000 m³	194.4	进口端64.8×3
1-1-11-22	15 t以内自卸汽车运石方,5 km以内每增运 0.5 km	1000 m³	64.8	出口端

2. 洞身工程说明

(1)本节定额中人工开挖、机械开挖轻轨斗车运输项目是按上导洞扩大马口开挖方法编制的,同时也综合了下导洞扇形扩大开挖方法,并综合考虑了木支撑、出渣、通风及临时管线的工料机消耗。

(2)本节定额中正洞机械开挖自卸汽车运输定额是按开挖、出渣运输分别编制的,不分工程部位(即拱部、边墙、仰拱、底板、沟槽、洞室),均适用本节定额。施工通风及高压风水管和照明电线路单独编制定额项目。

(3)本节定额中连拱隧道中导洞、侧导洞开挖和中隔墙衬砌是按照连拱隧道施工方法编制的,除此以外的其他部位开挖、衬砌、支护可套用本节其他定额。

(4)格栅钢架和型钢钢架均按永久性支护编制,如作为临时支护使用时,应按规定计取回收费用。定额中已综合考虑了连接钢筋的数量。

(5)喷射混凝土定额中已综合考虑了混凝土的回弹量;钢纤维混凝土中钢纤维掺入量按喷射混凝土质量的3%掺入。当设计采用的钢纤维掺入量与本节定额不同或采用其他材料时,可进行换算。

(6)洞身衬砌项目按现浇混凝土衬砌、石料、混凝土预制块衬砌分别编制,不分工程部位(即拱部、边墙、仰拱、底板、沟槽、洞室),均适用本节定额。定额中已综合考虑了超挖回填因素,当设计采用的混凝土强度等级与定额采用的不符时或采用特殊混凝土时,可根据具体情况对混凝土配合比进行换算。

(7)本节定额中凡是按不同隧道长度编制的项目,均只编制到隧道长度4000 m以内。

当隧道长度超过 4000 m 时,应按以下规定计算。

①洞身开挖:以隧道长度 4000 m 以内定额为基础,与隧道长度 4000 m 以上每增加 1000 m 定额叠加使用。

②正洞出渣运输:通过隧道进出口开挖正洞,以换算隧道长度套用相应的出渣定额计算。换算隧道长度计算公式为:换算隧道长度＝全隧道长度－通过辅助坑道开挖正洞的长度。当换算隧道长度超过 4000 m 时,以隧道长度 4000 m 以内定额为基础,与隧道长度 4000 m 以上每增加 1000 m 定额叠加使用。通过斜井开挖正洞,出渣运输按正洞和斜井两段分别计算,两者叠加使用。

③通风、管线路定额按正洞隧道长度综合编制,当隧道长度超过 4000 m 时,以隧道长度 4000 m 以内定额为基础,与隧道长度 1000 m 以上每增加 1000 m 定额叠加使用。

(8)混凝土运输定额仅适用于洞内混凝土运输,洞外运输应按桥涵工程相关定额计算。

(9)洞内排水定额仅适用于反坡排水的情况,排水量按 10 m^3/h 以内编制,超过此排水量时,抽水机台班按表 2-16 中的系数进行调整。

表 2-16　洞内排水系数调整表

涌水量/(m^3/h)	10 以内	15 以内	20 以内
调整系数	1.00	1.20	1.35

注:当排水量超过 20 m^3/h 时,根据采取治水措施后的排水量按本表系数调整。

正洞内排水定额系按全隧道长度综合编制,当隧道长度超过 4000 m 时,以隧道长度 4000 m 以内定额为基础,与隧道长度 4000 m 以上每增加 1000 m 定额叠加使用。

(10)照明设施为隧道运营所需的洞内永久性设施。定额中的洞口段包括引入段、适应段和出口段,其他段均为基本段。本节定额中不包括洞外线路,如需使用,应另行计算。属于设备的变压器、发电设备等,其购置费用应列入预算的第二部分"设备及工具、器具购置费"中。

(11)工程量计算规则如下。

①本节定额所指隧道长度均指隧道进出口(不含与隧道相连的明洞)洞门端墙墙面之间的距离,即两端端墙墙面与路面的交线同路线中线交点间的距离。双线隧道按上、下行隧道长度的平均值计算。

②洞身开挖、出渣工程量按设计断面数量(成洞断面加衬砌断面)计算,包含洞身及所有附属洞室的数量。定额中已考虑超挖因素,因此不得将超挖数量计入工程量。

③现浇混凝土衬砌中的浇筑、运输工程数量,均按设计断面衬砌数量计算,包含洞身及所有附属洞室的衬砌数量。定额中已综合因超挖及预留变形需回填的混凝土数量,因此不得将上述因素的工程量计入计价工程量中。

④防水板、明洞防水层的工程数量按设计敷设面积计算。

⑤止水带(条)、盲沟、透水管的工程数量,均按设计数量计算。

⑥拱顶压浆的工程数量按设计数量计算,设计时可按每延米 0.25 m 综合考虑。

⑦喷射混凝土的工程量按设计厚度乘以喷射面积计算,喷射面积按设计外轮廓线计算。

⑧砂浆锚杆工程量为锚杆、垫板及螺母等材料质量之和;中空注浆锚杆、自进式锚杆的工程量按锚杆设计长度计算。

⑨格栅钢架、型钢钢架工程数量按钢架的设计质量计算,连接钢筋的数量不得计入工程量。

⑩管棚、小导管的工程数量按设计钢管长度计算,当管径与定额不同时,可调整定额中钢管的消耗量。

【例 2-14】 某公路隧道 S4b 型复合衬砌采用格栅钢架,该衬砌段长度为 250 m,格栅间距设计为 80 cm。设计已给出每榀格栅的工程数量,如表 2-17 所示。请计算该项目相应的定额工程量。

表 2-17 每榀格栅的工程数量

名称	钢架带肋钢筋/kg	钢架光圆钢筋/kg	纵向连接钢筋/kg	连接钢管/kg	角钢/kg	定位钢筋/kg	锁脚砂浆锚杆/m
规格	Φ22	Φ10、Φ8	Φ20	Φ32×2.5	Q235	Φ16	Φ25
重量	322.41	108.46	51.93	4.91	65.66	35.39	12

【解】 表 2-17 中的纵向连接钢筋、连接钢管、角钢、定位钢筋均属于附属材料,在制作安装格栅的定额中已经归属在其他材料中综合考虑,不单独套用定额,也不累加在格栅钢筋的工程数量中,故"制作安装格栅钢架"的定额工程量仅为钢架钢筋(见表 2-18)。

格栅钢架的榀数: (250÷0.8)榀=313 榀
光圆钢筋: 313×108.46 kg=33948 kg
带肋钢筋: 313×322.41 kg=100914 kg
锁脚砂浆锚杆: 313×12×3.85 kg=14461 kg

表 2-18 钢架钢筋定额套用表

定额编号	定额名称	定额单位	定额数量	备注
3-1-5-2	制作安装格栅钢架	1 t	33.948	光圆钢筋 1.025,带肋钢筋 0
3-1-3-11	制作安装格栅钢架	1 t	100.914	光圆钢筋 0,带肋钢筋 1.025
3-1-6-1	锁脚砂浆锚杆	1 t	14.461	

【例 2-15】 某公路隧道超前支护设计采用 A42×4 mm 小导管,请计算该项目需要抽换的定额消耗量。

【解】 使用超前小导管定额子目,每 100 m 小导管定额消耗量为:
钢管抽换为: 100×3.748×1.025÷1000 t=0.384 t

3. 洞门工程及辅助坑道

1)洞门工程

(1)隧道和明洞的洞门,均采用本节定额进行计算。

(2)洞门墙的工程量为主墙和翼墙等圬工体积的总和。仰坡、截水沟等的工程量应按有关定额另行计算。

(3)本节定额的工程量均依据设计工程数量进行计算。

2)辅助坑道

(1)斜井项目按开挖、出渣、通风及管线路等分别进行编制,竖井项目的定额中已综合包含了出渣、通风及管线路的费用。

(2)斜井相关的定额项目是按照斜井长度 800 m 以内综合编制的,其中已包含了斜井建成后,通过斜井进行正洞作业时,斜井内通风及管线路的摊销费用。

(3)斜井的支护工程量按正洞的相关定额进行计算。

(4)工程量计算规则如下：

①开挖、出渣的工程量按设计断面数量（即成洞断面加衬砌断面）进行计算，定额中已考虑了超挖因素，因此不得将超挖数量计入工程量。

②现浇混凝土衬砌的工程数量均按设计断面的衬砌数量进行计算。

③喷射混凝土的工程量按设计厚度乘以喷射面积进行计算，喷射面积按设计外轮廓线进行计算。

④锚杆的工程量是锚杆、垫板及螺母等材料的质量之和。

⑤斜井洞内的通风、风水管、照明及管线路的工程量按斜井的设计长度进行计算。

4. 通风及消防设施安装

(1)定额中不包含通风机、消火栓、消防水泵接合器、水流指示器、电气信号装置、气压水罐泡沫比例混合器、自动报警系统装置、防火门等的购置费用，这些费用应按照规定列入预算的第二部分"设备及工具、器具购置费"中。

(2)通风机预埋件的工程数量按设计所示，为完成通风机安装而需预埋的一切金属构件的质量来计算，这包括钢拱架、通风机拱部钢筋、通风机支座以及各部分连接件等。

(3)洞内预埋件的工程量按设计预埋件的敷设长度来计算，定额中已经综合考虑了预留导线的数量。

【例 2-16】 某公路隧道设计 22 kW 射流风机 6 台，设备单价为 27100 元/台（厂家到工地价），人材机单价如表 2-19 所示，请计算该隧道风机的费用。

表 2-19　人材机单价表

项目	人工/工日	锯材/m³	钢管/t	铁件/kg	其他材料费	6 t 以内载货汽车	5 t 以内汽车式起重机	小型机具使用费
单价	63.46	1600	4600	3.9	/	431	481.48	/

【解】 安装调试单价套用定额，此处不再详述，见表 2-20。

根据定额组价，安装调试费单价为 2832 元/台，见表 2-20。

表 2-20　套用定额计算表

项目名称	单位	数量	型号	单价/(元/台)		合价/元	金额/元
				设备	安装调试		
射流风机	台	6	22 kW	27100	2832	29932	179592

该隧道风机的费用总额为 179592 元。

二、计价实例

【例 2-17】 某山岭重丘区高速公路分离式隧道，全长 1465 m，采用两头同时进洞开挖的方式，主要工程量如下：

(1)洞门部分：开挖土方 1200 m³，石方 3177 m³，洞外出渣计价超运距为 2.8 km；洞门端墙采用 C20 混凝土 189 m³，M7.5 浆砌片石排水沟 135 m³，排水沟挖方量为 203 m³。

(2)洞身开挖：设计断面包括 SF5a 断面 193180 m³（Ⅴ类围岩），SF5b 断面 29147 m³（同为Ⅴ类围岩），SF4a 断面 35043 m³（Ⅳ类围岩），SF3a 断面 17416 m³（Ⅲ类围岩），紧急停车带

16795 m³(Ⅴ类围岩),人行横通道 863 m³(Ⅴ类围岩),车行横通道 1398 m³(Ⅳ类围岩)。洞外出渣计价超运距同样为 2.8 km。招标文件中明确,该项目中的Ⅴ类围岩归入土方中进行计量。

(3)支护:使用钢管(φ108×6)168183 m,注水泥浆 4386 m³;C25 喷射混凝土 25913 m³,HPB300 钢筋网 244679 kg,φ42×4 超前小导管 149544 m,φ25 中空注浆锚杆 132955 m,φ22 砂浆锚杆(锁脚锚杆)55778 kg,I18 工字钢 3093674 kg,钢架连接使用 Q235 钢板、槽钢及角钢 515326 kg,钢架连接钢筋 HPB300 共 201011 kg。

(4)二次衬砌:使用 C30 衬砌防水混凝土 31468 m³,HPB300 钢筋 442650 kg,HRB400 钢筋 4030466 kg,C30 仰拱混凝土 16040 m³,C10 混凝土仰拱回填 20828 m³。混凝土拌合站分别设置在隧道两端洞外 600 m 处。此外,沟帮使用了 C25 混凝土 3011 m³,沟墙使用了 HPB300 钢筋 74891 kg。

(5)洞内路面:铺设 C30 水泥混凝土,厚度为 24 cm,总量为 5375 m³,使用钢筋 1571 kg。

问题:请编制该隧道工程所需的工程量清单表,并列出相应的定额号及定额工程数量。

【解】 (1)洞门部分,相关数据见表 2-21。

表 2-21 洞门报价原始数据表

编号	子目名称	单位	数量	备注
502-1	洞口、明洞开挖			
502-1-a	土方	m³	1200	
(1-1-9-8)	挖掘机挖装土方	1000 m³	1.2	
(1-1-11-21)	自卸汽车运土方	1000 m³	1.2	第一个 1 km
502-1-b	石方	m³	3177	
(1-1-15-24)	机械打眼开炸石方	1000 m³	3.177	
(1-1-15-27)	扣 20 m 运输	1000 m³	−3.177	考虑推土机推 10 m
(1-1-9-13)	挖掘机挖装石方	1000 m³	3.177	
(1-1-11-49)	自卸汽车运石方	1000 m³	3.177	第一个 1 km
502-1-c	弃方超运	m³·km	7879	(1200+3177)×1.8=7879
(1-1-11-22)	土方增运每 0.5 km	1000 m³	1.2	×4
(1-1-11-50)	石方增运每 0.5 km	1000 m³	3.177	×4
502-4	洞门建筑			
502-4-a	C20 混凝土	m³	189	
(3-2-2-2 换)	现浇混凝土洞门墙	10 m³	18.9	C25 抽换为 C20
(4-11-11-11)	混凝土拌合	100 m³	19.278	×1.02
502-2	防水与排水			
502-2-a	M7.5 浆砌片石排水沟	m³	135	
(1-2-1-3)	人工挖排水沟	1000 m³	0.203	
(1-2-3-1)	石砌排水沟	10 m³	13.5	
(1-1-11-21)	自卸汽车运土方	1000 m³	0.203	弃土外运

(2)洞身开挖,相关数据见表 2-22。

土方(Ⅴ类围岩)：(193180＋29147＋16795＋863)m³＝239985 m³
石方(Ⅳ、Ⅲ类围岩)：(35043＋17416＋1398)m³＝53857 m³
土方比例：　　　　　239985/(239985＋53857)＝0.82
石方比例：　　　　　1－0.82＝0.18

表 2-22　洞身报价原始数据表

编号	子目名称	单位	数量	备注
503-1	洞身开挖			
503-1-a	土方	m³	239985	
(3-1-3-11)	正洞开挖围岩Ⅴ级	100 m³	2399.85	
(3-1-15-2)	正洞通风	100 m	12.01	1465×0.82
(3-1-16-2)	正洞高压风水管、照明、电路线	100 m	12.01	1465×0.82
(3-1-3-41)	正洞出渣围岩Ⅳ～Ⅴ级	100 m³	2399.85	
503-1-b	石方	m³	53857	
(3-1-3-10)	正洞开挖围岩Ⅳ级	100 m³	364.41	
(3-1-3-9)	正洞开挖围岩Ⅲ级	100 m³	174.16	
(3-1-15-2)	正洞通风	100 m	2.64	1465×0.18
(3-1-16-2)	正洞高压风水管、照明、电路线	100 m	2.64	1465×0.18
(3-1-3-41)	正洞出渣围岩Ⅳ级	100 m³	364.41	
(3-1-3-40)	正洞出渣围岩Ⅲ级	100 m³	174.16	
503-1-c	弃方超运	m³·km	675837	计价运距
(1-1-11-22)	土方增运每0.5 km	1000 m³	239.985	×2
(1-1-11-50)	石方增运每0.5 km	1000 m³	53.857	×2

(3)支护，相关数据见表 2-23。
　　ϕ22 砂浆锚杆：　　　　55778÷2.98 m＝18717 m

表 2-23　支护报价原始数据表

编号	子目名称	单位	数量	备注
503-2	超前支护			
503-2-b	钢管(ϕ108×6)	m	168183	
(3-1-7-4)	管棚(管径:108 mm)	10 m	16818.3	
(3-1-7-5)	ϕ42×4 小导管	100 m	1495.44	
503-2-c	I 18 工字钢	kg	3093674	
(3-1-5-1)	型钢钢架	t	3093.674	
(3-1-9-6)	HPB 300 钢筋	t	201.011	钢架连接钢筋
503-2-f	注水泥浆	m³	4386	
(3-1-7-6)	注水泥浆	10 m³	438.6	
503-3	初期支护			

续表

编号	子目名称	单位	数量	备注
503-3-b	C25 喷射混凝土	m³	25913	
(3-1-8-1)	喷射混凝土	10 m³	2591.3	
503-3-c	φ25 中空注浆锚杆	m	132955	
(3-1-6-2)	中空注浆锚杆	100 m	1329.55	
503-3-d	φ22 砂浆锚杆	m	18717	锁脚锚杆(kg)
(3-1-6-1)	砂浆锚杆	t	55.778	
503-3-e	HPB 300 钢筋网	kg	244679	
(3-1-6-4)	钢筋网	t	244.679	

(4)二次衬砌,相关数据见表 2-24。

表 2-24 二次衬砌报价原始数据表

编号	子目名称	单位	数量	备注
504-1	洞身衬砌			
504-1-b	C30 防水混凝土	m³	31468	
(3-1-9-1 换)	模筑台车现浇混凝土	10 m³	3146.8	C25 抽换为 C30
(4-11-11-11)	混凝土拌合	100 m³	314.68	×1.17
(3-1-9-10)	洞内混凝土运输增运	100 m³	314.68	×1.17
(4-11-11-20)	洞外混凝土搅拌运输车 0.6 km	100 m³	314.68	×1.17
504-1-d	HPB300 钢筋	kg	442650	
(3-1-9-6 换)	现浇混凝土衬砌钢筋	t	442.650	带肋钢筋抽换为光圆钢筋
504-1-c	HRB400 钢筋	kg	4030466	
(3-1-9-6)	现浇混凝土衬砌钢筋	t	4030.466	
504-2	仰拱、铺底混凝土			
504-2-a	C30 仰拱混凝土	m³	16040	
(3-1-9-3 换)	仰拱	10 m³	1604	C25 抽换为 C30
(4-11-11-11)	混凝土拌合	100 m³	160.4	×1.04
(3-1-9-10)	洞内混凝土运输增运	100 m³	160.4	×1.04
(4-11-11-20)	洞外混凝土搅拌运输车 0.6 km	100 m³	160.4	×1.04
504-2-b	C10 混凝土仰拱回填	m³	20828	
(3-1-9-4 换)	仰拱回填	10 m³	2082.8	C15 抽换为 C10
	混凝土运输同上,略			
504-3	沟帮			
504-3-a	C25 混凝土	m³	3011	
(3-1-13-1)	现浇混凝土沟槽	10 m³	301.1	
504-3-b	带肋钢筋	kg	74891	

续表

编号	子目名称	单位	数量	备注
(3-1-13-4 换)	混凝土沟槽钢筋	t	74.891	光圆钢筋换为带肋钢筋
分摊项	混凝土拌合站安拆	座	2	

(5)洞内路面,相关数据见表 2-25。

表 2-25 洞内路面报价原始数据表

编号	子目名称	单位	数量	备注
504-5	洞内路面			
504-5-a	C30 混凝土(厚 24 cm)	m²	22396	5375/0.24＝22396
(2-2-17-5＋6×4 换)	清模摊铺水泥混凝土路面	1000 m²	22.396	人、机、小机费乘以 1.26 的系数
(3-1-9-10)	洞内混凝土运输增运	100 m³	53.75	×1.04
504-5-b	带肋钢筋	kg	1571	
(2-2-17-15 换)	钢筋	t	1.571	光圆 0,带肋 1.025,人、机、小机费乘以 1.26 的系数

任务五　桥涵工程预算定额的应用

桥涵工程定额是公路工程中内容较多、涉及面较广的一个章节,同时也是公路计量与计价的重点和难点。

一、定额规则章说明

桥梁工程包括开挖基坑、围堰、筑岛及沉井施工,打桩、注浆、砌筑作业,现浇混凝土及钢筋混凝土结构施工,预制与安装混凝土及钢筋混凝土构件,构件运输,拱盔与支架搭建,钢结构施工以及杂项工程等项目。

1. 混凝土工程

(1)定额中混凝土强度等级均按照一般图纸选用,其施工方法除小型构件采用人工拌合与捣实外,其他均按机械拌合与捣实计算。

注:混凝土强度等级依据混凝土立方体抗压标准强度(MPa)划分,包括 C7.5、C10、C15、C20、C25、C30、C35、C40、C45、C50、C55、C60 等 12 个等级。

(2)定额中混凝土工程项目,除小型构件、大型预制构件底座、混凝土搅拌站安装与拆卸以及钢桁架桥式码头项目中已包含混凝土拌合费用外,其他混凝土项目中均未考虑混凝土的拌合费用,需按相关定额另行计算。

(3)定额中混凝土均按露天养生考虑,若采用蒸汽养生,应从相关定额中扣减人工 1.5 个工日及其他材料费 4 元,并按蒸汽养生相关定额进行计算。

(4)定额中混凝土工程项目已包含操作范围内的混凝土运输。现浇混凝土工程的混凝土平均运距超过 50 m 时,可根据施工组织设计的混凝土平均运距,按杂项工程中混凝土运输定额增列混凝土运输项目。

(5)定额中采用泵送混凝土的项目均已包括水平和向上垂直泵送所消耗的人工、机械费用。当水平泵送距离超过定额综合范围时,可按表 2-26 增列人工及机械消耗量。向上垂直泵送的费用不得调整。

表 2-26 混凝土水平泵送增加距离的增列消耗量表

项目		定额综合的水平泵送距离/m	每 100 m³ 混凝土每增加水平距离 50 m 增列数量	
			人工/工日	混凝土输送泵/台班
基础	灌注桩	100	1.55	0.27
	其他	100	1.27	0.18
上下部构造		50	2.82	0.26
桥面铺装		250	2.82	0.36

【例 2-18】 某 250 cm 灌注桩工程回旋钻成孔,混凝土水平泵送距离为 200 m,求灌注桩混凝土定额人工和混凝土输送泵消耗量的调整。

【解】 套用定额[4-4-7-18],其人工和混凝土输送泵消耗量应调整。

人工:

$[1.8+(1.55÷10)×1.197×(200-100)÷50]$ 工日/10 m³ = 2.17 工日/10 m³

混凝土输送泵:

$[0.09+(0.27÷10)×1.197×(200-100)÷50]$ 台班/10 m³ = 0.155 台班/10 m³

(6)凡预埋在混凝土中的钢板、型钢、钢管等预埋件,均作为附属材料列入混凝土定额内;而连接用的钢板、型钢等则包括在安装定额中。

(7)当大体积混凝土项目必须采用埋设冷却管以降低混凝土水化热时,可根据实际需要另行计算相关费用。

(8)除另有说明外,混凝土定额中已综合包含了脚手架、上下架、爬梯及安全围护等的搭拆及摊销费用,使用时不得再另行计算。

2. 钢筋工程

(1)定额中凡钢筋直径在 10 mm 以上的接头,除特别注明为钢套筒连接外,均采用电弧搭接焊或电阻对接焊。例如,墩台身中的接头分为焊接连接和套筒连接。

(2)定额中的钢筋根据选用图纸分为光圆钢筋和带肋钢筋。若设计图纸中的钢筋比例与定额有出入,可调整钢筋品种的比例关系。

(3)定额中的钢筋是按一般定尺长度计算的。若设计提供的钢筋连接用钢套筒数量与定额有出入,可按设计数量调整定额中的钢套筒消耗,其他消耗则不做调整。

3. 模板工程

(1)模板不单独列项。混凝土工程中所需的模板,包括钢模板、组合钢模板、木模板,均按其周转摊销量计入混凝土定额中。

(2)定额中的模板均为常规模板。若设计或施工对混凝土结构的外观有特殊要求,需要对模板进行特殊处理时,可根据定额中所列的混凝土模板接触面积增列相应的特殊模板材料费用。此外,混凝土模板接触面积也是补充定额的依据。

(3)定额中所列的钢模板材料指工厂加工的适用于某种构件的定型钢模板,其质量包括立模所需的钢支撑及有关配件;组合钢模板材料指市场供应的各种型号的组合钢模板,其质量仅为组合钢模板本身的质量,不包括立模所需的支撑、拉杆等配件,定额中已计入所需配件材料的摊销量;木模板按工地制作编制,定额中将制作所需的工、料、机械台班消耗按周转摊销量计算。

(4)定额中均包括各种模板的维修、保养所需的工、料及费用。

【例 2-19】 某桥梁墩身外表面积为 700 m²,混凝土数量为 300 m³,根据要求施工时需在常规模板的基础上内衬一种特殊材料,据调查该材料的价格为 100 元/m²,可使用 5 次,故在本定额的基础上需增加模板费用为:

$$700 \times 100 \div 5 \div 300 \times 10 \text{ 元}/10 \text{ m}^3 = 466.67 \text{ 元}/10 \text{ m}^3$$

4. 设备摊销费用

定额中的设备摊销费所涉及的设备是指属于固定资产的金属设备,包括万能杆件、装配式钢桥桁架以及由相关配件拼装的金属架桥设备。设备摊销费按设备质量计算,每吨每月为 76.95 元(此费用除设备本身的折旧费用外,还包括设备的维修、保养等费用)。

"营改增"后,根据交办公路〔2016〕66 号等文件规定进行调整,金属设备的摊销费由原先的 90 元/(吨·月)调整为 76.95 元/(吨·月)。各项目中,凡注明允许调整的,可按计划使用时间进行相应的调整。例如:①桥梁钢拱架:编号 4-9-2-8,可进行调整。②金属结构吊装设备,同样可以进行调整。

5. 工程量计算一般规则

(1)现浇混凝土、预制混凝土及构件安装的工程量计算基于构筑物或预制构件的实际体积,但不包括其内部的空心部分体积。对于钢筋混凝土项目,工程量计算时不扣除钢筋(包括钢丝、钢绞线和预埋件)以及预留孔道所占的体积。

(2)构件安装定额中,括号内所列出的构件体积数量,是指安装时需要准备的构件数量。

(3)钢筋的工程量计算基于其设计质量。定额中已经包含了施工操作过程中的损耗,且一般钢筋因接长所需增加的钢筋质量也已包括在内,因此不得将这部分质量重复计入钢筋的设计质量中。然而,对于某些特殊工程,如需在施工现场分段施工并采用搭接方式接长钢筋时,其搭接长度的钢筋质量并未包括在定额中,这部分质量需要在钢筋的设计质量中另行计算。

特别注意事项:定额中已经考虑了各种规格钢筋按出厂定尺长度(一般为 6~12 m)计算,每根钢筋均按一个接头处理。其中,主筋采用闪光对焊,其他钢筋采用搭接方式。对焊损耗、搭接长度的钢筋质量及其他操作损耗,均按钢筋设计质量的 2.5% 计入定额中。因此,对于一般钢筋因接长所需增加的钢筋质量,定额中已经包含,不需再计入钢筋设计质量内。

但对于某些特殊工程,如高桥墩、索塔等,其主筋无法完全按照钢筋出厂定尺长度采用闪光对焊接长到所需的结构长度(或高度),而需要在施工过程中根据施工分段逐段采用搭接接长。对于这部分搭接长度的钢筋质量,定额中并未包含,需要在钢筋的设计质量中另行计算。由于这部分钢筋受设计要求、工程部位和施工条件的影响较大,定额中难以用占钢筋设计质量的百分比或其他方法进行定量。因此,应将设计图纸中明确标注为不可能采用对焊接长而必须在施工中采用搭接接长的钢筋质量逐项统计出来,并计入钢筋的设计质量内,而不是笼统地按钢筋质量的百分比来增加设计质量。

【例 2-20】 某梁桥采用现浇混凝土,混凝土由搅拌站集中拌合。该搅拌站的生产能力在 25 m³/h 以内,混凝土的平均运输距离为 1000 m,使用容量在 6 m³ 以内的混凝土搅拌运输车进行运输。针对该桥的实体式墩台基础工程,预算定额中的人工工日和机械台班应如何确定?同时,混凝土的定额值应如何调整?

【解】(1)查定额[4-6-1-3]确定定额中材料、机械的消耗量。

(2)查定额[4-11-11-6]、[4-11-11-10]确定混凝土搅拌站安装、拆除及混凝土拌合的定额值。

(3)查定额[4-1-11-20]确定混凝土运输的定额值。

二、节说明

1. 开挖基坑

(1)干处挖基是指开挖无地面水及地下水位以上的土壤部分,而湿处挖基则是指开挖在施工水位以下的土壤部分。对于挖基坑中的石方、淤泥、流沙,无论干处还是湿处,均采用相同的定额标准。

(2)基坑土、石方的运输定额是按照将弃土放置在坑外 10 m 范围内来考虑的。如果坑上的水平运输距离超过 10 m,那么需要额外按照路基土、石方的增运定额来计算。

(3)基坑的深度是从坑的顶面中心标高到底面的垂直距离。在同一个基坑内,不论开挖到哪个深度,都执行该基坑的全部深度定额。

(4)在电动卷扬机配抓斗及人工开挖配卷扬机吊运基坑土、石方的定额中,已经包括了移动摇头扒杆的用工。但是,摇头扒杆的配置数量应根据工程实际需要,按照吊装设备的定额另行计算。

(5)开挖基坑定额中已经综合了基底夯实、基坑回填以及检平石质基底的用工。对于湿处挖基,还包括了挖边沟、挖集水井以及排水作业的用工。在使用定额时,这些部分不得再另行计算。

(6)开挖基坑定额中并不包括挡土板,如果需要的话,应该根据实际情况按照相关的定额另行计算。

(7)在机械挖基定额中,已经综合了基底标高以上 20 cm 范围内采用人工开挖和基底修整的用工。

(8)基坑开挖定额都是按照原土回填来考虑的。如果采用取土回填的方式,那么应该按照路基工程的相关定额另行计算取土的费用。

(9)挖基定额中并没有包括水泵的台班费用。挖基以及基础、台修筑所需的水泵台班费用,应该按照"基坑水泵台班消耗"表的规定来计算,并计入挖基项目中。

【例 2-21】某桥梁工程共有 6 个墩、台基坑需要开挖,施工过程中采取了 2 个基坑平行作业的方式。开挖工作使用了电动卷扬机配合抓斗进行,其中某岸的一个墩基坑情况如下:已知在施工期间该区域无常流水,运距为 20 m;该基坑中需要挖取的砂砾体积为 37.5 m³,岩石体积为 185.0 m³;基坑总挖方量为 269.5 m³。在基底以上 20 cm 处,采用了人工挖方的方式,挖取了 12.5 m³ 的土壤。试确定该基坑所需的各种定额(请注意,在实际编制预算时,通常不需要逐个基坑去计算和确定定额)。

【解】(1)根据开挖基坑节说明的规定,该基坑的干处挖基工程量为地下水位以上的土方:

$$(269.5-37.5-185.0) \text{m}^3 = 47.0 \text{ m}^3$$

开挖深度均应按坑全深计。但由于该基坑采用机械挖基坑土石方,不区分干处、湿处挖基以及基坑深度。

(2)用卷扬机配合抓斗挖基坑土石方的定额,按定额[4-1-3-1]确定。

砂砾部分(每 1000 m³ 实体):

人工 304.1 工日;

30 kN 以内单筒慢速卷扬机 30.21 台班;

小型机具使用费 391.9 元;

石方部分按定额[4-1-3-1]每 1000 m³ 实体计。

桥涵基坑定额的应用

2. 筑岛、围堰及沉井工程

(1)围堰定额适用于挖基围堰和筑岛围堰两种情况。

(2)在草木、草(麻)袋、竹笼、木笼铁丝围堰的定额中,已经包含了 50 m 以内的人工挖运土方的工日数量。定额括号内所列的"土"的数量并不计价,仅当取土运距超过 50 m 时,才需要按照人工挖运土方的增运定额来增加运输用工。

(3)沉井制作分为钢筋混凝土重力式沉井、钢丝网水泥薄壁浮运沉井和钢壳浮运沉井三种类型。沉井的浮运、落床、下沉和填塞的定额均适用于以上三种沉井。

(4)沉井下沉所需的工作台、三脚架、运土坡道和卷扬机工作台等均已包含在定额中。井下爆破材料中,除硝铵炸药外,其他材料均列入"其他材料费"中。

(5)沉井下水轨道的钢轨、枕木和铁件按照周转摊销量计入定额中,定额还综合了轨道的基础及围堰等的工料消耗。在使用定额时,不得另行计算这些费用。但需要注意的是,轨道基础的开挖工作并未计入本定额中,如有需要,应根据相关定额另行计算。

(6)沉井浮运定额仅适用于只有一节的沉井或多节沉井的底节。对于分节施工的沉井,除底节外的其他各节的浮运和接高应执行沉井接高定额。

(7)导向船和定位船船体本身的加固所需的工料机消耗,以及沉井定位落床所需的锚绳等均已综合在定额中。在使用定额时,不得另行计算这些费用。

(8)无导向船定位落床定额已将所需的地笼、锚碇等的工料机消耗综合在定额中。使用定额时,同样不得另行计算。而有导向船定位落床定额未综合锚碇系统,如有需要,应根据施工组织设计的相关定额另行计算。

(9)锚碇系统定额中已包含了锚链的消耗,并综合了抛锚、起锚所需的工料机消耗。在使用定额时,不得随意进行抽换。

(10)钢壳沉井接高所需的吊装设备并未计入定额中,如有需要,应按金属设备吊装定额另行计算。

(11)当钢壳沉井作为双壁钢围堰使用时,其回收部分应根据施工组织设计进行计算。但需要注意的是,回收部分的拆除所需的工料机消耗并未计入本定额中,如有需要,应根据实际情况按相关定额另行计算。

(12)沉井下沉定额中的软质岩石是指饱和单轴极限抗压强度在 40 MPa 以下的各类松软的岩石;而硬质岩石则是指饱和单轴极限抗压强度在 40 MPa 以上的各类较坚硬和坚硬的岩石。

(13)地下连续墙的定额中并未包括施工便道、挡土帷幕和注浆加固等费用。如有需要,应根据施工组织设计另行计算。同时,挖出的土石方或凿铣的泥渣如需外运,应按路基工程中的相关定额进行计算。

(14)工程量计算规则如下。

①草木、草(麻)袋、竹笼围堰的长度应按围堰中心线长度计算,高度则按施工水深加0.5 m计算。木笼铁丝围堰的工程量应为木笼所包围的体积。

②套箱围堰的工程量应为套箱金属结构的质量。套箱整体下沉时所需的吊装平台的钢结构及套箱内支撑的钢结构均已综合在定额中,不得重复计算为套箱的工程量。

③沉井制作的工程量计算方式如下:重力式沉井按设计图纸中的井壁及隔墙混凝土数量计算;钢丝网水泥薄壁浮运沉井按刃脚及骨架钢材的质量计算(不包括铁丝网的质量);钢壳沉井则按钢材的总质量计算。

④沉井下沉的工程量应按沉井刃脚外缘所包围的面积乘以沉井刃脚下沉入土深度来计算。同时,沉井下沉需根据土石所在的不同深度分别采用不同的下沉深度定额。定额中的下沉深度指的是沉井顶面到作业面的高度,且定额中已综合了溢流(翻砂)的数量,不得另加工程量。

⑤沉井浮运、接高和定位落床的工程量应为沉井刃脚外缘所包围的面积。对于分节施工的沉井接高工程,其工程量应按各节沉井接高工程量之和来计算。

⑥锚碇系统的工程量指的是锚碇的数量,应按施工组织设计的需要量来计算。

⑦地下连续墙导墙的工程量应按设计需要设置的导墙的混凝土体积来计算;成槽和墙体混凝土的工程量则按地下连续墙的设计长度、厚度和深度的乘积来计算;锁口管吊拔和清底置换的工程量应按地下连续墙的设计槽段数(指槽壁单元槽段)来计算;内衬的工程量则应按设计需要的内衬混凝土体积来计算。

【例2-22】 某桥施工组织设计要求施工采用草袋围堰,围堰高为1.7 m,围堰长60 m,土运距100 m,试求预算定额下的工、料消耗量。

【解】 查定额,定额单位为10 m围堰。因为注中规定围堰高度可以内插,围堰高1.7 m是介于1.5~1.8 m的,所以定额应在[4-2-2-3]及[4-2-2-4]之间内插,具体计算如下。

人工: $6 \times [17.7 + 0.2 \times (24.7 - 17.7) \div 0.3]$ 工日 $= 134.2$ 工日

草袋: $6 \times [543 + 0.2 \times (741 - 543) \div 0.3]$ 个 $= 4050$ 个

土: $6 \times [33.54 + 0.2 \times (45.3 - 33.54) \div 0.3] m^3 = 248.28 \ m^3$

运距100 m大于定额运距50 m,增列超运距运输用工。查定额[1-1-6-4],定额单位为1000 m^3,则:

超运距运输用工数 $= [(100 - 50) \div 10 \times 18.2 \times 248.28 \div 1000]$ 工日 $= 22.59$ 工日

总用工数 $= (134.2 + 22.59)$ 工日 $= 156.79$ 工日

3. 打桩工程

(1)本节定额适用于陆地上、打桩工作平台上、船上进行的桥涵墩台基础桩以及其他基础工程和临时工程中的打桩工作。

(2)土质划分:打桩工程土壤分为Ⅰ、Ⅱ两组。

①Ⅰ组土——较易穿过的土壤,如轻亚黏土、亚黏土、砂类土、腐殖土、湿的及松散的黄土等。

②Ⅱ组土——较难穿过的土壤,如黏土、干的固结黄土、砂砾、砾石、卵石等。

(3)当穿过两组土层时,如打入Ⅱ组土各层厚度之和等于或大于土层总厚度的50%,或打入Ⅱ组土连续厚度大于1.5 m时,按Ⅱ组土计;不足上述厚度时,则按Ⅰ组土计。

(4)打桩定额均按在已搭好的工作平台上操作计算,但未包括打桩用的工作平台的搭设和拆除等工、料消耗。需要时,应按打桩工作平台定额另行计算。

(5)打桩定额中已包括打导桩、打送桩及打桩架的安、拆工作,并将打桩架、送桩、导桩及导桩夹木等的工、料按摊销方式计入定额中。编制预算时,不得另行计算。但定额中均未包括拔桩、破桩头工作,这部分已计入承台定额中。打桩定额均为打直桩,如打斜桩时,机械费用乘 1.20 的系数,人工费用乘 1.08 的系数。

(6)利用打桩时搭设的工作平台拔桩时,不得另行计算搭设工作平台的工、料消耗。如需搭设工作平台,可根据施工组织设计规定的面积,按打桩工作平台人工消耗的 50% 计算人工消耗,但各种材料一律不计。

(7)打每组钢板桩时,所用的夹板材料及钢板桩的截头、连接(接头)整形等的材料已按摊销方式将其工、料计入定额中。使用定额时,不得另行计算。

(8)钢板桩木支撑的制作、试拼、安装的工、料消耗均已计入打桩定额中,拆除的工、料消耗已计入拔桩定额中。

(9)打钢板桩、钢管桩定额中未包括钢板桩、钢管桩的防锈工作。如需进行防锈处理,另按相应定额计算。

(10)打钢管桩工程如设计钢管桩数量与本定额不相同时,可按设计数量调整定额中的钢管消耗,但定额中的其他消耗量不变。

(11)工程量计算规则。

①打预制钢筋混凝土方桩和管桩的工程量,应根据设计尺寸及长度以体积计算(管桩的空心部分应予以扣除)。设计中规定凿去的桩头部分数量,应计入设计工程量内。

②钢筋混凝土方桩的预制工程量,应为打桩定额中括号内注明的备制数量。

③拔桩工程量按实际需要数量计算。

④打钢板桩的工程量按设计需要的钢板桩质量计算。

⑤打桩用的工作平台的工程量,按施工组织设计所需的面积计算。

⑥船上打桩工作平台的工程量,根据施工组织设计,按一座桥梁实际需要打桩机的台数和每台打桩机需要的船上工作平台面积的总和计算。

【例 2-23】 某桥采用在水中工作平台上进行打桩基础施工。已知地基土层依次为亚黏土 8.0 m,黏土 1.0 m,干的固结黄土 3.0 m。设计斜桩入土深度为 12 m,设计规定凿去桩头 1.0 m,打桩工作平台面积为 160 m²。试确定打钢筋混凝土方桩及工作平台的预算定额。

【解】 (1)打钢筋混凝土方桩的定额可从预算定额表中查得。定额单位为 10 m 及 10 个接头。

(2)由于本例中打入黏土和干的固结黄土中连续长度为 4 m>1.5 m,故应按Ⅱ类土计算。

(3)打斜桩时机械乘以 1.20 系数,人工乘以 1.08 系数。

(4)破桩头工作已计入承台定额,这里不再计列。但根据工程量计算规则的规定,凿去桩头的数量应计入打桩的工程量中。

(5)根据上列各项,确定打钢筋混凝土方桩的定额如下。

①斜桩。

人工: 23.2×1.08 工日=25.056 工日

材料部分定额消耗量不做调整。

10 t 以内轮胎式起重机:0.17×1.20 台班=0.204 台班

1.8 t 以内柴油打桩机: 2.18×1.20 台班=2.616 台班

221 kW 以内燃油拖轮： 0.6×1.20 艘班＝0.72 艘班
200 t 以内驳船： 1.34×1.20 艘班＝1.608 艘班
基价:4483 元。

②工作平台定额。

查相关定额,定额单位为 100 m²。

人工： (51.2×160÷100)工日＝81.92 工日
锯材： (1.466×160÷100)m³＝2.346 m³
型钢： (0.971×160÷100)t＝1.554 t

其他材料的计算方法同上。

50 kW 以内单筒慢速卷扬机：(2.42×160÷100)台班＝3.872 台班

其他机械台班计算方法同上。

4. 灌注桩工程

(1)灌注桩造孔根据造孔的难易程度,将土质分为八种。

①砂土:粒径不大于 2 mm 的砂类土,包括淤泥、轻亚黏土。

②黏土:亚黏土、黏土、黄土,包括土状风化物。

③砂砾:粒径 2~20 mm 的角砾、圆砾含量(指质量比,下同)小于或等于 50%,包括礓石及粒状风化物。

④砾石:粒径 2~20 mm 的角砾、圆砾含量大于 50%,有时还包括粒径 20~200 mm 的碎石、卵石,其含量在 10%以内,包括块状风化物。

⑤卵石:粒径 20~200 mm 的碎石、卵石含量大于 10%,有时还包括块石、漂石,其含量也在 10%以内,包括块状风化物。

⑥软石:饱和单轴极限抗压强度在 40 MPa 以下的各类松软岩石,如盐岩、胶结不紧的砾岩、泥质页岩、砂岩,以及较坚实的泥灰岩、块石土、漂石土,还有软而节理较多的石灰岩等。

⑦次坚石:饱和单轴极限抗压强度在 40~100 MPa 的各类较坚硬岩石,如硅质页岩、硅质砂岩、白云岩、石灰岩、坚实的泥灰岩、软玄武岩、片麻岩、正长岩、花岗岩等。

⑧坚石:饱和单轴极限抗压强度在 100 MPa 以上的各类坚硬岩石,如硬玄武岩、坚实的石灰岩、白云岩、大理岩、石英岩、闪长岩、粗粒花岗岩、正长岩等。

(2)灌注桩成孔定额分为人工挖孔、卷扬机带冲抓锥冲孔、卷扬机带冲击锥冲孔、冲击钻机钻孔、回旋钻机钻孔、潜水钻机钻孔六种。定额中已按摊销方式计入了钻架的制作、拼装、移位、拆除及钻头维修所耗用的工、料、机械台班数量,钻头的费用也已计入设备摊销费中,使用定额时不得另行计算。

(3)灌注桩混凝土定额按机械拌合、工作平台上导管倾注水下混凝土编制。定额中已包括混凝土灌注设备(如导管等)摊销的工、料费用及扩孔增加的混凝土数量,使用定额时,不得另行计算。

(4)钢护筒定额中,干处埋设按护筒设计质量的周转摊销量计入定额中,使用定额时,不得另行计算。水中埋设按护筒全部设计质量计入定额中,可根据设计确定的回收量按规定计算回收金额。

(5)护筒定额中,已包括陆地上埋设护筒用的黏土或水中埋设护筒定位用的导向架,以及钢质或钢筋混凝土护筒接头用的铁件、硫黄胶泥等埋设时用的材料、设备消耗。使用定额时,不得另行计算。

(6)浮箱工作平台定额中,每只浮箱的工作面积为 $3 \times 6 \text{ m}^2 = 18 \text{ m}^2$。

(7)使用成孔定额时应根据施工组织设计的需要合理选用定额子目。当不采用泥浆船的方式进行水中灌注桩施工时,除按 90 kW 以内内燃拖轮数量的一半保留拖轮和驳船的数量外,其余拖轮和驳船的消耗应予以扣除。

(8)在河滩、水中采用筑岛方法施工时,应采用陆地上成孔定额进行计算。

(9)本定额系按一般黏土造浆进行编制的。如实际采用膨润土造浆时,其膨润土的用量可按定额中黏土用量乘以相应系数进行计算。

(10)当设计桩径与定额采用桩径不同时,可按表 2-27 中的系数进行调整。

表 2-27 调整系数

桩径/cm	130	140	160	170	180	190	210	220	230	240
调整系数	0.94	0.97	0.7	0.79	0.89	0.95	0.93	0.94	0.96	0.98
桩径范围	桩径 150 cm 以内		桩径 200 cm 以内				桩径 250 cm 以内			

(11)工程量计算规则。

①灌注桩成孔工程量按设计入土深度计算。定额中的孔深指护筒顶至桩底(设计标高)的深度。造孔定额中,对于同一孔内的不同土质,不论其所在的深度如何,均采用总孔深定额进行计算。

②人工挖孔的工程量按护筒(或护壁)外缘所包围的面积乘以设计孔深计算。

③浇筑水下混凝土的工程量按设计桩径横断面面积乘以设计桩长计算,不得将扩孔因素计入工程量中。

④灌注桩工作平台的工程量应按施工组织设计所需的面积进行计算。

⑤钢护筒的工程量按护筒的设计质量进行计算。设计质量是指加工后的成品质量,包括加劲肋及连接用的法兰盘等全部钢材的质量。当设计未提供钢护筒的质量时,可参考表 2-28 进行计算;若桩径与表中数值不同,可采用内插法进行计算。

表 2-28 护筒单位质量换算

桩径/cm	100	120	150	200	250	300	350
护筒单位质量/(kg/m)	170.2	238.2	289.3	499.1	612.6	907.2	1259.2

5. 砌筑工程

(1)定额中 M5、M7.5、M12.5 水泥砂浆为砌筑用砂浆,M10、M15 水泥砂浆为勾缝用的砂浆。

(2)定额中已根据砌体的总高度配置了脚手架。高度在 10 m 以内的砌体配置踏步,高度大于 10 m 的砌体配置井字架,均已将搭拆用工计入定额中,其材料用量均以摊销方式计入定额中。

(3)浆砌混凝土预制块定额中,未包括预制块的预制工作。应按定额中括号内所列预制块数量,另行按预制混凝土构件的有关定额进行计算。

(4)当浆砌料石或混凝土预制块作为镶面时,其内部应按填腹石定额进行计算。

(5)桥涵拱圈定额中,未包括拱盔和支架的费用。如需使用,应按第九节拱盔、支架工程中有关定额另行计算。

(6)定额中均未包括垫层、拱背、台背填料以及砂浆抹面的费用。如需进行这些工作,应按杂项工程中有关定额另行计算。

(7)砌筑工程的工程量计算以砌体的实际体积为准,包括构成砌体的砂浆体积。

三、计价实例

【例2-24】 某桥采用回旋钻机进行C30钻孔灌注桩基础施工,每个桥墩设置每排3根,共计6根直径为2.4 m的桩,承台尺寸为8 m×20 m×3 m,采用无底模钢套箱(单位面积重量为0.15 t/m^2)进行施工。桩基施工位于水中(水深5 m),使用长度为10 m的钢护筒。混凝土搅拌站产能为40 m^3/h,采用泵送施工方式,混凝土从搅拌站运输到泵的距离为1.9 km。施工便桥和拌合站场地处理费用不计。每根桩内设置4根声测管(规格为φ54×3.5 mm),设计数量详见表2-29。桩基的设计长度与钻孔深度相同。基于以上信息,需要编制基础的工程量清单和报价原始数据表。在计算过程中,如需列式计算,请按照实际情况进行。

表2-29 设计数量表

工程项目		钻孔深度/m				钢筋/kg	
		砂土	砂砾	软石	次坚石	光圆	带肋
灌注桩	φ2.4 m	87	862	176	27	10972	98713
承台	C30封底混凝土/m^3			C30承台混凝土/m^3		6872	61237
	720			1440			

【解】 (1)编制工程量清单。

依据工程量清单计量规则列项、计算,编制的工程量清单见表2-30。

光圆钢筋: (10972+6872)kg=17844 kg
带肋钢筋: (98713+61237)kg=159950 kg
C30钻孔桩φ2.4 m。
每根设计桩长: (87+862+176+27)÷(6×4)m=48 m
共长: 6×4×48 m=1152 m

桥涵基础定额的应用

表2-30 工程量清单

子目号	子目名称	单位	数量	单价	合价
403-1	基础钢筋(包括灌注桩、承台、沉桩、沉井等)				
403-1-a	光圆钢筋(HPB235、HPB300)	kg	17844		
403-1-b	带肋钢筋(HRB335、HRB400)	kg	159950		
405-1	钻孔灌注桩				
405-1-1	陆地钻孔灌注桩				
405-1-1-a	C30水下混凝土(φ2.4 m)	m	1152		
410-1	混凝土基础(包括支承梁、桩基承台,但不包括桩基)				
410-1-1	桩基承台				
410-1-1-a	C30混凝土	m^3	2160		

(2)编制报价原始数据表。依据清单工程内容和采用的施工方法,套用定额,计算定额

工程量,见表2-31。

表2-31 报价原始数据表

编号	子目名称	单位	数量	备注
403-1	基础钢筋(包括灌注桩、承台、沉桩、沉井等)			
403-1-a	光圆钢筋(HPB235、HPB300)	kg	17844	光圆钢筋:1.025;带肋钢筋:0
4-4-7-2 换	灌注桩钢筋	t	10.972	光圆钢筋:1.025;带肋钢筋:0
4-6-1-13 换	承台钢筋	t	6.872	
403-1-b	带肋钢筋(HRB335、HRB400)	kg	159950	带肋钢筋:1.025;光圆钢筋:0
4-4-7-22	灌注桩钢筋	t	98.713	带肋钢筋:1.025;光圆钢筋:0
4-6-1-13 换	承台钢筋	t	61.237	
405-1	钻孔灌注桩			
405-1-1	陆地钻孔灌注桩			
405-1-1-b	C30 水下混凝土(ϕ2.4 m)	m	1152	
4-4-8-8	桩径 2.4 m 内护筒	t	141.576	
4-4-5-313	回旋钻水中平台钻孔桩径 2.4 m 以内孔深 60 m 内砂土	10 m	8.7	×0.98,套用桩径 250 cm 以内钻孔定额,调整系数 0.98
4-4-5-315	回旋钻水中平台钻孔桩径 2.4 m 以内孔深 60 m 内砂砾	10 m	86.2	×0.98,套用桩径 250 cm 以内钻孔定额,调整系数 0.98
4-4-5-318	回旋钻水中平台钻孔桩径 2.4 m 以内孔深 60 m 内软石	10 m	17.6	×0.98,套用桩径 250 cm 以内钻孔定额,调整系数 0.98
4-4-5-319	回旋钻水中平台钻孔桩径 2.4 m 以内孔深 60 m 内次坚石	10 m	2.7	×0.98,套用桩径 250 cm 以内钻孔定额,调整系数 0.98
4-4-7-18	灌注桩混凝土回旋钻机 250 cm 以内输送泵	10 m^3	521.153	
4-11-11-11	40 m^3/h 内混凝土搅拌站拌合混凝土	10 m^3	521.153	×1.197
4-11-11-7	混凝土搅拌站 40 m^3/h	1	0.707	5211.53/(5211.53+1440+720)=0.707
4-4-9-1	灌注桩工作平台水深 5 m 内	100 m^2	10	
4-4-7-24	声测管	t	20.091	
4-11-11-20+21×4	6 m^3 内混凝土运输车运 2 km	10 m^3	521.153	×1.197
410-1	混凝土基础			
410-1-1	桩基承台			
410-1-1-a	C30 混凝土	m^3	2160	

续表

编号	子目名称	单位	数量	备注
4-6-1-10	承台混凝土输送泵无底模	10 m³	144	C25 换成 C30 泵送混凝土 42.5 级水泥 4 cm 碎石
4-6-1-11	承台封底混凝土	10 m³	72	C25 换成 C30 泵送混凝土 42.5 级水泥 4 cm 碎石
4-2-6-2	无底模钢套箱	10 t	18.48	
4-11-11-7	混凝土搅拌站 40 m³/h	1 座	0.293	
4-11-11-11	40 m³/h 内混凝土搅拌站拌合混凝土	10 m³	216	×1.04
4-11-11-20+21×4	6 m³ 内混凝土搅运车运 2 km	10 m³	216	×1.04

任务六 交通工程及沿线设施预算定额的应用

一、定额规则说明

1. 本章说明

本章包括安全设施，监控、收费系统，通信系统，供电、照明系统，光缆、电缆敷设，配管配线及接地工程，绿化工程共七节。

（1）本章定额涵盖了交通安全设施、服务设施和管理设施等项目。

（2）本章定额中仅列出了工程所需的主要材料用量，对于次要、零星材料和小型施工机具均未一一列出，而是分别计入"其他材料费"和"小型机具使用费"中，编制预算时应按此计算。

（3）本章定额中已包含混凝土的拌合费用。

（4）若本章中未包括某些项目，可参照相关行业的定额进行计算。

2. 安全设施

本节定额包括柱式护栏、墙式护栏、波形钢板护栏、隔离栅、中间带、车道分离块、标志牌、轮廓标、路面标线、机械铺筑拦水带、里程标、百米桩、界碑、公共汽车停靠站防雨设施等项目。

（1）定额中的波形钢板、型钢立柱、钢管立柱、镀锌钢管、护栏、钢板网、铁板标志、铝合金标志、柱式轮廓标、钢管防撞立柱、镀锌钢管栏杆、预埋钢管等均为成品，编制预算时应按成品价格进行计算。其中，标志牌的单价中不包含反光膜的费用。

（2）水泥混凝土构件的预制与安装定额中已包含了混凝土及其构件的运输工程内容，使用时不得另行计算。

（3）工程量计算规则。

①钢筋混凝土防撞护栏中的铸铁柱与钢管栏杆按柱与栏杆的总重量计算，预埋螺栓、螺母及垫圈等附件已综合在定额内，使用时不得另行计算。

②波形钢板护栏中的钢管柱、型钢柱按柱的成品质量计算;波形钢板按波形钢板、端头板(包括端部稳定的锚定板、夹具、挡板)与撑架的总质量计算,柱帽、固定螺栓、连接螺栓、钢丝绳螺母及垫圈等附件已综合在定额内,使用时不得另行计算。

③隔离栅中的钢管柱按钢管与网框型钢的总质量计算,型钢立柱按柱与斜撑的总质量计算。钢管柱定额中已综合了螺栓、螺母、垫圈及柱帽钢板的数量;型钢立柱定额中已综合了各种连接件及地锚钢筋的数量,使用时不得另行计算。钢板网面积按各网框外边缘所包围的净面积之和计算;刺铁丝网按刺铁丝的总质量计算;铁丝编织网面积按网高(幅宽)乘以网长计算。

④中间带隔离墩上的钢管栏杆与防眩板分别按钢管与钢板的总质量计算。

⑤金属标志牌中的立柱质量按立柱、横梁、法兰盘等的总质量计算;面板质量按面板、加固槽钢、抱箍、螺栓、滑块等的总质量计算。

⑥路面标线按画线的净面积计算。

⑦公共汽车停靠站防雨篷中,钢结构防雨篷的长度按顺路方向防雨篷两端立柱中心间的距离计算;钢筋混凝土防雨篷的水泥混凝土体积按水泥混凝土垫层、基础、立柱及顶棚的体积之和计算。定额中已综合了浇筑立柱及篷顶混凝土所需的支架等,使用时不得另行计算。站台地坪按地坪铺砌的净面积计算,路缘石及地坪垫层已综合在定额中,使用时不得另行计算。

3. 隔离栅和防落网

钢护栏定额的应用

本节内容涵盖了隔离栅和防落网的制作、安装等施工及相关作业。

(1)隔离栅应安装就位并经验收合格。按铁丝编织网隔离栅、刺铁丝隔离栅、钢板网隔离栅、电焊网隔离栅等类型,从端柱外侧沿隔离栅中部丈量长度,以 m 为单位计量。金属立柱的紧固件等均并入隔离栅的计价中,不另行计量。

(2)桥上防护网以 m 为单位计量,安设网片的支架、预埋件及紧固件等不另行计量。

(3)钢立柱及钢筋混凝土立柱安装就位并经验收合格后,以根为单位计量。钢筋及立柱斜撑不另计量。

(4)所需的清场、挖根、土地整平和设置地线等工程均为安装隔离栅的附属工作,不另计量。

4. 道路交通标志

本节内容涵盖了各式道路交通标志、界碑及里程标的提供和设置等相关施工作业。

(1)标志应按图纸规定提供、安装、埋设就位并经验收合格。按不同种类、规格分别计量。

①所有各式交通标志(包括立柱、门架)均以个为单位计量。

②所有支承结构、底座、硬件和为完成组装而需要的附件均附属于各有关标志工程子目内,不另行计量。

(2)里程标和公路界碑均应按埋设就位并经验收合格的数量以个为单位计量。

5. 道路交通标线

本节内容涵盖了在已完成的沥青混凝土和水泥混凝土路面上喷涂路面标线、涂敷振荡标线、安装突起路标和轮廓标及其附属工程等相关施工作业。

(1)路面标线应按图纸所示,经检查验收合格后,以热熔型涂料、溶剂常温涂料和溶剂加热涂料的涂敷实际面积为准,以 m² 为单位计量。反光型的路面标线玻璃珠应包含在涂敷面积内,不另计量。

(2)突起路标安装就位并经验收合格后以个数计量。

(3)轮廓标安装就位并经验收合格后以个数计量。

(4)立面标记设置经检查合格后以处为单位计量。

(5)锥形交通路标安装就位并经验收合格后以个数计量。

标志标线定额的应用

二、计价实例

【例 2-25】 某浆砌片石挡土墙工程,试确定该工程的基础和填片石垫层的人工、片石基价预算定额。

【解】 (1)浆砌片石基础定额。查预算定额[5-1-15-5],查得每 10 m³ 消耗如下所示。

人工:8.0 工日。

材料:片石 11.50 m³。

基价:1270 元。

(2)填片石垫层定额。根据防护工程章说明 2,填片石垫层定额可采用桥梁工程有关定额。该挡土墙基础垫层定额,采用"4-11-5 基础垫层"定额代替,定额表号为 4-11-53。则每 10 m³ 消耗如下所示。

人工:8.6 工日。

材料:片石 12.5 m³。

基价:848 元。

任务七 临时工程预算定额的应用

一、临时工程的概念

临时工程仅起着辅助永久性工程形成的作用,公路建成交付使用后,必须拆除并恢复原状。它与辅助工程性质相似,但不同之处在于临时工程通常不针对专一的服务对象。根据现行公路工程概预算定额规定,临时工程包括汽车便道、临时便桥、临时码头、临时轨道铺设、临时电力线路和临时电信线路六项。

二、临时工程内容及其规定

1. 便道

需要修建的便道主要有两种情况:一是专供汽车运输建筑材料使用,二是专供大型施工机械进场使用。这两种便道的性质相同,但修建标准有所不同。

便道分为双车道和单车道两种标准,双车道路基宽度为 7.0 m,单车道为 4.5 m,具体选择需根据运输任务的大小来确定。对于常年使用的便道,为保证晴雨畅通,还需加铺路面,并根据使用期的长短,计入养护维修所需费用。若仅要求晴通雨不通,或为一次性使用的便道(如仅供大型施工机械进场使用或运输任务不大的便道),则可修建为单车道且不铺设路面。

需要注意的是,预制场、拌合站及生活区内部通行的便道,不能计入便道的数量内。这些项目属于现场经费中的临时设施内容,修建施工现场已包括场内道路,因此不能重复计算。

2. 临时便桥

临时便桥是指在便道跨沟涉河处必须修建的桥梁。有时在修建大型桥梁时,为满足两岸运输建筑材料等需求,也需修建临时便桥。若桥梁达不到通行汽车的标准,则不能列入临时便桥项目内计入工程造价,而应属于现场经费中的临时设施费范围。

为贯彻以钢代木、节约木材的原则,公路工程概算预算定额仅规定了钢便桥一种结构形式,即利用公路装配式钢梁桁节(贝雷桁架)组成临时便桥。在编制工程造价时,必须严格执行此规定,不得变更定额内容或进行抽换。

3. 临时码头

当建设工程位于通航地区时,为利用水上运输工具进行建筑材料的运输,或桥梁水下施工需要工程拖轮和工程驳船运送材料和构件时,必须修建临时码头才能进行装卸工作。临时码头有重力式石砌码头和装配式浮箱码头两种结构形式,一般应结合当地实际情况,在经济合理的原则下选定。

装配式浮箱码头由多个以钢板做成的浮箱拼组而成,并用钢筋混凝土锚进行固定。

4. 临时轨道

临时轨道是指在进行大型混凝土构件预制时,在预制场内、预制场至桥头和桥面上铺设的轨道,以及供龙门架行走的轨道。这些轨道专供大型混凝土预制构件的出坑、运输、堆放和运至桥上安装之用。临时轨道按钢轨的质量分为 11 kg/m、15 kg/m、32 kg/m 三种不同的标准,一般根据预制构件的单件质量来确定。

5. 临时电力线路

临时电力线路是指在公路工程施工过程中,当工程用电使用工业电源时,需要安设由高压输电线路到工地变电站之间的电力线路。至于变电站或自发电的厂房至施工现场各个作业用电点的线路,是一种低压线路,属于现场经费中的临时设施费范围,不得计入临时电力线路内。

此外,在修建大型桥梁时,由于工程用电的需要,必须敷设水下电缆。这可根据建设工程的实际情况,参照电力部门的有关规定和要求来确定,并计入临时电力线路项目内,作为编制工程造价的依据。输电线路的计算长度以接高压线路或变电站接线处至工地变压器之间的距离为准。变压器或自备发电机房至现场用电点的距离不得计入输电线路内。

6. 临时电信线路

临时电信线路是指施工现场各施工点与驻施工现场的管理机构,以及与外界的通信联系而需架设的电话线路。一般是按从当地附近的电信局连接到工地各施工点的线路长度作为编制工程造价的依据。在实际工作中,不论施工单位今后将采用何种通信方式,一般可按公路的修建长度来估算工程造价。

上述临时工程在项目竣工时,不需办理工程验收和工程点交手续,只需将费用纳入竣工决算。但必须注意,这些临时工程必须予以拆除,以恢复生态环境。另外,值得注意的是,为生产、生活而修建的现场临时设施(如办公室、宿舍、仓库、加工房、机械工棚等临时房屋,生活区内的汽车便道、便桥以及变压器或发电房到施工现场和生活用电线路,施工和生活用的输水线路,架子车和机动翻斗车行驶的便道、施工机械搁置场地以及临时围墙等)按现行公路工程造价编制办法规定,应综合为其他工程费中的临时设施费,并按费率计算。这些费用不得归入临时工程范畴。

三、定额规则说明

1. 定额运用中不得另行计算的项目

钢筋混凝土锚定额中已包含栓锚钢丝绳及锚链的数量,因此在编制预算时不得再另行计算。

2. 定额运用中允许另行计算的项目

(1)重力式石砌码头定额中并未包括码头拆除的工程内容,若需要拆除码头,可按"桥涵工程"项目中的"拆除旧建筑物"定额另行计算。

(2)定额中的临时便桥、临时输电线路、临时电信线路的木料、电线等材料消耗均按一次使用量计入,编制预算时应按规定计算回收;而其他各项定额则根据不同情况,按其周转次数摊入材料数量。

(3)定额中的设备摊销费是按使用四个月编制的,若使用期不同,则可以进行相应调整。

(4)装配式浮箱码头定额中,每 100 m² 码头平面面积的浮箱质量为 25.365 t,其设备摊销费按每吨每月 90 元计算,并按使用 12 个月编制。若浮箱实际质量或施工期与定额不同,可予以调整。

(5)设备摊销费中包含变压器的费用,该费用按施工期 2 年计算。若施工期不同,可按比例进行相应调整。

3. 定额表中的数据需要调整的说明

(1)便道项目中并未包括便道使用期内养护所需的工、料、机数量。若便道在使用期内需要养护,编制预算时可根据施工期及《预算定额》(2018 年版)章说明 2 所列表中的数据适当增加数量。

(2)轨道铺设如需设置道岔,每处道岔的工、料需按相应轨道铺设增加。具体增加量为:轨道质量 11 kg/m、15 kg/m 的增加 16 m,轨道质量 32 kg/m 的增加 31 m。

四、计价实例

【例 2-26】 某便道工程,位于山岭重丘地区,路基宽 4.5 m,天然砂砾路面压实厚度 15 cm,路面宽 3.5 m,使用期 40 个月,便道长 5 km,需要养护,试计算该便道工程的预算定额值及养护所需的工、料、机数量。

【解】 (1)查《预算定额》(2018 年版),每千米汽车便道路基的定额值为:人工 94.2 工日;75 kW 以内履带式推土机 14.48 台班;6~8 t 光轮压路机 1.16 台班;8~10 t 光轮压路机 0.88 台班;12~15 t 光轮压路机 3.44 台班。

(2)查《预算定额》(2018 年版),每千米天然砂砾路面定额值如下所示。

人工定额:167.3 工日。

材料定额:天然级配 716.04 m³;水 67 m³。

机械定额:8~10 t 光轮压路机 0.97 台班;12~15 t 光轮压路机 1.94 台班;0.6 t 以内手扶式振动碾 5.65 台班。

(3)由《预算定额》(2018年版)可知,便道使用期内养护所需的工、料、机数量应按表中所列数值计算。每月每千米养护增加定额值为:人工 2.0 工日;天然砂砾 10.8 m^3;6~8 t 光轮压路机 1.32 台班。

根据便道长度及使用期,养护所需工、料、机总量为:

$$人工定额 = 2.0 \times 5 \times 40 \ 工日 = 400.0 \ 工日$$
$$天然砂砾定额 = 10.8 \times 5 \times 40 \ m^3 = 2160 \ m^3$$
$$6 \sim 8 \ t \ 光轮压路机定额 = 1.32 \times 5 \times 40 \ 台班 = 264 \ 台班$$

任务实施

任务描述:

结合本项目所学,查询相关资料,完成公路工程某分项工程的预算定额编制,以小组为单位完成任务单。

任务单

任务名称:公路工程预算定额的应用					
组别		组长		组员	
任务要求	结合所学并查阅资料,完成公路工程某分项工程的预算定额编制				
完成任务的体会:					
小组成员分工合作情况说明:					
参考资料来源:					

项目三 人工、材料、机械台班预算单价的确定

学习目标

1. 知识目标

(1) 掌握人工、材料、机械台班预算单价的组成。
(2) 掌握人工、材料、机械台班预算单价的确定方法。

2. 能力目标

(1) 在案例应用中,当既有外购材料也有自采材料时,能够分析并计算材料的综合单价。
(2) 在实际工作中,能够分析比较不同取材方式下的材料预算单价,确定哪种方式最经济实惠。

3. 素质目标

(1) 培养良好的心理素质和克服工作困难的能力。
(2) 培养科学、严谨的工作态度,以及团结协作、开拓创新的素质。

思维导图

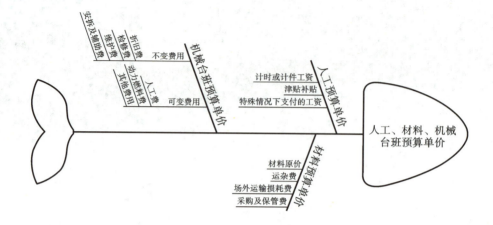

案例导入

背景材料：某隧道围岩为石灰岩，全长 500 m，隧道弃渣堆放在洞口附近，距隧道洞口 20 km 处有一碎石场，2 cm 碎石供应价为 50 元/m^3（含装卸费等杂费），当地运价标准为 1.6 元/(t·km)，人工工资单价为 112 元/工日，150 mm×250 mm 电动破碎机台班预算单价为 135 元/台班，滚筒式筛分机台班预算单价为 230 元/台班。

思考问题：

(1) 假设隧道弃渣经破碎筛分后能满足隧道混凝土工程的需要，请合理确定本项目碎石预算单价。

(2) 如隧道弃渣加工的碎石只能满足 200 m 隧道混凝土工程的需要，此时的 2 cm 碎石综合单价是多少？

解：(1) 外购碎石预算单价计算。

$$(50+20\times1.6\times1.5)\times(1+1\%)\times(1+2.06\%)\, 元/m^3 = 101.02\, 元/m^3$$

注：碎石的单位重量为 1.5 t/m^3，1% 为碎石的场外运输损耗率，2.06% 为采购及保管费费率。

(2) 考虑利用隧道弃渣自行加工碎石预算单价计算。

片石单价计算：隧道弃渣不需进行开采，根据定额规定套用捡清片石定额[8-1-5-3]（只需人工捡清片石）计算片石单价，即：

$$[(18.6\times112+18.6\times106.28\times3\%)\div100]\,元 = 21.43\,元$$

注：3% 为辅助生产间接费，按定额人工费的 3% 计。

碎石单价：套用机械轧碎石定额[8-1-7-11]，即：
[(33.3×112+33.3×106.28×3‰+117.6×21.43+7.01×135+7.13×230)÷100]元/m³
=89.42 元/m³

(3)综合选定。

利用弃渣单价为 89.42 元/m³，比外购 101.02 元/m³ 低，所以合理单价应为利用弃渣。即本项目碎石预算单价为 89.42 元/m³。

(4)2 cm 碎石预算单价综合计算。

由于利用隧道弃渣加工碎石仅能满足 200 m 隧道混凝土工程的需要，即自采加工碎石的比例为：

$$200÷500=40\%$$

因此，本项目 2 cm 碎石预算单价为：

(89.42×0.4+101.02×0.6)元/m³=96.38 元/m³

思政园地

造价工程师的执业守则

案例描述：

某大型基础设施建设项目已进入招标阶段，该项目对于城市的发展具有重要意义。作为该项目的造价工程师，李明（化名）负责编制工程预算及投标报价。

1. 在编制工程预算的过程中，李明发现设计图纸中存在一些可能增加成本的细节。面对这种情况，他并未选择忽略或隐瞒，而是主动与设计师进行沟通，提出了修改建议。经过协商，设计师对图纸进行了优化，从而降低了不必要的成本。

2. 在投标过程中，李明发现竞争对手试图通过不正当手段获取项目信息，以便制定更具竞争力的报价。面对这种情况，李明坚决拒绝参与任何不正当行为，并立即向上级主管部门报告了此事。

3. 在投标报价阶段，李明凭借其丰富的经验和专业知识，为项目制定了合理的预算及报价。他坚持公正、公平的原则，确保报价既符合项目的实际需求，又不至于过高或过低。

4. 在项目执行的过程中，李明始终关注着项目的社会效益和经济效益。他积极与项目经理进行沟通，提出了一系列合理化建议，确保项目在保证质量的前提下，能够实现成本节约和效益的最大化。

案例意义：

1. 诚信为本：造价工程师作为项目的重要参与者，必须坚守诚信原则，确保项目预算和报价的准确无误且公正无私。

2. 拒绝不正当手段：面对竞争对手采取的不正当行为，造价工程师应坚决拒绝参与，全力维护行业的公平竞争环境。

3. 专业与公正：造价工程师需具备扎实的专业知识和丰富的经验，以便为项目制定出合理的预算和报价。同时,他们还应坚守公正、公平的原则,确保项目的顺利进行。

4. 社会责任感:造价工程师应时刻关注项目的社会效益和经济效益,积极提出具有建设性的合理化建议,为项目的成功实施贡献自己的力量。

通过这个案例,我们可以引导学生深刻认识到造价工程师在项目中扮演的重要角色,以及他们应具备的职业道德和社会责任感。同时,这也有助于帮助学生树立正确的价值观和人生观,为他们未来的职业生涯奠定坚实的基础。

任务一　人工、施工机械台班预算单价的计算

一、人工工日单价的确定

1. 人工工日单价及其组成

人工工日单价是指一个建筑安装生产工人在一个工作日内,在概(预)算中应计入的所有人工费用。其组成包括:

(1)计时工资或计件工资。这是指按照计时工资标准和工作时间,或者对已完成的工作按照计件单价支付给个人的劳动报酬。

(2)津贴和补贴。这是为了补偿职工因特殊或额外的劳动消耗,或因其他特殊原因而支付给个人的津贴,以及为确保职工工资水平不受物价影响而支付给个人的物价补贴。例如,流动施工津贴、特殊地区施工津贴、高温(寒)作业临时津贴、高空津贴等。

(3)特殊情况下支付的工资。这是指根据国家法律、法规和政策规定,因病、工伤、产假、计划生育假、婚丧假、事假、探亲假、定期休假、停工学习、执行国家或社会义务等原因,按照计时工资标准或计件工资标准的一定比例支付的工资。

2. 人工工日单价的确定方法

人工工日单价是根据本地区公路建设项目的人工工资统计情况以及公路建设劳务市场的实际情况进行综合分析后确定的。人工工日单价由省级交通运输主管部门制定并发布,同时会根据实际情况进行适时的动态调整。需要注意的是,人工工日单价仅作为编制概(预)算的依据,并不作为施工企业实际发放工资的依据。

在公路工程概(预)算定额中,人工工日单价为综合工日单价,不区分工种。即公路建设中的所有用工(如小工、混凝土工、钢筋工、木工、起重工、张拉工、隧道掌子面开挖工、交通工程安装工、施工机械工等)均采用同一综合工日单价。

综合工日单价已包含由个人缴纳的社会保险费中的养老保险费、失业保险费、医疗保险费(生育保险除外)和住房公积金。

综合工日单价与公路建设人工劳务市场价的主要区别在于以下几点。

(1)工作时间不同。综合工日单价通常按每天工作 8 小时(隧道 7 小时,潜水 6 小时)计算,而公路建设劳务用工的每天工作时间可能与综合工日有所不同。

(2)企业应支出的"四险一金"不同。在编制公路工程概(预)算时,由企业支付的社会保险费和住房公积金需单独计算;而在公路建设人工劳务市场价中,这些费用通常已包含在内。

(3)其他费用计算不同。在公路工程概(预)算中,工人的冬、雨、夜施工补助,工地转移费、取暖补贴、主副食补贴、探亲路费等需单独计算;而在公路建设人工劳务市场价中,这些费用通常不再单独计算。

二、施工机械台班预算单价的确定

1. 公路工程机械台班费用定额

《公路工程机械台班费用定额》(JTG/T 3833—2018)[以下简称《机械台班费用定额》(2018年版)]是《预算定额》(2018年版)、《概算定额》(2018年版)的配套定额,是编制公路建设工程估算、概算、预算的依据。

《机械台班费用定额》(2018年版)的主要内容包括说明和台班费用定额表两大部分。

说明部分共12条,详细阐述了机械台班费用定额的作用、机械的分类、费用的组成以及相关的具体规定。

台班费用定额表是《机械台班费用定额》(2018年版)的核心构成部分,该表格根据机械的分类进行编制。机械共分为13类,包括土、石方工程机械、路面工程机械、混凝土及灰浆机械、水平运输机械、起重及垂直运输机械、打桩及钻孔机械、泵类机械、金属及木石料加工机械、动力机械、工程船舶、工程检测仪器仪表、通风机以及其他机械。每一类机械都对应一个表格,因此共有13个表格。这些表格中详细列出了相应类别、不同规格机械的不变费用和可变费用。

《机械台班费用定额》(2018年版)的用途主要包括:①用于计算施工机械台班的预算单价;②用于计算台班消耗的人工、燃料等实物消耗量;③为编制施工组织方案(特别是机械化施工方案)提供数据支持,以便进行经济比较。

2. 施工机械台班预算单价的组成与确定

一台机械工作一个标准工作班即称为一个台班(除潜水设备、变压器和配电设备外,每台班均按8小时计算)。机械台班预算单价是指一台施工机械在一个台班中,为维持其正常运转所需支付和分摊的人工、材料、折旧、维修等各项费用的总和。

公路工程施工机械台班预算单价应按照《机械台班费用定额》(2018年版)进行计算,不得采用社会出租台班单价进行计价。施工机械台班预算单价由不变费用和可变费用两部分组成。

1)不变费用

不变费用涵盖折旧费、检修费、维护费以及安拆辅助费等四项费用。在《机械台班费用定额》(2018年版)中,不变费用的各项具体金额已明确列出。在编制机械台班单价时,除青海、新疆、西藏等边远地区可按省级交通运输主管部门批准的调整系数进行适当调整外,其他地区均应严格遵守定额规定的数值,不得擅自更改。

2)可变费用

可变费用包括机上人员人工费(即随机操作人员的工作日工资)、动力燃料费以及车船使用税等三项费用。在《机械台班费用定额》(2018年版)中,仅规定了实物量标准,即人工工日数以及动力物质(包括汽油、柴油、电、水、煤等)的每台班实物消耗数量。在编制机械台班单价时,随机操作人员数量(人工工日数)及动力物质消耗量应以《机械台班费用定额》(2018年版)中的数值为依据。台班人工费工日单价与生产工人人工费单价相同,按当地有关部门的规定进行计算。动力燃料费的预算单价则按照当地的工地预算单价进行确定。如需缴纳其他相关费用时,应按照各省(自治区、直辖市)及国务院有关部门的规定标准执行,并根据机械的年工作台班数计入台班费用中。台班人工费和台班动力燃料费的计算公式为:

$$台班人工费＝定额人工工日数×人工工日单价 \quad (3\text{-}1)$$

$$台班动力燃料费＝定额台班动力燃料消耗量×相应单价 \quad (3\text{-}2)$$

当工程用电为自行发电时,电动机械每千瓦时(度)电的单价可由下列近似公式计算:

$$A=0.15K/N$$

式中:A——每千瓦时电单价(元/kW);

K——发电机组的台班单价(元);

N——发电机组的总功率(kW)。

任务二　材料预算单价的确定

一、材料预算单价的组成与计算

1. 材料预算单价的概念与组成

材料预算单价是指材料(包括原材料、构件、成品及半成品等)从其来源地(或交货地点)到达工地仓库(或施工地点用于堆放材料的地方)后的出库价格。

材料预算单价由以下部分组成:材料原价、运杂费、场外运输损耗费、采购及保管费。

2. 材料预算单价的计算

1)材料原价

各种材料的原价按以下规定进行计算。

外购材料:参照本行政区域内交通运输主管部门发布的价格,并结合市场调查的价格进行综合确定。

地方性材料:地方性材料,如外购的砂、石材料等,按实际调查价格或当地主管部门规定的预算价格进行计算。

自采材料:自采的砂、石、黏土等材料,按《预算定额》(2018年版)"第八章 材料采集及加工"中的开采单价,加上辅助生产间接费和矿产资源税(如适用)进行计算。因此,自采材料的原价通常也被称为料场价格。在编制概(预)算时,自采材料的原价(即料场价)是通过自采材料料场价格计算表来确定的。

2)运杂费

运杂费是指材料从供应地点运至工地仓库(或施工地点用于存放材料的地方)所发生的运输和杂项费用,包括装卸费、运费,以及可能产生的囤存费和其他杂费(如过磅费、标签费、支撑加固费、路桥通行费等)。

一种材料如有多个供应点,应根据不同的运距、运量、运价,采用加权平均的方法来计算运费。由于概(预)算定额中已考虑了工地运输便道的特点,并计入了"工地小搬运"的费用,因此,在计算汽车运输平均运距时,不得再乘以调整系数,也不得在工地仓库或堆料场之外额外增加场内运距或二次倒运的运距。

(1)社会运输运杂费的确定。

社会运输,即通过铁路、水路和公路等运输部门进行的运输,应按铁路、航运和当地交通运输部门规定的运价来计算运费。对于社会运输材料,其单位运杂费可参照以下方法计算:

$$材料单位运杂费 = 单位运费 + 单位装卸费 + 单位杂费 \quad (3-3)$$
$$单位运费 = 运价率 \times 运距 \times 单位毛质量 \quad (3-4)$$
$$单位装卸费 = 装卸费率 \times 单位毛质量 \quad (3-5)$$
$$单位毛质量 = 单位质量 \times 毛质量系数 \quad (3-6)$$

式中:运价率——运输每吨千米物资金额(元/t·kg),按当地运输部门规定计列;

运距——运料起点至运料终点间的里程(km);

毛质量系数、单位毛质量——按表3-1确定;

单位质量——按《预算定额》(2018年版)附录四确定。

表3-1 材料毛质量系数及单位毛质量表

材料名称	单位	毛质量系数	单位毛质量
爆破材料	t	1.35	
水泥、块状沥青	t	1.01	
铁钉、铁件、焊条	t	1.10	
液体沥青、液体燃料、水	t	桶装1.17,油罐车1.00	
木料	m³	—	原木0.750 t,锯材0.650 t
草袋	个	—	0.004 t

(2)施工单位自办运输运杂费的确定。

施工单位自办运输是施工企业针对公路建设项目所在地交通不便、社会运力不足的情况,结合本企业的运输能力而组织的一种材料运输方式。自办运输的运费确定应遵循概(预)算编制办法的相关规定。

当平均运距超过15 km时,其运输费用应按市场运价进行计算。

当平均运距在15 km及以下时,运费应按《预算定额》(2018年版)"第九章 材料运输"的相关规定进行计算,其中人工、机械装卸和运输的费用还需额外按人工费的3%加计辅助生产间接费。

3)场外运输损耗费

场外运输损耗是指有些材料在正常运输过程中发生的损耗,这部分损耗应摊入材料单价内。材料场外运输损耗率见表3-2。计算公式为:

$$单位场外运输损耗费 = (材料原价 + 材料单位运杂费) \times 材料场外运输损耗率 \quad (3-7)$$

表3-2 材料场外运输损耗率

材料名称	场外运输(包括一次装卸)损耗率/(%)	每增加一次装卸损耗率/(%)
块状沥青	0.5	0.2
石屑、碎砾石、砂砾、煤渣、工业废渣、煤	1.0	0.4
砖、瓦、桶装沥青、石灰、黏土	3.0	1.0
草皮	7.0	3.0

续表

材料名称		场外运输（包括一次装卸）损耗率/(%)	每增加一次装卸损耗率/(%)
水泥（袋装、散装）		1.0	0.4
砂	一般地区	2.5	1.0
	多风地区	5.0	2.0

注：汽车运水泥如运距超过 500 km 时，袋装水泥损耗率增加 0.5%。

4) 采购及保管费

材料采购及保管费是指在组织采购、保管材料过程中所需的各项费用及工地仓库的材料储存损耗。材料采购及保管费计算公式如下：

单位采购及保管费=（材料原价+单位运杂费+单位场外运输损耗费）×采购及保管费费率

(3-8)

商品混凝土、沥青混合料和各类稳定土混合料、外购的构件、成品及半成品的预算价格计算方法与材料相同。商品混凝土、沥青混合料和各类稳定土混合料不计采购及保管费。

公路工程材料的采购及保管费费率见表 3-3。

表 3-3 采购及保管费费率表

名称	费率/(%)	名称	费率/(%)
钢材	0.75	外购的构件、成品及半成品	0.42
燃料、爆破材料	3.26	商品混凝土、沥青混合料和各类稳定土混合料	0
其余材料	2.06		

综合上述四种费用的计算，材料预算单价的计算公式如下：

材料预算单价=（材料原价+运杂费）×（1+场外运输损耗率）×（1+采购及保管费费率）
－包装材料回收价值 (3-9)

在编制概（预）算时，材料预算单价是通过材料预算单价计算表来确定的。

二、材料采集及加工定额、材料运输定额

1. 材料采集及加工定额

材料采集及加工是指工程施工现场周边无法采购到符合工程设计要求的建筑材料（主要是指土、砂石料等），因此必须由施工企业自行采集与加工以满足工程建设的需要。《预算定额》（2018年版）第八章专门讲述了材料采集及加工的内容，对于自采材料的原价（料场价），应按照本章定额中的开采单价加上辅助生产间接费和矿产资源税（如适用）来计算。对于有条件的工程项目，应综合考虑自采加工方案，以降低工程造价。

(1) 定额中机制砂、机轧碎石所用到的片石，均应按《预算定额》（2018年版）第八章中关于捡清片石的规定来计算。

(2) 材料采集及加工的定额已经包括了采集、筛选、清洗、堆放以及加工等操作过程中的损耗。

(3) 在采用定额时，应结合附注内容，进行合理运用。

【例 3-1】 某路线工程的桥涵工程所需片石由两种方法取得：一种是采石场开采片石；

另一种是利用开炸路基石方时捡清片石。试列出这两种采集片石方法的预算定额。

【解】(1)开采片石定额(机械开采)。由预算定额表[8-1-5-2]可查得(每 100 m³ 码方)定额如下。

人工:15.8 工日。

材料:空心钢钎 2.1 kg、合金钻头 3 个、硝铵炸药 20.4 kg、导爆索 13 m、非电毫秒雷管 28 个。

机械:9 m³/min 机动空压机 1.31 台班、小型机具使用费 48.7 元。

基价:3139 元。

(2)人工捡清片石定额。由定额表[8-1-5-3]查得(每 100 m³ 码方)定额如下。

人工:18.6 工日。

基价:1977 元。

2. 材料运输定额

材料运输是指将材料通过人工或机械手段从采购地或料场运送至施工现场的堆放地或工地仓库。《预算定额》(2018 年版)的第九章关于材料运输的定额,是专为材料自办运输费用而设定的。

材料运输方式多样,包括人工挑抬、手推车运输、机动翻斗车运输(需配合人工装车)、手扶拖拉机运输(需配合人工装车)、载货汽车运输(需配合人工装车)、自卸汽车运输(需配合装载机装车)等。在选择运输方式时,应根据具体情况进行合理判断,以确保材料预算单价的合理性。

(1)在汽车运输项目中,因路基不平、土路松软、泥泞、急弯、陡坡等因素而增加的消耗,定额内已进行了综合考虑。

(2)所有材料的运输及装卸定额中,均未包含堆码工日。

(3)载货汽车运输、自卸汽车运输和洒水汽车运水定额项目,仅适用于平均运距在15 km 以内的运输。当运距超过第一个定额运距单位时,若运距尾数不足一个增运定额单位的半数,则不计入;若等于或超过半数,则按一个增运定额单位计算。若平均运距超过 15 km,则应按市场运价来计算其运输费用。

(4)《预算定额》(2018 年版)第九章中未列出名称的材料,可按以下规定执行。其中,不以质量计量的材料,应按单位质量进行换算。具体为:①天然级配石料、石渣、风化石等,按碎石运输定额计算;②其他材料则一律按水泥运输定额执行。

【例 3-2】 试确定下列工程的预算定额编号。

(1)10 t 以内自卸汽车运路基土 5 km。

(2)10 t 以内自卸汽车运输路面厂拌基层稳定土混合料 5 km。

(3)10 t 载货汽车运输预制构件 5 km。

【解】 上述各题虽都是汽车运输,但由于运输对象不同,故各自的定额编号亦不相同。

(1)汽车运土已明确是运路基土,因此,该工程属于"路基工程"的一项。其定额编号为[1-1-11-5]和[1-1-11-6]。

(2)汽车运路面混合料,属于"路面工程"中的一项,其定额编号为[2-1-8-3]和[2-1-8-4]。

(3)汽车运预制构件,由于运送对象是预制构件,故属于"桥涵工程"中的一项,其定额编号为[4-8-3-10]和[4-8-3-14]。

三、材料平均运距的计算

材料平均运距的计算,从阶段上来看,可以分为施工阶段的材料运距计算和设计阶段的材料运距计算。在施工阶段,对于运距的计算应结合实际、精打细算;而在设计阶段,则要求运距的设定接近实际且基本合理。材料运距的计算主要涉及以下三个问题。

(1)卸料地点问题。这包括线性工程运料终点的确定以及集中型工程运料终点的确定。

(2)供料地点问题。这涉及自采材料料场的供应范围以及外购材料供应地点的确定。

(3)某种材料的预算平均运距问题。这包括点式卸料总平均运距的计算和线式卸料总平均运距的计算。

1. 运料终点的确定

由于公路工程是线性构造物,卸料地点相对分散,因此材料运输终点的确定对运距的计算有较大影响。为此,我们需要对运料终点做出以下原则性规定。

1)点式卸料

点式卸料是指材料运输终点相对集中在一个特定的代表地点,主要适用于集中型工程。其材料运输终点包括:大中桥的桥址中心桩号、大型隧道的中心桩号以及集中型工程范围中心的桩号。

2)线式卸料

线式卸料,亦称多点式卸料,是指材料的运输终点是分散的,主要适用于路线工程各种工程项目所用材料的运距计算。其卸料地点原则上应选择用料的"重心"地点,即:需集中拌合的路面混合料的各种原材料,为各拌合站的堆料中心点;不需集中厂拌的路面材料,为各用料路段的中心桩号;砌石工程的材料为各集中工程地段的中心桩号;小桥涵及小型构造物用材料,如果用料数量比较均匀可取路线的中心桩号,若分布不均匀则应划段取其中心桩号。

2. 材料供应地点和供应范围

公路工程所用材料按其供应来源性质可分为外购材料和自采材料两大类。在确定材料运距时,除了要明确卸料地点外,还必须明确材料的供应地点和供应范围。

1)材料供应地点

(1)外购材料的供应地点,即材料的起运地点,应根据调查资料来确定。

(2)自采材料的供应地点,即各供应路段的相应供料料场地点。

2)料场经济供应范围的确定

如图 3-1 所示,当公路沿线有多个同种材料的料场时,我们需要在两相邻料场间确定一个经济供应范围的分界点。分界点的确定可以采用以下两个原则之一。

(1)从 1 号、2 号料场运至 L 路段的材料总费用(料场价格加运费)最小。

(2)单位材料从料场运至分界点 K 的费用相等。

这两个原则是等价的,可以根据实际情况选择其中一个原则来确定分界点。料场参数表见表 3-4。

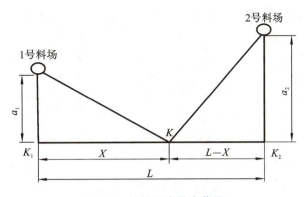

图 3-1　材料经济供应范围

表 3-4　料场参数表

项目	单位	1号料场	2号料场
材料料场单价	元/m³	c_1	c_2
上路距离	km	a_1	a_2
单位运价	元/(m³·km)	f_1	f_2
材料需要量	m³	$q \cdot X$	$q \cdot (L-X)$

注：q 为单位里程长度的材料用量。

经济分界点 K 的桩号按可式(3-10)计算：

$$X = \frac{1}{f_1+f_2}[L \times f_2 + (c_2-c_1) + a_2 \times f_2 - a_1 \times f_1] \tag{3-10}$$

K 点的桩号 $= K_1$ 桩号 $+ X$。

计算桩号时注意以下几点。

①路线起终点至最近料场的运距在其经济范围内，路线起终点即为经济分界点，不必计算。

②计算运距时，要注意断链的影响。

3. 材料平均运距的计算

为了计算材料预算单价的运杂费，必须准确确定各种材料的平均运距。当一种材料存在多个供应点时，首先需要明确各个供应点的经济供应范围；而当一种材料有多个卸料点时，则必须先计算出其预算平均运距。

1) 自采材料平均运距计算

当自采材料沿路线有多个供应点且有多个用料点时(见图 3-2)，在材料料场供应范围及各卸料点的位置、运距、用料数量确定以后，可用式(3-11)计算全路线加权平均运距，即

$$L = \frac{\sum_{i=1}^{n} Q_i L_i}{\sum_{i=1}^{n} Q_i} \tag{3-11}$$

式中：L——某种材料全路线加权平均运距(km)；

n——卸料点个数；

Q_i——各卸料点某种材料数量；

L_i——各供料点到卸料点间运距(km)。

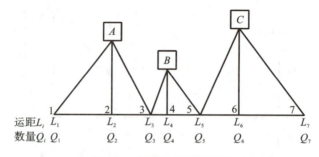

图 3-2 自采材料平均运距

2)外购材料平均运距计算

外购材料一般只有一个供应点,具有多个用料点(见图 3-3),可用式(3-12)计算平均运距,即

$$L = \frac{\sum_{i=1}^{n} Q_i L_i}{\sum_{i=1}^{n} Q_i} \tag{3-12}$$

式中:L——某种外购材料全路线加权平均运距(km);

n——卸料仓库个数;

Q_i——某种材料各仓库入库数量;

L_i——卸料仓库到供料点运距(km)。

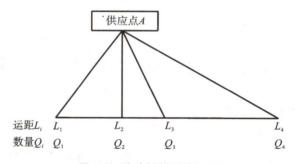

图 3-3 外购材料平均运距

案例导入

背景材料:

在编制某公路工程材料预算单价时,片石考虑施工企业自采加工(机械开采)。已知工程所在地几种常用材料预算单价(见表 3-5),人工预算单价为 106 元/工日,石料场至工地运距为 300 m,用机动翻斗车运输(配合人工装卸)。

问题:试计算片石的预算单价。

表 3-5　常用材料预算单价表

材料规格或名称	单位	预算单价/元
空心钢钎	kg	6.84
合金钻头	个	31.88
硝铵炸药	kg	11.97
导爆索	m	2.05
非电毫秒雷管	个	3.16

注：9 m^3/min 机动空压机的台班单价为 719.10 元/台班。1 t 以内机动翻斗车的台班单价为 212.72 元/台班。

任务实施

任务描述：
结合本项目所学，查询相关资料，试计算片石的预算单价，以小组为单位完成任务单。

任务单

任务名称：计算以上任务中片石的预算单价			
组别		组长	组员
任务要求	结合所学并查阅定额计算任务中片石的预算单价，并写出解题步骤。		
完成任务的体会：			
小组成员分工合作情况说明：			
参考资料来源：			

项目四 公路工程建设项目概算、预算费用标准和计算

学习目标

1. 知识目标

(1)知道公路概(预)算的概念、作用及编制依据。
(2)掌握其他工程费的费率确定方法。
(3)掌握建设期贷款利息、预备费、利润和税金的计算方法。
(4)掌握总概(预)算表(01表)的编制方法。

2. 能力目标

(1)能够熟练掌握公路工程概算、预算文件的组成及其费用构成。
(2)能够准确进行概算、预算费用的计算。
(3)能够独立完成概算、预算表的编制工作。

3. 素质目标

(1)培养严谨、负责的工作态度。
(2)培养出色的沟通协作能力。

项目四 公路工程建设项目概算、预算费用标准和计算 / 99

思维导图

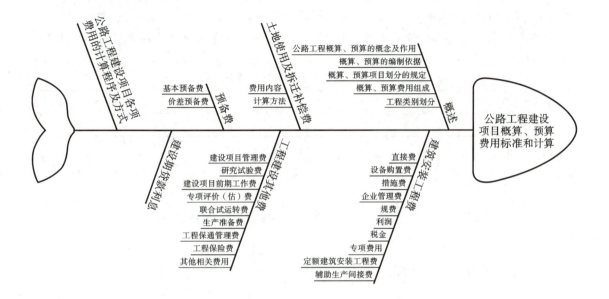

案例导入1

某公路建设项目工程可行性研究报告中的投资估算,其建筑安装工程费详见表4-1。土地使用及拆迁补偿费与工程建设其他费用的总金额为80000万元。基本预备费按照概预算编制办法的规定进行计算,且不计入价差预备费。该项目的建设工期为3年,各年度的投资比例为3∶4∶3。商业银行贷款占静态投资的80%,其余部分为资本金。贷款按照年度投资比例均衡发放,贷款年名义利率为5%(按月复利计息)。

表 4-1 建筑安装工程费计算表 单位:万元

定额直接费	定额设备购置费	直接费	设备购置费	措施费	企业管理费	规费	利润 7.42%	税金 9%	专项费用
200000	900	300000	700	7000	11000	25000			8600

案例导入 2

假如本项目的建筑安装工程费总额为 29600 万元,其中定额建筑安装工程费为 21500 万元;设备购置费总额为 4650 万元,其中定额设备购置费为 3500 万元。建设项目信息化费费率详见表 4-2,工程保险费费率为 0.4%。请同学们计算本项目的建设项目信息化费及工程保险费。

表 4-2 建设项目信息化费费率

取费基数/万元	500 及以下	500~1000	1000~5000	5000~10000	10000~30000	30000~50000
费率/(%)	0.600	0.452	0.356	0.285	0.252	0.224

通过学习本项目的内容,请同学们解决以上两个问题。

任务一 公路工程概算、预算基础知识认知

一、公路工程概算、预算的概念及作用

1. 初步设计(修正)概算

初步设计(修正)概算是指在公路工程初步设计阶段,依据规定的造价依据、方法和程序,以项目的初步设计、技术设计为基础,对工程建设所需全部费用及其构成进行计算所得出的造价预计值。初步设计(修正)概算是公路工程项目建设管理的重要控制目标。

在初步设计阶段,应编制初步设计概算。对于技术复杂的建设项目或特大桥、长隧道、大型地质灾害治理等复杂工程,若需进行技术设计,则应编制相应的修正概算。初步设计概算文件和修正概算文件分别是公路工程初步设计和技术设计文件的重要组成部分。

2. 施工图预算

施工图预算是指在公路工程施工图设计阶段,按照规定的造价依据、方法和程序,以项目施工图设计为基础,对工程建设所需全部费用及其构成进行计算所得出的造价预计值。

在施工图设计阶段,应编制施工图预算。施工图预算是组织项目实施、评价施工图设计经济合理性的重要依据,也是编制工程量清单预算、确定标底或投标最高限价,以及分析衡量投标报价合理性的参考。在工程实施过程中,若施工图设计发生重大变化,应编制设计变更预算。施工图预算文件是公路工程施工图设计文件的重要组成部分。

二、概算、预算的编制依据

1. 设计概算的编制依据

(1)国家发布的有关法律、法规等。

(2)现行的《公路工程概算定额》(JTG/T 3831—2018)、《公路工程预算定额》(JTG/T 3832—2018)、《公路工程机械台班费用定额》(JTG/T 3833—2018)及《公路工程建设项目概

算预算编制办法》(JTG 3830—2018)。

(3)工程所在地省级交通运输主管部门发布的补充规定和定额等。

(4)可行性研究报告的批准(或核准)文件(修正概算时为初步设计批复文件)等有关资料。

(5)初步设计(或技术设计)图纸等设计文件、工程施工方案(含施工组织设计)。

(6)工程所在地的人工、材料、设备与施工机械价格等。

(7)有关合同、协议等。

(8)其他有关资料。

2. 施工图预算的编制依据

(1)国家发布的有关法律、法规等。

(2)现行的《公路工程概算定额》(JTG/T 3831—2018)、《公路工程预算定额》(JTG/T 3832—2018)、《公路工程机械台班费用定额》(JTG/T 3833—2018)及《公路工程建设项目概算预算编制办法》(JTG 3830—2018)(以下简称为《概算预算编制办法》(2018 年版))。

(3)工程所在地省级交通运输主管部门发布的补充规定和定额等。

(4)批准的初步设计(或技术设计)等有关资料。

(5)施工图设计图纸等设计文件、工程施工方案(含施工组织设计)。

(6)工程所在地的人工、材料与设备、施工机械价格等。

(7)有关合同、协议等。

(8)其他有关资料。

三、概算、预算项目划分的规定

为使公路工程概算、预算编制规范化,在《概算预算编制办法》(2018 年版)中对费用项目的名称、编码规则做了统一规定,以防止列项时出现混乱、漏列、错列的现象。因此,在预算项目划分时,必须严格按《概算预算编制办法》(2018 年版)"附录 B 概算预算项目表"中的划分规定,结合设计图纸及施工组织设计对工程项目进行分项。

1. 项目表

概算、预算项目主要包括以下内容。

第一部分:建筑安装工程费

第一项 临时工程

第二项 路基工程

第三项 路面工程

第四项 桥梁涵洞工程

第五项 隧道工程

第六项 交叉工程

第七项 交通工程及沿线设施

第八项 绿化及环境保护工程

第九项 其他工程

第十项 专项费用

1. 施工场地建设费

2. 安全生产费

第二部分：土地使用及拆迁补偿费

第三部分：工程建设其他费

第四部分：预备费

第五部分：建设期贷款利息

公路工程概算、预算项目表实际上反映了公路基本建设项目的全部工程和全部费用的一种分类情况。在《概算预算编制办法》（2018年版）中，对公路工程概预算项目表的表现形式和详细内容作了规定，其详细内容见《概算预算编制办法》（2018年版）"附录B 概算预算项目表"。

2. 运用项目表列项要求

熟悉并运用项目表，对于概算、预算编制至关重要。概算、预算项目必须严格按照项目表规定的序列及内容编制，不得随意更改划分。当实际出现的工程和费用项目与项目表内容不完全一致时，应按以下规定处理：

"部分"和"项"的序号、内容应保持不变。即一、二、三、四、五部分及其下的"项"的序号、内容均需维持原状。例如，第一部分第五项为"隧道工程"，第七项为"交通工程及沿线设施"，即使无隧道工程项目，其序号"五"仍需保留，同时"交通工程及沿线设施"保持为第七项不变。

对于缺少的分项内容，可根据需要增加，并按照项目表的顺序，以实际出现的级别依次排列，同时不保留缺失的"项"以下的项目序号，即依次递补并调整相应序号。

分项编号由部（1位数）、项（2位数）、目（2位数）、节（2位数）、细目（2位数）组成，依次展开为部、项、目、节、细目等层级。概预算分项编号的具体规则详见《概算预算编制办法》（2018年版）中的"附录B 概算预算项目表"。

四、概算、预算费用组成

根据《概算预算编制办法》（2018年版）的规定，公路基本建设工程概算、预算费用的组成如图4-1所示。

五、工程类别划分

由于措施费及企业管理费是以工程项目的定额人工费、定额施工机械费或定额直接费作为取费基数，并按照规定的费率进行计算，而工程项目的内容多种多样，因此无法针对每个具体工程项目单独制定费率标准。为此，只能将性质相似的工程项目合并成若干类别，以便制定统一的费率。《概算预算编制办法》（2018年版）对措施费和企业管理费的取费标准所涉及的工程类别进行了如下划分。

(1)土方工程：包括人工及机械施工的土方工程、路基掺灰、路基换填及台背回填。

(2)石方工程：指人工及机械施工的石方工程。

(3)运输工程：涵盖使用汽车、拖拉机、机动翻斗车、船舶等运输的土、石方、路面基层和面层混合料、水泥混凝土及预制构件、绿化苗木等。

(4)路面工程：包括路面所有结构层工程、路面附属工程、便道以及特殊路基处理等（不包括特殊路基处理中的防护工程构造物）。

(5)隧道工程：指隧道土建工程（不含隧道的钢材及钢结构部分）。

```
                                          ┌ 人工费
                              ┌ 直接费 ┤ 材料费
                              │          └ 施工机械使用费
                              │ 设备购置费
                              │          ┌ 冬季施工增加费
                              │          │ 雨季施工增加费
                              │          │ 夜间施工增加费        ┌ 高原地区施工增加费
                              │ 措施费 ┤ 特殊地区施工增加费 ┤ 风沙地区施工增加费
                              │          │                        └ 沿海地区施工增加费
                              │          │ 行车干扰施工增加费
                              │          │ 施工辅助费
                              │          └ 工地转移费
              ┌ 建筑安装工程费 ┤          ┌ 基本费用
              │               │          │ 主副食运费补贴
              │               │ 企业管理费┤ 职工探亲路费
              │               │          │ 职工取暖补贴
              │               │          └ 财务费用
              │               │          ┌ 养老保险费
              │               │          │ 失业保险费
              │               │ 规费    ┤ 医疗保险费
              │               │          │ 工伤保险费
              │               │          └ 住房公积金
              │               │ 利润
              │               │ 税金
              │               └ 专项费用 ┬ 施工场地建设费
              │                          └ 安全生产费
              │ 土地使用及拆迁补偿
              │                          ┌ 建设单位（业主）管理费
概、预算总金额┤                          │ 建设项目信息化费
              │               ┌ 建设项目管理费 ┤ 工程监理费
              │               │          │ 设计文件审查费
              │               │          └ 竣（交）工验收试验检测费
              │               │ 研究试验费
              │               │ 建设项目前期工作费
              │               │ 专项评价（估）费
              │ 工程建设其他费│ 联合试运转费
              │               │          ┌ 工器具购置费
              │               │ 生产准备费┤ 办公和生活用家具购置费
              │               │          │ 生产人员培训费
              │               │          └ 应急保通设备购置费
              │               │ 工程保通管理费
              │               │ 工程保险费
              │               └ 其他相关费用
              │ 预备费 ┬ 基本预备费
              │        └ 价差预备费
              └ 建设期贷款利息
```

图 4-1　概算、预算费用的组成

(6)构造物Ⅰ类:包括砍树挖根、拆除工程、排水工程、防护工程、特殊路基处理中的防护工程构造物、涵洞、交通安全设施、拌合站(楼)的安装与拆卸工程、便桥、便涵、临时电力和电信设施、临时轨道、临时码头、绿化工程等。

(7)构造物Ⅱ类:指小桥、中桥、大桥、特大桥工程。

(8)构造物Ⅲ类:包括商品水泥混凝土的浇筑、商品沥青混合料和各类商品稳定土混合料的铺筑、外购混凝土构件、设备安装工程等。

(9)技术复杂大桥:指钢管拱桥、斜拉桥、悬索桥以及单孔跨径在120 m及以上且基础水深在10 m及以上的大桥的主桥部分的基础、下部和上部工程(不含桥梁的钢材及钢结构部分)。

(10)钢材及钢结构工程:指所有工程中涉及的钢材及钢结构部分。

需要注意的是,购买的路基填料、绿化苗木、商品水泥混凝土、商品沥青混合料和各类商品稳定土混合料、外购混凝土构件等,不作为措施费及企业管理费的计算基数。

思政园地

造价服从生态 彰显绿色理念

修建公路时如何避免破坏生态环境,实现生产发展与生态保护的和谐共生?海南琼乐高速公路、吊罗山旅游公路、博鳌通道等最美生态路的建设,坚持让工程造价服从生态保护的原则,不惜投入"小钱",以换取生态保护的"大账"。这是海南深入贯彻并践行"绿水青山就是金山银山"理念的生动实践,展现了保护生态环境与加快改革发展相结合的创造性举措。造价服从生态保护,彰显了对生态红线的坚定守护。在良好的生态环境面前,我们致力于修路而不破坏环境,这正是牢记习近平总书记嘱托,坚守生态保护红线,确保海南生态环境只能更优、不能变差的坚定决心的体现。海南的青山绿水、碧海蓝天,既是海南之美的源泉,也是中华民族的宝贵财富。海南交通工程建设能够坚持让工程造价服从生态保护的原则,将工程建设成本置于生态环保成本之后,确保今天的生态环境优势不会成为明天的绿色发展短板。这是尊重自然、保护自然的科学理念,也是呵护海南、发展海南的负责任行动。只有造价服从生态保护,才能永葆海南的亮丽景色。山因路而活,路通山更美。历史上,海南省中部地区曾因交通不便而发展滞后,脆弱的生态环境又进一步限制了该地区的开发建设。然而,中部山区却蕴藏着海南最丰富、最厚重、最独特的自然美景。丘浚的诗句"五峰如指翠相连,撑起炎荒半壁天。夜盗银河摘星斗,朝探碧落弄云烟"生动地描绘了这里的自然风光。琼乐高速公路不仅打通了海南中部与外界的联系,更以其蜿蜒曲折的身姿融入了这片纯粹的自然风光之中。最美生态路如同富有生命力的存在,如同流淌的诗歌、贴地的音符、奔腾的血脉,为海南增添了永恒的青春活力。人类实践与自然风光能够如此和谐共存,背后体现的是发展与保护的辩证法。生态环境保护和经济发展并非矛盾对立的关系,而是辩证统一的关系。良好的生态环境蕴含着巨大的经济价值,能够持续创造综合效益。道路的修建为生态旅游的转型升级和融合发展提供了坚实基础。因此,最美生态路是生态价值、交通功能、旅游资源和民生福祉完美统一的例证。它为我们探索实现发展与保护协同共生的新路径提供了启示。我们应当把握好生产发展与生态保护的辩证法,在坚守生态红线的基础上,创造性地走出一条人与自然和谐发展的道路,探索生态文明建设的新经验。这是我们应当在最美生态路上看到的更为广阔的风景。最美生态路,让青山更秀,让海南更加美丽。

任务二　建筑安装工程费的计算

一、直接费

直接费是指在施工过程中所消耗的、直接构成工程实体并有助于工程形成的各项费用,包括人工费、材料费和施工机械使用费。

1. 人工费

人工费是指列入概算、预算定额的,直接从事建筑安装工程施工的生产工人的各项开支费用。某工程细目的人工费可根据该工程细目的工程量和相应的定额、工日单价,通过以下公式计算:

$$人工费 = 分项工程数量 \times 相应项目定额单位工日数 \times 人工工日单价 \qquad (4-1)$$

式中:分项工程数量——由设计图纸按工程量计算规则得出的定额单位工程数量;

相应项目定额单位工日数——完成一定数量单位的分项工程(如 10 m³ 实体、1 t 钢筋、1000 m² 等)所需的人工工日,可从定额中直接查找;

人工工日单价——按地区规定取值。

2. 材料费

材料费是指施工过程中耗用的、构成工程实体的原材料、辅助材料、构配件、零件、半成品、成品等,按工程所在地的材料预算单价计算的费用。在工程造价中,材料费通常占较大比重,因此准确计算材料费对概算和预算工作至关重要。其计算公式如下:

$$材料费 = \sum (分项工程数量 \times 定额单位材料消耗量 \times 材料预算单价) + 其他材料费 \qquad (4-2)$$

式中:分项工程数量——与前述相同;

定额单位材料消耗量——可从定额中查找;

其他材料费——从定额中查出的相应项目定额单位所规定的消耗费用(以"元"为单位),与分项工程数量相乘即可得出。

3. 施工机械使用费

施工机械使用费是指列入概算、预算定额的工程机械和工程仪器仪表台班数量,按相应的施工机械台班费用定额计算的费用。

1)工程机械使用费

工程机械使用费包括按台班数量计算的机械使用费和不按台班数量计算的小型机械使用费两类。计算公式为:

$$工程机械使用费 = \sum (分项工程数量 \times 相应项目定额单位机械台班消耗量 \times 机械台班单价) + 小型机具使用费 \qquad (4-3)$$

式中：分项工程数量——与前述相同；

相应项目定额单位机械台班消耗量——完成一定数量单位的分项工程定额所规定的机械种类和台班数量，可从定额中直接查找；

机械台班单价——由不变费用和可变费用组成，应按交通运输部颁布的《机械台班费用定额》(2018年版)计算；

机械费的确定

小型机具使用费——从定额中查出的相应项目定额单位所规定的消耗费用（以"元"为单位），与分项工程数量相乘即可得出。

2）工程仪器仪表使用费

工程仪器仪表使用费是指机电工程施工作业所发生的仪器仪表使用费，以施工仪器仪表台班耗用量乘以施工仪器仪表台班单价计算。施工仪器仪表台班预算单价应按《机械台班费用定额》(2018年版)计算。其中，台班人工费工日单价与生产工人人工费单价相同，按当地有关部门规定计算；动力燃料费预算单价则按材料费的计算规定计算。

综上所述，直接费的计算步骤如下：

（1）将工程项目按要求分解成分项工程，并计算各分项工程的工程量。

（2）查阅和套用定额项目表中各分项工程的人工、材料、机械消耗量（定额值）。

（3）根据分项工程的工程量大小和定额的规定，计算出各分项工程的人工、材料、机械消耗量。

（4）利用人工工日单价、材料预算单价和机械台班单价，计算出各分项工程的人工费、材料费、机械使用费，即直接费。直接费的计算公式为：

$$直接费 = 人工费 + 材料费 + 施工机械使用费 \tag{4-4}$$

4. 定额直接费

定额直接费包括定额人工费、定额材料费、定额施工机械使用费。即：

$$定额直接费 = 定额人工费 + 定额材料费 + 定额施工机械使用费 \tag{4-5}$$

定额人工费、定额材料费、定额施工机械使用费是按《预算定额》(2018年版)附录四"定额人工、材料、设备单价"及现行《机械台班费用定额》(2018年版)中规定的人工、材料、设备、机械的相应单价计算的费用，即定额中人工、材料、施工机械消耗量分别乘以人工工日单价、材料单价、施工机械台班单价计算的费用。

二、设备购置费

1. 费用内容

设备购置费是指为满足公路初期运营、管理需求而购置的符合固定资产标准的设备，以及虽低于固定资产标准但设计明确列入设备清单的设备的费用。这包括渡口设备，隧道照明、消防、通风的动力设备，以及公路收费、监控、通信、路网运行监测、供配电及照明设备等。

2. 计算方法

设备购置费应根据计划购置的清单（包括设备的规格、型号、数量）来计算，并以设备的预算价计入。设备购置费涵盖设备原价、运杂费、运输保险费、采购及保管费，各种税费按编制期相关部门的规定进行计算。

对于需要安装的设备，其安装工程费应按照建筑安装工程费的有关规定进行计算。设备与材料的划分标准请参考《概算预算编制办法》(2018年版)附录C。

此外,《概算预算编制办法》(2018年版)中还单独列出了定额设备购置费用,该费用作为定额建筑安装工程费的一部分。定额设备购置费是按照《预算定额》(2018年版)附录四"定额人工、材料、设备单价"中规定的设备单价来计算,即设备购置数量乘以设备单价所得的费用。

三、措施费

措施费涵盖冬季施工增加费、雨季施工增加费、夜间施工增加费、特殊地区施工增加费、行车干扰施工增加费、施工辅助费以及工地转移费等七项内容。

1. 冬季施工增加费

冬季施工增加费是指依据公路工程施工及竣工验收规范中冬季施工的相关规定,为确保工程质量和施工安全而采取的防寒保温措施、应对工效降低和机械作业率下降以及技术操作流程调整等所额外产生的费用。

冬季施工增加费的具体内容包括:因冬季施工而增加的人工、机械和材料成本;为施工机械搭建的暖棚(含搭建、拆除及移动)费用,以及购置其他保温设备的费用;根据施工组织设计的要求,需增加的所有保温、加温等相关支出;与冬季施工直接相关的其他费用,例如清除工作地点冰雪等费用。

冬季施工增加费的计算以各类工程的定额人工费和定额施工机械使用费之和作为基数,根据工程的具体类别和工程所在地的气温区域,参照表4-3中的费率进行计算。

表4-3 冬季施工增加费费率表(%)

工程类别	冬季期平均温度/℃								准一区	准二区
	−1以上		−4~−1		−7~−4	−10~−7	−14~−10	−14以下		
	冬一区		冬二区		冬三区	冬四区	冬五区	冬六区		
	Ⅰ	Ⅱ	Ⅰ	Ⅱ						
土方	0.835	1.301	1.800	2.270	4.288	6.094	9.140	13.720	—	—
石方	0.164	0.266	0.368	0.429	0.859	1.248	1.861	2.801		
运输	0.166	0.25	0.354	0.437	0.832	1.165	1.748	2.643		
路面	0.566	0.842	1.181	1.371	2.449	3.273	4.909	7.364	0.073	0.198
隧道	0.203	0.385	0.548	0.710	1.175	1.52	2.269	3.425		
构造物Ⅰ	0.652	0.940	1.265	1.438	2.607	3.527	5.291	7.936	0.115	0.288
构造物Ⅱ	0.868	1.240	1.675	1.902	3.452	4.693	7.028	10.542	0.165	0.393
构造物Ⅲ	1.616	2.296	3.114	3.523	6.403	8.680	13.020	19.520	0.292	0.721
技术复杂大桥	1.019	1.444	1.975	2.230	4.057	5.479	8.219	12.338	0.170	0.446
钢材及钢结构	0.04	0.101	0.141	0.181	0.301	0.381	0.581	0.861	—	—

冬季施工增加费的计算与工程所在地的气温区密切相关。根据《概算预算编制办法》(2018年版)附录D中提供的"全国冬季施工气温区划分表",只需确定工程所在的省份和县市,便可在附录D中查找并确定工程所属的气温区域。

在计算冬季施工增加费时,需注意以下三点:

(1)为简化计算流程,冬季施工增加费采用全年平均摊销的方式进行计算,即无论工程是否在冬季施工,均按照规定的取费标准计算并收取冬季施工增加费;

(2)当一条路线穿越两个或两个以上的气温区时,可以选择分段计算冬季施工增加费,或者根据各区段的工程量比例计算全线的平均增加率,并以此为依据计算冬季施工增加费;

(3)绿化工程不计入冬季施工增加费的计算范畴。

2. 雨季施工增加费

雨季施工增加费是指在雨季期间进行施工,为确保工程质量和安全生产而需要采取的防雨、排水、防潮和防护措施,以及因工效降低、机械作业率下降和技术作业流程调整等所额外产生的费用。

雨季施工增加费具体包括以下内容。

(1)因雨季施工而增加的人工、材料、机械费用的支出,包括因工作效率降低和易被雨水冲毁的工程所需增加的额外工作内容(例如基坑坍塌和排水沟堵塞的清理、路基边坡冲沟的填补等)。

(2)路基土方工程的开挖和运输过程中,因雨季施工(非土壤中自然水分影响)导致的工具黏附、工效降低所增加的费用。

(3)为防止雨水而必须采取的防护措施的费用,如挖掘临时排水沟、设置防止基坑坍塌所需的支撑和挡板等费用。

(4)材料因受潮、受湿而产生的损耗费用。

(5)增设防雨、防潮设备的费用。

(6)其他与雨季施工相关的额外费用,如因河水水位上涨导致施工困难而增加的费用等。

雨季施工增加费的计算以各类工程的定额人工费和定额施工机械使用费之和为基数,根据工程所在地的雨量区和雨季期,参照表 4-4 中的费率进行计算。

雨季施工增加费的计算与工程所在地的雨量区和雨季期紧密相关。根据《概算预算编制办法》(2018 年版)附录 E 中提供的"全国雨季施工雨量区及雨季期划分表",只需确定工程所在的省份和县市,便可在附录 E 中查找并确定工程所属的雨量区和雨季期。

在计算雨季施工增加费时,需要注意以下三点:

(1)雨季施工增加费是按照全年平均摊销的方法计算的,即无论工程是否在雨季进行施工,都会按照规定的取费标准来计算并收取雨季施工增加费;

(2)当一条路线穿越不同的雨量区和雨季期时,应分别计算各段的雨季施工增加费,或者根据各段的工程量比例来计算全线的平均增加率,并以此为依据来计算全线的雨季施工增加费;

(3)室内工程、隧道内工程以及设备安装工程不计入雨季施工增加费的计算范畴。

3. 夜间施工增加费

夜间施工增加费是指,根据设计、施工技术规范以及合理的施工组织要求,因必须在夜间连续施工或昼夜连续施工而产生的夜班补助费,夜间施工导致的工效降低、施工照明设备的摊销以及照明用电等费用。

夜间施工增加费的计算,以夜间施工工程项目的定额人工费和定额施工机械使用费之

表 4-4 雨季施工增加费费率表（%）

工程类别	1月 I	1月 II	1.5月 I	1.5月 II	2月 I	2月 II	2.5月 I	2.5月 II	3月 I	3月 II	3.5月 I	3.5月 II	4月 I	4月 II	4.5月 I	4.5月 II	5月 I	5月 II	6月 I	6月 II	7月 I	7月 II	8月 I	8月 II
土方	0.098	0.140	0.131	0.175	0.164	0.245	0.196	0.315	0.229	0.385	0.262	0.455	0.295	0.525	0.327	0.595	0.393	0.665	0.458	0.700	0.524	0.884	0.622	1.015
石方	0.106	0.105	0.141	0.140	0.177	0.212	0.247	0.280	0.282	0.349	0.318	0.418	0.353	0.487	0.388	0.555	0.459	0.626	0.530	0.701	0.600	0.876	0.742	1.081
运输	0.142	0.249	0.178	0.315	0.249	0.385	0.320	0.462	0.391	0.525	0.462	0.568	0.533	0.675	0.604	0.781	0.675	0.888	0.781	0.959	0.883	1.136	1.059	1.314
路面	0.115	0.230	0.153	0.366	0.230	0.566	0.306	0.480	0.366	0.557	0.425	0.634	0.501	0.710	0.578	0.825	0.654	0.940	0.749	1.093	1.18	1.267	1.497	1.459
隧道																								
构造物 I	0.098	0.140	0.131	0.175	0.164	0.245	0.196	0.315	0.229	0.385	0.262	0.455	0.295	0.525	0.327	0.595	0.393	0.665	0.458	0.700	0.524	0.884	0.622	1.015
构造物 II	0.106	0.177	0.141	0.212	0.177	0.282	0.247	0.353	0.282	0.424	0.318	0.494	0.353	0.565	0.388	0.636	0.459	0.742	0.530	0.883	0.600	1.059	0.742	1.201
构造物 III	0.200	0.366	0.266	0.565	0.366	0.699	0.466	0.832	0.565	0.998	0.665	1.100	0.765	1.331	0.898	1.497	1.031	1.730	1.18	1.996	1.730	2.295	1.996	2.295
技术复杂大桥	0.109	0.254	0.181	0.363	0.254	0.435	0.290	0.508	0.363	0.580	0.435	0.689	0.508	0.798	0.580	0.907	0.653	1.052	0.725	1.233	1.052	1.414	1.233	1.414
钢材及钢结构																								

和作为基数,按照表 4-5 中规定的费率进行计算。

表 4-5 夜间施工增加费费率表(%)

工程类别	费率	工程类别	费率
构造物Ⅱ	0.903	技术复杂大桥	0.928
构造物Ⅲ	1.702	钢材及钢结构	0.874

设备安装工程及金属标志牌、防撞钢护栏、防眩板(网)、隔离栅、防护网等不计夜间施工增加费。

4. 特殊地区施工增加费

特殊地区施工增加费涵盖高原地区施工增加费、风沙地区施工增加费和沿海地区施工增加费三项内容。

1) 高原地区施工增加费

高原地区施工增加费是指在海拔 2000 m 以上地区进行施工,由于气候、气压等自然条件的影响,导致人工和机械效率降低而额外产生的费用。高原地区施工增加费的计算,以各类工程的定额人工费和定额施工机械使用费之和作为基数,按照表 4-6 中规定的费率进行计算。

表 4-6 高原地区施工增加费费率表(%)

工程类别	海拔/m						
	2001~2500	2501~3000	3001~3500	3501~4000	4001~4500	4501~5000	5000 以上
土方	13.295	19.709	27.455	38.875	53.102	70.162	91.853
石方	13.711	20.358	29.025	41.435	56.875	75.358	100.223
运输	13.288	19.666	26.575	37.205	50.493	66.438	85.040
路面	14.572	21.618	30.689	45.032	59.615	79.500	102.640
隧道	13.364	19.850	28.490	40.767	56.037	74.302	99.259
构造物Ⅰ	12.799	19.051	27.989	40.356	55.723	74.098	95.521
构造物Ⅱ	13.622	20.244	29.082	41.617	57.214	75.874	101.408
构造物Ⅲ	12.786	18.985	27.054	38.616	53.004	70.217	93.371
技术复杂大桥	13.912	20.645	29.257	41.670	57.134	75.640	100.205
钢材及钢结构	13.204	19.622	28.269	40.492	55.699	73.891	98.930

当一条路线穿越两个或两个以上不同的海拔分区时,应分别计算各分区的高原地区施工增加费,或者根据各分区的工程量比例计算得出全线的平均增加率,并以此为基础来计算全线的高原地区施工增加费。

2) 风沙地区施工增加费

风沙地区施工增加费是指在沙漠地区进行施工时,由于风沙的影响,按照施工及验收规范的要求,为确保工程质量和安全生产而额外产生的相关费用。这些费用包括防风、防沙及应对气候影响的措施费,因人工、机械效率降低而增加的费用,以及积沙清理、风蚀修复等费用。风沙地区施工增加费的计算,以各类工程的定额人工费和定额施工机械使用费之和为基数,依据工程所在地的风沙区划及类别,按照表 4-7 中规定的费率进行计算。

表 4-7 风沙地区施工增加费费率表(%)

工程类别	风沙一区			风沙二区			风沙三区		
	沙漠类型								
	固定	半固定	流动	固定	半固定	流动	固定	半固定	流动
土方	4.558	8.056	13.674	5.618	12.614	23.426	8.056	17.331	27.507
石方	0.745	1.490	2.981	1.014	2.236	3.959	1.490	3.726	5.216
运输	4.304	8.608	13.988	5.38	12.912	19.368	8.608	18.292	27.976
路面	1.364	2.727	4.932	2.205	4.932	7.567	3.365	7.137	11.025
隧道	0.261	0.522	1.043	0.355	0.783	1.386	0.522	1.304	1.826
构造物 Ⅰ	3.968	6.944	11.904	4.96	10.912	16.864	6.944	15.872	23.808
构造物 Ⅱ	3.254	5.694	9.761	4.067	8.948	13.828	5.694	13.015	19.523
构造物 Ⅲ	2.976	5.208	8.928	3.720	8.184	12.648	5.028	11.904	17.226
技术复杂大桥	2.778	4.861	8.333	3.472	7.638	11.805	8.861	11.110	16.077
钢材及钢结构	1.035	2.07	4.14	1.409	3.105	5.498	2.07	5.175	7.245

全国风沙地区公路施工区划参见《概算预算编制办法》(2018 年版)的附录 F。只要知道工程所在的省份和县市,就可在表中查得工程所属的施工区划。当一条路线穿过两个或两个以上不同的风沙区时,应按路线长度经过的不同风沙区进行加权计算,以确定项目全线风沙地区施工增加费。

3)沿海地区施工增加费

沿海地区施工增加费是指工程项目在沿海地区施工时,由于受到海风、海浪和潮汐的影响,导致人工、机械效率降低等所需增加的费用。本项费用的具体适用范围(地区)由沿海各省份的省级交通运输主管部门制定。

沿海地区工程施工增加费以各类工程的定额人工费和定额施工机械使用费之和为基数,按照表 4-8 所列的费率进行计算。

表 4-8 沿海地区工程施工增加费费率表(%)

工程类别	费率	工程类别	费率
构造物 Ⅱ	0.207	技术复杂大桥	0.212
构造物 Ⅲ	0.195	钢材及钢结构	0.200

5. 行车干扰施工增加费

行车干扰施工增加费是指因在维持通车的同时进行施工,受到行车干扰的影响,导致人工和机械效率降低而额外产生的费用。该费用以受行车影响部分的工程项目的定额人工费和定额施工机械使用费之和作为计算基数,按照表 4-9 中规定的费率进行计算。

表 4-9 行车干扰施工增加费费率表(%)

工程类别	施工期间平均每昼夜双向行车次数(机动车、非机动车合计)							
	51~100	101~500	501~1000	1001~2000	2001~3000	3001~4000	4001~5000	5000 以上
土方	1.499	2.343	3.194	4.118	4.775	5.314	5.885	6.468
石方	1.279	1.881	2.618	3.479	4.035	4.492	4.973	5.462
运输	1.451	2.230	3.041	4.001	4.641	5.164	5.719	6.285
路面	1.390	2.098	2.802	3.487	4.046	4.496	4.987	5.475
隧道	—	—	—	—	—	—	—	—
构造物Ⅰ	0.924	1.386	1.858	2.320	2.693	2.988	3.313	3.647
构造物Ⅱ	1.007	1.516	2.014	2.512	2.915	3.244	3.593	3.943
构造物Ⅲ	0.948	1.417	1.896	2.365	2.745	3.044	3.373	3.713
技术复杂大桥	—	—	—	—	—	—	—	—
钢材及钢结构	—	—	—	—	—	—	—	—

由于该增加费用是以"受行车影响部分"工程的定额人工费和定额施工机械使用费之和作为计算基数,因此,准确区分哪些工程部分受到了行车影响,成为正确计算该费用的关键。值得注意的是,对于新建工程、中断交通进行封闭施工的工程,或是为保证交通正常通行而修建了保通便道的改(扩)建工程,均不计入行车干扰施工增加费的计算范围。

6. 施工辅助费

施工辅助费涵盖了生产工具用具使用费、检验试验费,以及工程定位复测、工程点交、场地清理等各项费用。

生产工具用具使用费是指施工所需但不属于固定资产范畴的生产工具、检验与试验用具、仪器及仪表等的购置成本、摊销费用、维修费用,以及向工人提供的自备工具补贴费。

检验试验费是指施工企业对建筑材料、构件和建筑安装工程进行常规鉴定、检查所产生的费用。这包括自设试验室进行试验所消耗的材料和化学药品的费用,以及技术革新和研究性试验的费用,但不包括新结构、新材料的试验费用,以及建设单位要求对具有出厂合格证明的材料进行复检、对构件进行破坏性试验及其他特殊要求的检验费用。

施工辅助费以各类工程的定额直接费用之和作为计算基数,依据表 4-10 中规定的费率进行计算。

表 4-10 施工辅助费费率表(%)

工程类别	费率	工程类别	费率
土方	0.521	构造物Ⅰ	1.201
石方	0.470	构造物Ⅱ	1.537
运输	0.154	构造物Ⅲ	2.729
路面	0.818	技术复杂大桥	1.677
隧道	1.195	钢材及钢结构	0.564

需要注意的是,高填方和软基沉降监测、高边坡稳定监测、桥梁施工监测、隧道施工监控

量测以及超前地质预报等施工监控费用,已经包含在施工辅助费中,因此不得再另行计算。

7. 工地转移费

工地转移费是指施工企业迁移至新工地所需的搬迁费用,其具体内容如下。

(1)施工单位全体职工及其随迁家属前往新工地所需的车费、家具及行李运费、途中住宿费、行程补助以及杂费等。

(2)公物、工具、施工设备器材、施工机械的运输及杂费,以及外租机械的往返费用,还有施工机械、设备、公物、工具的转移费用等。

(3)非固定工人的进退场费用。

工地转移费以各类工程的定额人工费和定额施工机械使用费之和为计算基数,按照表4-11中规定的费率进行计算。

表4-11 工地转移费费率表(%)

工程类别	工地转移距离/km					
	50	100	300	500	1000	每增加100
土方	0.224	0.301	0.470	0.614	0.815	0.036
石方	0.176	0.212	0.363	0.476	0.628	0.030
运输	0.157	0.203	0.315	0.416	0.543	0.025
路面	0.321	0.435	0.682	0.891	1.191	0.062
隧道	0.257	0.351	0.549	0.717	0.959	0.049
构造物Ⅰ	0.262	0.351	0.552	0.720	0.963	0.051
构造物Ⅱ	0.333	0.449	0.706	0.923	1.236	0.066
构造物Ⅲ	0.622	0.841	1.316	1.720	2.304	0.119
技术复杂大桥	0.389	0.523	0.818	1.067	1.430	0.073
钢材及钢结构	0.351	0.473	0.737	0.961	1.288	0.063

高速公路、一级公路以及独立大桥、独立隧道项目的工地转移距离,按照省级人民政府所在城市至工地的里程来计算;而二级及二级以下公路项目的工地转移距离,则按地级城市所在地至工地的里程来计算。当工地转移距离位于表列距离之间时,费率可采用内插法进行计算。对于工地转移距离在50 km以内的工程,其费用按50 km来计算。

以上所介绍的七项费用共同构成了措施费,但这些费用在概(预)算表格中并不会直接显示出来。在编制概(预)算时,首先需根据取费工程分类,将各类工程的七项费用费率均列入04表,形成"综合费率计算表(04表)"。其次,在21-2表(分项工程概预算表)中,根据工程类别所选取的"措施费综合费率",需乘以工程细目的定额直接费或定额人工费与定额施工机械使用费之和,从而得出工程细目的措施费。最后,将各工程细目的措施费进行累加,即可得到项目的措施费[注:03表、04表、06表、21-2表等为《概算预算编制办法》(2018年版)中约定的表号,下同]。

综上所述,措施费的计算公式为:
措施费=措施费Ⅰ+措施费Ⅱ
　　　=(定额人工费+定额施工机械使用费)×综合费率Ⅰ+施工辅助费×综合费率Ⅱ

(4-6)

式中,综合费率需在 04 表中进行计算得出。

四、企业管理费

措施费的确定

企业管理费由以下五项组成:基本费用、主副食运费补贴、职工探亲路费、职工取暖补贴以及财务费用。

1. 基本费用

企业管理费中的基本费用,是指建筑安装企业为了组织施工生产和进行经营管理所需支付的费用。这些费用包括管理人员工资、办公费、差旅交通费、固定资产使用费、工具用具使用费、劳动保险费、工会经费、职工教育经费、保险费(涵盖企业财产保险、管理用及生产用车辆等保险费用以及人身意外伤害保险的费用)、税金(包括企业按规定应缴纳的城市维护建设税、教育费附加、地方教育附加、房产税、车船使用税、土地使用税、印花税等)以及其他费用。

基本费用以各类工程的定额直接费之和为基数,按表 4-12 中规定的费率进行计算。

表 4-12 基本费用费率表(%)

工程类别	费率	工程类别	费率
土方	2.747	构造物Ⅰ	3.587
石方	2.792	构造物Ⅱ	4.726
运输	1.374	构造物Ⅲ	5.976
路面	2.427	技术复杂大桥	4.143
隧道	3.569	钢材及钢结构	2.242

2. 主副食运费补贴

主副食运费补贴是指施工企业在远离城镇及乡村的野外施工时,为购买生活必需品所需额外增加的费用。该费用以各类工程的定额直接费之和为基数,按表 4-13 中规定的费率进行计算。

表 4-13 主副食运费补贴费率表(%)

工程类别	综合里程/km										
	3	5	8	10	15	20	25	30	40	50	每增加 10
土方	0.122	0.131	0.164	0.191	0.235	0.284	0.322	0.377	0.444	0.519	0.07
石方	0.108	0.117	0.149	0.175	0.218	0.261	0.293	0.346	0.405	0.473	0.063
运输	0.118	0.13	0.166	0.192	0.233	0.285	0.322	0.379	0.447	0.519	0.073
路面	0.066	0.088	0.119	0.13	0.165	0.194	0.224	0.259	0.308	0.356	0.051
隧道	0.096	0.104	0.13	0.152	0.185	0.229	0.26	0.304	0.359	0.418	0.054
构造物Ⅰ	0.114	0.12	0.145	0.167	0.207	0.254	0.285	0.338	0.394	0.463	0.062
构造物Ⅱ	0.126	0.14	0.168	0.196	0.242	0.292	0.338	0.394	0.467	0.54	0.073
构造物Ⅲ	0.225	0.248	0.303	0.352	0.435	0.528	0.599	0.705	0.831	0.969	0.132
技术复杂大桥	0.101	0.115	0.143	0.165	0.205	0.245	0.28	0.325	0.389	0.452	0.063

续表

工程类别	综合里程/km										
	3	5	8	10	15	20	25	30	40	50	每增加 10
钢材及钢结构	0.104	0.113	0.146	0.168	0.207	0.247	0.281	0.331	0.387	0.449	0.062

注：1. 综合里程＝粮食运距×0.06＋燃料运距×0.09＋蔬菜运距×0.15＋水运距×0.70，粮食、燃料、蔬菜、水的运距均为全线平均运距；

2. 综合里程数在表列里程之间时，费率可内插；

3. 综合里程在 3 km 以内的工程，按 3 km 计取本项费用。

3. 职工探亲路费

职工探亲路费是指按照有关规定发放给施工企业职工在探亲期间发生的往返交通费和途中住宿费等费用。该费用以各类工程的定额直接费之和为基数，按表 4-14 中规定的费率进行计算。

表 4-14 职工探亲路费费率表（%）

工程类别	费率	工程类别	费率
土方	0.192	构造物Ⅰ	0.274
石方	0.204	构造物Ⅱ	0.348
运输	0.132	构造物Ⅲ	0.551
路面	0.159	技术复杂大桥	0.208
隧道	0.266	钢材及钢结构	0.164

4. 职工取暖补贴

职工取暖补贴是指按规定发放给施工企业职工的冬季取暖费和为职工在施工现场设置的临时取暖设施的费用。该费用以各类工程的定额直接费之和为基数，按工程所在地的气温区［见《概算预算编制办法》（2018 年版）附录 D］选用表 4-15 中的费率进行计算。

表 4-15 职工取暖补贴费率表（%）

工程类别	气温区						
	准二区	冬一区	冬二区	冬三区	冬四区	冬五区	冬六区
土方	0.060	0.130	0.221	0.331	0.436	0.554	0.663
石方	0.054	0.118	0.183	0.279	0.373	0.472	0.569
运输	0.065	0.130	0.228	0.336	0.444	0.552	0.671
路面	0.049	0.086	0.155	0.229	0.302	0.376	0.456
隧道	0.045	0.091	0.158	0.249	0.318	0.409	0.488
构造物Ⅰ	0.065	0.130	0.206	0.304	0.390	0.499	0.607
构造物Ⅱ	0.070	0.153	0.234	0.352	0.481	0.598	0.727
构造物Ⅲ	0.126	0.264	0.425	0.643	0.849	1.067	1.297
技术复杂大桥	0.059	0.120	0.203	0.310	0.406	0.501	0.609
钢材及钢结构	0.047	0.082	0.141	0.222	0.293	0.363	0.433

5. 财务费用

财务费用是指施工企业为了筹集资金并提供投标担保、预付款担保、履约担保、职工工资担保等所发生的各项费用。这些费用包括企业经营期间产生的短期贷款利息净支出、汇兑净损失、调剂外汇手续费、金融机构手续费，以及企业在筹集资金过程中所产生的其他相关财务费用。

财务费用以各类工程的定额直接费之和为基数，按表 4-16 中规定的费率进行计算。

企业管理费、规费

表 4-16 财务费用费率表 (%)

工程类别	费率	工程类别	费率
土方	0.271	构造物Ⅰ	0.466
石方	0.259	构造物Ⅱ	0.545
运输	0.264	构造物Ⅲ	1.094
路面	0.404	技术复杂大桥	0.637
隧道	0.513	钢材及钢结构	0.653

综上所述，企业管理费的计算公式为：

$$企业管理费 = 定额直接费 \times 企业管理费综合费率 \quad (4-7)$$

式中，企业管理费综合费率需在 04 表中进行计算得出。

五、规费

规费是指根据法律、法规、规章及规程规定，施工企业必须缴纳的费用，具体包括以下内容。

(1) 养老保险费：指施工企业按照规定的标准，为职工缴纳的基本养老保险费用。

(2) 失业保险费：指施工企业依据国家规定的标准，为职工缴纳的失业保险费用。

(3) 医疗保险费（含生育保险费）：指施工企业按照规定的标准，为职工缴纳的医疗保险费用，其中包括生育保险费用。

(4) 工伤保险费（包括流动作业人员的工伤强制险）：指施工企业按照规定的标准，为职工缴纳的工伤保险费用，特别包括为流动作业人员缴纳的工伤强制保险费用。

(5) 住房公积金：指施工企业根据规定的标准，为职工缴纳的住房公积金。

规费的计算基数为各类工程的人工费之和，具体费率则按照国家或工程所在地相关的法律、法规、规章及规程规定的标准进行计算。

$$规费 = 人工费 \times 规费综合费率 \quad (4-8)$$

式中，规费综合费率在 04 表中进行计算得出。

六、利润

1. 费用内容

利润是指施工企业完成所承包的工程后应获得的盈利。

2. 计算方法

利润按定额直接费、措施费及企业管理费之和的 7.42% 来计算。具体公式为：

$$利润 = (定额直接费 + 措施费 + 企业管理费) \times 利润率 \quad (4-9)$$

七、税金

1. 费用内容

税金是指根据国家税法规定，应计入建筑安装工程造价内的增值税销项税额。

2. 计算方法

税金按以下公式计算：

税金＝(直接费＋设备购置费＋措施费＋企业管理费＋规费＋利润)×9%的增值税税率

(4-10)

八、专项费用

专项费用包括施工场地建设费和安全生产费。

专项费用的计算

1. 施工场地建设费

1）费用内容

施工场地建设费涵盖以下内容。

(1) 按照工地建设标准化要求，建设承包人驻地、工地试验室，以及钢筋集中加工、混合料集中拌制、构件集中预制等所需的办公、生活居住房屋(含职工家属房屋及探亲屋)、公用房屋(如广播室、文体活动室、医疗室等)和生产用房屋(如仓库、加工厂、加工棚、发电站、变电站、空压机站、停机棚、值班室等)的费用。

(2) 包括场区平整(山岭重丘区的土石方工程除外)、场地硬化、排水、绿化、标志、污水处理设施、围墙隔离设施等的费用，但不包括钢筋加工的机械设备、混凝土拌合设备及安拆、预制构件台座、预应力张拉设备、起重及养护设备，以及概算、预算定额中临时工程的费用。

(3) 包括上述范围内各种临时工作便道(含汽车、人力车道)、人行便道，工地临时用水、用电的水管支线和电线支线，临时构筑物(如水井、水塔等)及其他小型临时设施的搭设或租赁、维修、拆除、清理的费用，但不包括红线范围内贯通便道、进出场的临时道路、保通便道。

(4) 工地试验室发生的属于固定资产的试验设备和仪器等的折旧、维修或租赁费用。

(5) 施工扬尘污染防治措施费，包括裸露的施工场地覆盖防尘网、施工便道和施工场地洒水或喷洒抑尘剂，运输车辆的苫盖和冲洗、环境敏感区设置围挡、防尘标识设置、环境监控与检测等所需的费用。

(6) 文明施工及职工健康生活的费用。

2）计算方法

施工场地建设费的计算以施工场地计费基数为依据，按照表 4-17 中规定的费率，采用累进方法进行。此处所指的施工场地计费基数，是定额建筑安装工程费在扣除专项费用后的余额。

表 4-17 施工场地建设费费率表

施工场地计费基数/万元	费率/(%)	算例/万元	
		施工场地计费基数	施工场地建设费
500 及以下	5.338	500	500×5.338%＝26.69

续表

施工场地计费基数/万元	费率/(%)	算例/万元	
		施工场地计费基数	施工场地建设费
501～1000	4.228	1000	26.69+(1000−500)×4.228%=47.83
1001～5000	2.665	5000	47.83+(5000−1000)×2.665%=154.43
5001～10000	2.222	10000	154.43+(10000−5000)×2.222%=265.53
10001～30000	1.785	30000	265.53+(30000−10000)×1.785%=622.53
30001～50000	1.694	50000	622.53+(50000−30000)×1.694%=961.33
50001～100000	1.579	100000	961.33+(100000−50000)×1.579%=1750.83
100001～150000	1.498	150000	1750.83+(150000−100000)×1.498%=2499.83
150001～200000	1.415	200000	2499.83+(200000−150000)×1.415%=3207.33
200001～300000	1.348	300000	3207.33+(300000−200000)×1.348%=4555.33
300001～400000	1.289	400000	4555.33+(400000−300000)×1.289%=5844.33
400001～600000	1.235	600000	5844.33+(600000−400000)×1.235%=8314.33
600001～800000	1.188	800000	8314.33+(800000−600000)×1.188%=10690.33
800001～1000000	1.149	1000000	10690.33+(1000000−800000)×1.149%=12988.33
1000000 以上	1.118	1200000	12988.33+(1200000−1000000)×1.118%=15224.33

施工场地建设费按以下公式计算。

$$\text{施工场地建设费}=(\text{定额建筑安装工程费}-\text{专项费用})\times\text{施工场地建设费费率} \quad (4\text{-}11)$$

施工场地建设费的计算需注意以下事项。

(1)山岭重丘区域的土、石方工程需进行单独计算。

(2)施工场地内部的场地硬化及各类临时便道的费用已包含在费率之中,不需要再进行单独计算。

(3)施工场地内的厂房、加工棚等构筑物的费用同样已涵盖在费率内,不需要单独计算。

2. 安全生产费

1)费用内容

安全生产费涵盖了完善、改造及维护安全设施设备的费用,配备、维护及保养应急救援器材、设备的费用,开展重大危险源和事故隐患评估及整改的费用,安全生产检查、评价及咨询的费用,现场作业人员安全防护用品的配备与更新支出,安全生产宣传、教育及培训的费用,安全设施及特种设备检测检验的费用,以及施工安全风险评估、应急演练等相关工作和与安全生产直接相关的其他费用。

2)计算方法

安全生产费依据建筑安装工程费(不含安全生产费本身)乘以相应的安全生产费费率来计算,费率应不低于1.5%。计算公式为:

$$\text{安全生产费}=\text{建筑安装工程费}(\text{不含安全生产费本身})\times\text{安全生产费费率} \quad (4\text{-}12)$$

九、建筑安装工程费的计算

建筑安装工程费(简称建安费)由以下八项费用构成:

$$建筑安装工程费＝直接费＋设备购置费＋措施费＋企业管理费$$
$$＋规费＋利润＋税金＋专项费用 \qquad (4-13)$$

除专项费用外,建筑安装工程费的其他各项均遵循"价税分离"的计价规则,即各项费用均以不含增值税(可抵扣进项税额)的价格(或费率)进行计算,具体要素价格的增值税税率执行财政部门的相关规定。

在编制概(预)算时,建筑安装工程费通过 21-2 表和 03 表进行计算。

十、定额建筑安装工程费的计算

定额建筑安装工程费(简称定额建安费)主要用作工程建设其他费用的计算基数,其计算公式如下:

$$定额建筑安装工程费＝定额直接费＋定额设备购置费×40\%＋措施费$$
$$＋企业管理费＋规费＋利润＋税金＋专项费用 \qquad (4-14)$$

十一、辅助生产间接费

辅助生产间接费是指施工单位自行开采加工的砂、石等材料以及施工单位自办的人工、机械装卸和运输所产生的间接费用。该费用按定额人工费的3%计算,并计入材料预算单价内构成材料费,不直接在概、预算中单独列出。

对于高原地区施工单位的辅助生产,可按高原地区施工增加费费率计算高原地区施工增加费,以定额人工费与施工机械使用费之和为计算基数(其中:人工采集、加工材料,人工装卸、运输材料按土方费率计算;机械采集、加工材料按石方费率计算;机械装卸、运输材料按运输费率计算)。但需注意,辅助生产高原地区施工增加费并不作为辅助生产间接费的计算基数。

任务三 土地使用及拆迁补偿费的计算

一、费用内容

土地使用及拆迁补偿费包括永久占地费、临时占地费、拆迁补偿费、水土保持补偿费以及其他相关费用。

1. 永久占地费

永久占地费涵盖土地补偿费、征用耕地安置补助费、耕地开垦费、森林植被恢复费和失地农民养老保险费。

(1)土地补偿费。土地补偿费包含征地补偿费、被征用土地上青苗的补偿费、征用城市郊区菜地等所需缴纳的菜地开发建设基金、耕地占用税、地图编制费及勘界费等。

(2)征用耕地安置补助费。征用耕地安置补助费是指因征用耕地而需要安置农业人口的补助费。

(3)耕地开垦费。耕地开垦费是指公路建设项目占用耕地时,建设项目法人(业主)应负责补充耕地所产生的费用；若无条件开垦或开垦的耕地不符合要求，则需按规定缴纳耕地开垦费。

（4）森林植被恢复费。森林植被恢复费是指公路建设项目占用、征用林地时，经县级以上林业主管部门审核同意或批准后，建设项目法人（业主）单位需按照相关规定向县级以上林业主管部门预缴的费用。

（5）失地农民养老保险费。失地农民养老保险费是根据国家相关规定，为保障被征地农民养老而缴纳的保险费用。失地农民养老保险费的计算依据项目所在地省级人民政府的相关规定。

2. 临时占地费

临时占地费包括临时征地使用费和复耕费。

（1）临时征地使用费。临时征地使用费是指为满足施工需求而使用的承包人驻地、预制场、拌合站、仓库、加工厂（棚）、堆料场、取弃土场、进出场便道、便桥等临时用地及附着物的补偿费用。

（2）复耕费。复耕费是指临时占用的耕地、鱼塘等，在工程竣工后将其恢复至原有标准所需的费用。

3. 拆迁补偿费

拆迁补偿费是指被征用或占用土地地上、地下的房屋及附属构筑物、公用设施、文物等的拆除、发掘及迁建补偿费，以及拆迁管理费等。

4. 水土保持补偿费和其他费用

水土保持补偿费根据国家相关法律、法规规定进行缴纳。

其他费用则包括国务院行政主管部门及省级人民政府规定的与征地拆迁相关的其他费用。

二、计算方法

（1）土地征用及拆迁补偿费应根据设计文件所确定的建设工程用地和临时用地面积及其附着物的实际情况，结合实际发生的费用项目，按照国家及工程所在地省（自治区、直辖市）颁布的相关规定和标准进行计算。

（2）森林植被恢复费应根据审批单位批准的建设工程占用林地的类型及面积，依据国家及工程所在地省（自治区、直辖市）的相关规定和标准进行计算。

（3）当与原有的电力电信设施、管线、水利工程、铁路及其设施发生相互干扰时，应与相关部门联系，共同商定合理的解决方案和补偿金额。或者，也可由这些部门按照规定编制费用预算，以确定补偿金额。

（4）水土保持补偿费应按照各省（自治区、直辖市）制定的水土保持补偿费收费标准进行计算。

任务四　工程建设其他费用的计算

工程建设其他费用由建设项目管理费、研究试验费、建设项目前期工作费、专项评价（估）费、联合试运转费、生产准备费、工程保通管理费、工程保险费及其他相关费用组成。在编制概算、预算时,应秉持厉行节约的原则,确保满足建筑工程投资需求,从实际情况出发,在正确执行国家相关方针、政策和条例的基础上,合理计算其他费用。若与地方或其他相关部门(如邮电、水利、铁路等)有关联,需特别注意省、自治区、直辖市及相关部门的具体规定。这些费用通过"工程建设其他费用及回收金额计算表"(06表)进行计算。

一、建设项目管理费

工程建设的其他费用计算(一)

建设项目管理费涵盖建设单位(业主)管理费、建设项目信息化费、工程监理费、设计文件审查费和竣(交)工验收试验检测费。

1. 建设单位(业主)管理费

1)费用内容

建设单位(业主)管理费是指建设单位(业主)为项目的立项、筹建、建设、竣(交)工验收及总结等工作所产生的费用。具体费用包括:工作人员的工资、工资性补贴、施工现场津贴、社会保险费用(含基本养老保险、基本医疗保险、失业保险、工伤保险)、住房公积金、职工福利费、工会经费、劳动保护费,以及办公费、会议费、差旅交通费、固定资产使用费(涵盖办公及生活房屋折旧、维修或租赁费,车辆折旧、维修、使用或租赁费,通信设备购置、使用费,测量、试验设备仪器折旧、维修或租赁费,以及其他设备折旧、维修或租赁费等)、零星固定资产购置费、生产工人招募费、技术图书资料费、职工教育培训经费、招标管理费、合同契约公证费、法律顾问费、咨询费、建设单位的临时设施费、完工清理费、竣(交)工验收费(含其他行业或部门要求的竣工验收费用、建设单位负责的竣(交)工文件编制费)、各类税费(包括房产税、车船使用税、印花税等),对建设项目前期工作、项目实施及竣工决算等过程进行审计的审计费用,境内外融资费用(不含建设期贷款利息)、业务招待费、工程质量与安全生产管理费及其他管理性支出。

建设单位(业主)管理费不包括应计入材料与设备预算单价的建设单位采购及保管材料与设备所需费用。代建费在建设单位(业主)管理费中列支。审计费为建设单位(业主)内部审计产生的费用,施工单位所产生的审计费则计入建筑安装工程费的企业管理费中。

2)计算方法

建设单位(业主)管理费以定额建筑安装工程费总额为基数,按照表4-18所列的费率,采用累进方法进行计算。

表 4-18 建设单位(业主)管理费费率表

定额建安工程费总额/万元	费率/(%)	算例/万元	
		定额建安工程费	建设单位(业主)管理费
500 以下	4.858	500	500×4.858%=24.29
501~1000	3.813	1000	24.29+(1000−500)×3.813%=43.355
1001~5000	3.049	5000	43.355+(5000−1000)×3.049%=165.315
5001~10000	2.562	10000	165.315+(10000−5000)×2.562%=293.415
10001~30000	2.125	30000	293.415+(30000−10000)×2.125%=718.415
30001~50000	1.773	50000	718.415+(50000−30000)×1.773%=1073.015

续表

定额建安工程费总额/万元	费率/(%)	算例/万元	
		定额建安工程费	建设单位(业主)管理费
50001~100000	1.312	100000	1073.015+(100000−50000)×1.312%=1729.015
100001~150000	1.057	150000	1729.015+(150000−100000)×1.057%=2257.515
150001~200000	0.826	200000	2257.515+(200000−150000)×0.826%=2670.515
200001~300000	0.595	300000	2670.515+(300000−200000)×0.595%=3265.515
300001~400000	0.498	400000	3265.515+(400000−300000)×0.498%=3763.515
400001~600000	0.450	600000	3763.515+(600000−400000)×0.45%=4663.515
600001~800000	0.400	800000	4663.515+(800000−600000)×0.4%=5463.515
800001~1000000	0.375	1000000	5463.515+(1000000−800000)×0.375%=6213.515
1000000 以上	0.350	1200000	6213.515+(1200000−1000000)×0.35%=6913.515

注：1. 双洞长度超过5000 m的独立隧道，水深大于15 m，跨径大于或等于400 m的斜拉桥或者跨径大于或等于800 m的悬索桥等独立特大型桥梁工程的建设单位(业主)管理费按表4-18中的费率乘以系数1.3计算。

2. 海上工程[指由于风浪影响，工程施工期(不包括封冻期)全年月平均工作日少于15天的工程]的建设单位(业主)管理费按表4-18中的费率乘以系数1.2计算。

2. 建设项目信息化费

1) 费用内容

建设项目信息化费是指建设单位(业主)和参建单位在建设项目的质量、安全、进度、费用管理等方面所投入的信息化建设、运维以及所需缴纳的各种税费等费用，其中包括建设项目全寿命周期内涉及的建筑信息模型(BIM)等相关费用。

2) 计算方法

建设项目信息化费的计算以定额建筑安装工程费总额为基数，参照表4-19所列的费率，采用累进方法进行计算。

表4-19 建设项目信息化费费率表

定额建安工程费总额/万元	费率/(%)	算例/万元	
		定额建安工程费	建设项目信息化费
500以下	0.600	500	500×0.6%=3
501~1000	0.452	1000	3+(1000−500)×0.452%=5.26
1001~5000	0.356	5000	5.26+(5000−1000)×0.356%=19.5
5001~10000	0.285	10000	19.5+(10000−5000)×0.285%=33.75
10001~30000	0.252	30000	33.75+(30000−10000)×0.252%=84.15
30001~50000	0.224	50000	84.15+(50000−30000)×0.224%=128.95
50001~100000	0.202	100000	128.95+(100000−50000)×0.202%=229.95
100001~150000	0.171	150000	229.95+(150000−100000)×0.171%=315.45

续表

定额建安工程费总额/万元	费率/(%)	算例/万元	
		定额建安工程费	建设项目信息化费
150001~200000	0.160	200000	315.45+(200000−150000)×0.16%=395.45
200001~300000	0.142	300000	395.45+(300000−200000)×0.142%=537.45
300001~400000	0.135	400000	537.45+(400000−300000)×0.135%=672.45
400001~600000	0.131	600000	672.45+(600000−400000)×0.131%=934.45
600001~800000	0.127	800000	934.45+(800000−600000)×0.127%=1188.45
800001~1000000	0.125	1000000	1188.45+(1000000−800000)×0.125%=1438.45
1000000 以上	0.122	1200000	1438.45+(1200000−1000000)×0.122%=1682.45

3. 工程监理费

1) 费用内容

工程监理费是指建设单位(业主)委托具备监理资质的单位,依据施工监理规范进行全面监督和管理所产生的费用。

费用内容涵盖:工作人员的基本工资、工资性津贴、社会保险费(包括基本养老保险、基本医疗保险、失业保险、工伤保险)、住房公积金、职工福利费、工会经费、劳动保护费、办公费、会议费、差旅交通费,以及固定资产使用费(涵盖办公及生活用房的折旧、维修或租赁费,车辆的折旧、维修、使用或租赁费,通信设备的购置与使用费,测量、试验、检测设备的折旧、维修或租赁费,以及其他设备的折旧、维修或租赁费等)、零星固定资产购置费、生产工人招募费、技术图书资料费、职工教育经费、投标费;还包括合同契约公证费、法律顾问费、咨询费、业务招待费、财务费用、监理单位的临时设施费、完工清理费、竣(交)工验收费、各类税费、安全生产管理费及其他管理性支出。

工程监理费涵盖了公路建设过程中的土建、机电、环保、水保、房建等各项监理工作所产生的全部费用。若建设单位委托有资质的单位承担试验检测、计量支付等监理工作,其相关费用应从工程监理费中列支。

2) 计算方法

工程监理费的计算以定额建筑安装工程费总额为基数,参照表4-20所列的费率,采用累进方法进行计算。

表 4-20 工程监理费费率表

定额建筑安装工程费总额/万元	费率/(%)	算例/万元	
		定额建筑安装工程费	工程监理费
500 及以下	3.00	500	500×3%=15
501~1000	2.40	1000	15+(1000−500)×2.4%=27
1001~5000	2.10	5000	27+(5000−1000)×2.1%=111
5001~10000	1.94	10000	111+(10000−5000)×1.94%=208

续表

定额建筑安装工程费总额/万元	费率/(%)	算例/万元	
		定额建筑安装工程费	工程监理费
10001~30000	1.87	30000	208+(30000−10000)×1.87%=582
30001~50000	1.83	50000	582+(50000−30000)×1.83%=948
50001~100000	1.78	100000	948+(100000−50000)×1.78%=1838
100001~150000	1.72	150000	1838+(150000−100000)×1.72%=2698
150001~200000	1.64	200000	2698+(200000−150000)×1.64%=3518
200001~300000	1.55	300000	3518+(300000−200000)×1.55%=5068
300001~400000	1.49	400000	5068+(400000−300000)×1.49%=6558
400001~600000	1.45	600000	6558+(600000−400000)×1.45%=9458
600001~800000	1.42	800000	9458+(800000−600000)×1.42%=12298
800001~1000000	1.37	1000000	12298+(1000000−800000)×1.37%=15038
1000000 以上	1.33	1200000	15038+(1200000−1000000)×1.33%=17698

4. 设计文件审查费

1）费用内容

设计文件审查费是指在项目审批前，建设单位（业主）为确保勘察设计工作的质量，组织相关专家或委托具有资质的单位，对提交的建设项目可行性研究报告和勘察设计文件进行审查所需支付的相关费用。

若建设项目包含地质勘查监理、设计咨询（或称设计监理、设计双院制），其费用应在设计文件审查费中列支。

2）计算方法

设计文件审查费以定额建筑安装工程费总额为基数，依据表 4-21 中的费率，采用累进方法计算。

表 4-21　设计文件审查费费率表

定额建安工程费总额/万元	费率/(%)	算例/万元	
		定额建安工程费	设计文件审查费
5000 以下	0.077	5000	5000×0.077%=3.85
5001~10000	0.072	10000	3.85+(10000−5000)×0.072%=7.45
10001~30000	0.069	30000	7.45+(30000−10000)×0.069%=21.25
30001~50000	0.066	50000	21.25+(50000−30000)×0.066%=34.45
50001~100000	0.065	100000	34.45+(100000−50000)×0.065%=66.95
100001~150000	0.061	150000	66.95+(150000−100000)×0.061%=97.45
150001~200000	0.059	200000	97.45+(200000−150000)×0.059%=126.95

续表

定额建安工程费总额/万元	费率/(%)	算例/万元	
		定额建安工程费	设计文件审查费
200001～300000	0.057	300000	126.95＋(300000－200000)×0.057％＝183.95
300001～400000	0.055	400000	183.95＋(400000－300000)×0.055％＝238.95
400001～600000	0.053	600000	238.95＋(600000－400000)×0.053％＝344.95
600001～800000	0.052	800000	344.95＋(800000－600000)×0.052％＝448.95
800001～1000000	0.051	1000000	448.95＋(1000000－800000)×0.051％＝550.95
1000000 以上	0.050	1200000	550.95＋(1200000－1000000)×0.050％＝650.95

5. 竣(交)工验收试验检测费

1) 费用内容

竣工(交工)验收试验检测费是指在公路建设项目竣工(交工)验收前,由建设单位(业主)或工程质量监督机构委托具有资质的公路工程质量检测单位,按照相关规定对建设项目的工程质量进行检测,并出具检测意见,以及进行桥梁动(静)载试验或其他特殊检测等所产生的费用。

2) 计算方法

竣工(交工)验收试验检测费依据表 4-22 的规定进行计算。

表 4-22　竣(交)工验收试验检测费

检测项目			竣(交)工验收试验检测费	备注
道路工程/(元/km)		高速公路	23500	包括路基、路面、涵洞、通道、路段安全设施和机电、房建、绿化、环境保护及其他工程
		一级公路	17000	
		二级公路	11500	
		三级及三级以下公路	5750	
桥梁工程	一般桥梁/(元/延米)	—	40	包括桥梁范围内的所有土建、安全设施和机电、声屏障等环境保护及必要的动(静)载试验
	技术复杂桥梁/(元/延米)	钢管拱	750	
		连续刚构	500	
		斜拉桥	600	
		悬索桥	560	
隧道工程/(元/延米)		单洞	80	包括隧道范围内的所有土建、安全设施、机电、消防设施等

注:1. 道路工程。高速公路、一级公路按四车道计算,二级及二级以下公路按两车道计算,每增加一个车道,按表 4-22 中的费用增加 10％。

2. 桥梁和隧道。各级公路均按双向四车道计算,每增加 1 个车道,按表 4-22 中的费用增加 15％。二级及二级以下公路,按表 4-22 中费用的 40％计算。

二、研究试验费

研究试验费是指根据项目特点和相关规定,在建设过程中必须开展的研究和试验所产生的费用,同时也包括支付科技成果、专利、先进技术的一次性技术转让费。

该费用不包括以下项目。

(1)应由前期工作费(主要用于为建设项目提供或验证设计数据、资料等进行的专题研究)承担的费用。

(2)应由科技三项费用(包括新产品试制费、中间试验费和重要科学研究补助费)承担的费用。

(3)应由施工辅助费承担的施工企业对建筑材料、构件和建筑物进行的一般鉴定、检查费用,以及技术革新研究试验费。

计算方法:按照设计提出的研究试验内容和要求来编制费用预算。

三、建设项目前期工作费

1. 费用内容

建设项目前期工作费是指委托勘察设计单位、咨询单位对建设项目开展可行性研究、工程勘察设计,以及编制设计、监理、施工招标文件及招标标底或造价控制值文件时,按照相关规定应支付的费用。

该费用涵盖以下方面。

(1)编制项目建议书(或预可行性研究报告)、可行性研究报告、投资估算,以及相应的勘察、设计等必要费用。

(2)初步设计和施工图设计阶段的勘察费(涵盖测量、水文气象调查、工程地质勘探、室内试验等)、设计费、概(预)算及调整概算编制费等。

(3)设计、监理、施工招标过程中产生的招标标底(或造价控制值、清单预算)文件编制费等。

2. 计算方法

建设项目前期工作费以定额建筑安装工程费总额为计算基础,按照表 4-23 中规定的费率,采用累进方法进行计算。

表 4-23　建设项目前期工作费费率表

定额建安工程费总额/万元	费率/(%)	算例/万元	
		定额建安工程费	建设项目前期工作费
500 以下	3.00	500	500×3.00%=15
501~1000	2.70	1000	15+(1000-500)×2.70%=28.5
1001~5000	2.55	5000	28.5+(5000-1000)×2.55%=130.5
5001~10000	2.46	10000	130.5+(10000-5000)×2.46%=253.5
10001~30000	2.39	30000	253.5+(30000-10000)×2.39%=731.5
30001~50000	2.34	50000	731.5+(50000-30000)×2.34%=1199.5

续表

定额建安工程费总额/万元	费率/(%)	算例/万元	
		定额建安工程费	建设项目前期工作费
50001~100000	2.27	100000	1199.5+(100000−50000)×2.27%=2334.5
100001~150000	2.19	150000	2334.5+(150000−100000)×2.19%=3429.5
150001~200000	2.08	200000	3429.5+(200000−150000)×2.08%=4469.5
200001~300000	1.99	300000	4469.5+(300000−200000)×1.99%=6459.5
300001~400000	1.94	400000	6459.5+(400000−300000)×1.94%=8399.5
400001~600000	1.86	600000	8399.5+(600000−400000)×1.86%=12119.5
600001~800000	1.80	800000	12119.5+(800000−600000)×1.80%=15719.5
800001~1000000	1.76	1000000	15719.5+(1000000−800000)×1.76%=19239.5
1000000 以上	1.72	1200000	19239.5+(1200000−1000000)×1.72%=22679.5

四、专项评价(估)费

1. 费用内容

专项评价(估)费是指依据国家法律、法规规定进行评价(估)、咨询,并应按规定支付的费用。该费用涵盖环境影响评价费、水土保持评估费、地震安全性评价费、地质灾害危险性评估费、压覆重要矿床评估费、文物勘察费、通航论证费、行洪论证(评估)费、使用林地可行性研究报告编制费、用地预审报告编制费、项目风险评估费、节能评估费、社会风险评估费、放射性影响评估费以及规划选址意见书编制费等。

2. 计算方法

依据委托合同,并参照类似工程已发生的费用进行计列。

五、联合试运转费

1. 费用内容

联合试运转费是指建设项目中的机电工程,按照相关规定标准,进行整套设备带负荷联合试运转所需的全部费用,但不包括应由设备安装工程费中开支的调试费。费用内容涵盖联合试运转期间所需的材料、油燃料和动力的消耗,机械和检测设备使用费,工具用具和低值易耗品费,以及参加联合试运转人员的工资和其他相关费用。

2. 计算方法

联合试运转费以定额建筑安装工程费总额为基数,按0.04%的费率进行计算。

六、生产准备费

生产准备费是指为保证新建、改(扩)建项目交付使用后能正常运行、管理所需的工器具购置、办公和生活用家具购置、生产人员培训、应急保通设备购置等费用。

1. 工器具购置费

1)费用内容

工器具购置费是指建设项目交付使用后,为满足初期正常营运所需购置的第一套不构成固定资产的设备、仪器、仪表、工卡模具、器具、工作台(框、架、柜)等的费用。该费用不包括构成固定资产的设备、工器具和备品备件,以及已列入设备购置费中的专用工具和备品备件。

2)计算方法

由设计单位列出计划购置的清单(包括规格、型号、数量),计算方法与设备购置费相同。

2. 办公和生活用家具购置费

1)费用内容

办公和生活用家具购置费是指新建、改(扩)建项目为保证初期正常生产、使用和管理所需购置的办公和生活用家具、用具的费用。范围包括行政、生产部门的办公室、会议室、资料档案室、阅览室、宿舍及生活福利设施等的家具、用具。

2)计算方法

办公和生活用家具购置费按表 4-24 的规定进行计算。

表 4-24 办公和生活用家具购置费标准表

工程所在地	路线/(元/千米)				单独管理或单独收费的桥梁、隧道/(元/座)		
	高级公路	一级公路	二级公路	三、四级公路	一般大桥	技术复杂大桥	特长隧道
内蒙古、黑龙江、青海、新疆、西藏	21500	15600	7800	4000	24000	60000	78000
其他省、自治区、直辖市	17500	14600	5800	2900	19800	49000	63700

注:改(扩)建工程按表列费用的 70% 计。

3. 生产人员培训费

生产人员培训费是指为确保生产的正常运行,在工程竣工验收并交付使用前,对运营部门的生产人员和管理人员进行必要培训所产生的费用。

费用内容涵盖:培训人员的工资、工资性补贴、职工福利费、差旅交通费、劳动保护费和培训及教学实习费等。

计算方法:生产人员培训费依据设计定员,按每人 3000 元的标准进行计算。

4. 应急保通设备购置费

应急保通设备购置费是指新建、改(扩)建工程项目中,为满足初期正常营运需求,购置用于抢修保通、应急处置,并构成固定资产的设备所需的费用。该费用由设计单位列出计划购置清单,其计算方法与设备购置费相同。

七、工程保通管理费

工程保通管理费是针对新建或改(扩)建工程中需边施工边维持通车或通航的建设项

目,为确保公(铁)路运营安全、船舶航行安全及施工安全,进行交通(公路、航道、铁路)管制、交通(铁路)与船舶疏导,以及媒体宣传、公告发布和协管人员经费等所需的费用。工程保通管理费应按设计需求进行列支。涉水项目在施工期间的通航安全保障费用,其计算方法应遵循《概算预算编制办法》(2018年版)附录G的相关规定。

请注意,工程保通管理费仅限于保通管理方面的开支,其他保通措施如保通便道、保通安全设施等,则需根据保通工程方案另行单独计算。

八、工程保险费

工程保险费是指在合同执行期间,施工企业按照合同条款要求所办理的保险费用,具体包括建筑工程一切险和第三方责任险。

(1)建筑工程一切险:该险种针对永久工程、临时工程、设备及已运至施工工地用于永久工程的材料和设备进行投保。

(2)第三方责任险:该险种对因实施合同工程而造成的除本工程以外的财产损失或损害,或除业主和承包人雇员以外的人员的死亡或伤残进行保险赔付。

工程保险费的计算基数为建筑安装工程费(不含设备费),费率为0.4%。需要注意的是,工程保险费仅涵盖工地范围内的保险,材料和设备的运输保险不包含在内。施工企业的办公、生活、施工机械及员工的人身意外险等费用,在企业管理费中支出。而设备的保险费用则在设备单价中计列。

九、其他相关费用

其他相关费用是指由国务院行政主管部门及省级人民政府所规定的,与公路建设相关的其他费用,其计算方法应遵循相关规定。

任务五 预备费的计算

预备费及建设期贷款利息

预备费由基本预备费和价差预备费两部分组成。

一、基本预备费

1. 费用内容

基本预备费是指在初步设计和概算、施工图设计和施工图预算中难以预见的工程费用。基本预备费的内容包括以下内容。

(1)在进行技术设计、施工图设计和施工过程中,因设计变更而在批准的初步设计和概算范围内所增加的工程费用。

(2)在设备订货过程中,因规格、型号改变而产生的价差;因材料货源变更、运输距离或方式的改变,以及因规格不同而代用等原因所产生的价差。

(3)项目主管部门在组织竣(交)工验收时,验收委员会(或小组)为鉴定工程质量而必须进行的隐蔽工程的开挖和修复费用。

2. 计算方法

基本预备费以建筑安装工程费、土地使用及拆迁补偿费、工程建设其他费用之和为基数,按以下费率计算。

(1)设计概算阶段按 5% 计列。
(2)修正概算阶段按 4% 计列。
(3)施工图预算阶段按 3% 计列。

二、价差预备费

1. 费用内容

价差预备费是指从设计文件编制年至工程竣工年期间,为应对建筑安装工程费中的人工费、材料费、设备费、施工机械使用费、措施费、企业管理费等因政策或价格变化可能产生的上浮,以及外资贷款汇率变动而预留的费用。

2. 计算方法

价差预备费的计算以建筑安装工程费总额为基数,依据设计文件编制年开始至建设项目工程竣工年结束的年数和年工程造价增长率来进行计算。计算公式如下:

$$价差预备费 = P \times [(1+i)n - 1 - 1] \tag{4-15}$$

式中:P——建筑安装工程费总额(元);

i——年工程造价增长率(%);

n——设计文件编制年至建设项目开工年+建设项目建设期限(年)。

3. 应注意的问题

(1)年工程造价增长率按有关部门发布的工程投资价格指数来计算。
(2)对于设计文件编制至工程完工时间不超过一年的项目,不列入此项费用。

任务六 建设期贷款利息的计算

一、费用内容

建设期贷款利息是指工程项目所使用的贷款部分在建设期间应计取的利息,涵盖各类金融机构贷款、建设债券以及外汇贷款等所产生的利息。

二、计算方法

根据不同的资金来源,分年度计算投资所需支付的利息。计算公式如下所示:

建设期贷款利息 = $\sum$(上年末付息贷款本息累计+本年度付息贷款额÷2)×年利率

即:
$$S = \sum_{n=1}^{N} (F_{n-1} + b_n \div 2) \times i \tag{4-16}$$

式中:S——建设期贷款利息(元);

N——项目建设期(年);

n——施工年度;

F_{n-1}——建设期第($n-1$)年末需付息贷款本息累计(元);

b_n——建设期第 n 年度付息贷款额(元);

i——中国人民银行公布的贷款基准年利率(%)。

【例 4-1】 某工程贷款 4550 万元,建设期 3 年,第一年和第三年均贷款 1500 万元,第二年贷款 1550 万元,贷款利率为 6.21%,求贷款利息为多少?

【解】 第一年贷款利息=(0+1500/2)×6.21% 万元=46.575 万元

第二年贷款利息=(1500+46.575+1550/2)×6.21% 万元=144.1698 万元

第三年贷款利息=(1500+46.575+1550+144.1698+1500/2)×6.21% 万元=247.8253 万元

建设期贷款利息合计=(46.575+144.1698+247.8253)万元=438.570 万元

任务七 公路工程建设项目各项费用的计算程序及方式

公路工程建设项目各项费用的计算程序及方式见表 4-25。

表 4-25 公路工程建设各项费用的计算程序及方式

序号	项目	说明及计算式
(一)	定额直接费	∑人工消耗量×人工基价+∑(材料消耗量×材料基价+机械台班消耗量×机械台班基价)
(二)	定额设备购置费	∑设备购置数量×设备基价
(三)	直接费	∑人工消耗量×人工单价+∑(材料消耗量×材料预算单价+机械台班消耗量×机械台班预算单价)
(四)	设备购置费	∑设备购置数量×预算单价
(五)	措施费	(一)×施工辅助费费率+定额人工费和定额施工机械使用费之和×其余措施费综合费率
(六)	企业管理费	(一)×企业管理费综合费率
(七)	规费	各类工程人工费(含施工机械人工费)×规费综合费率
(八)	利润	[(一)+(五)+(六)]×利润率
(九)	税金	[(三)+(四)+(五)+(六)+(七)+(八)]×9%
(十)	专项费用	
	施工场地建设费	[(一)+(五)+(六)+(七)+(八)+(九)]×累进费率
	安全生产费	建筑安装工程费(不含安全生产费本身)×安全生产费费率(≥1.5%)
(十一)	定额建筑安装工程费	(一)+(二×40%)+(五)+(六)+(七)+(八)+(九)+(十)
(十二)	建筑安装工程费	(三)+(四)+(五)+(六)+(七)+(八)+(九)+(十)
(十三)	土地使用及拆迁补偿费	按规定计算
(十四)	工程建设其他费	
	建设项目管理费	
	建设单位(业主)管理费	(十一)×累进费率
	建设项目信息化费	(十一)×累进费率
	工程监理费	(十一)×累进费率
	设计文件审查费	(十一)×累进费率

续表

序号	项目	说明及计算式
	竣(交)工验收试验检测费	按规定计算
	研究试验费	
	建设项目前期工作费	(十一)×累进费率
	专项评价(估)费	按规定计算
	联合试运转费	(十一)×费率
	生产准备费	
	工具器购置费	按规定计算
	办公和生活用家具购置费	按规定计算
	生产人员培训费	按规定计算
	应急保通设备购置费	
	工程保通管理费	按规定计算
	工程保险费	[(十二)−(四)]×费率
	其他相关费用	
(十五)	预备费	
	基本预备费	[(十二)+(十三)+(十四)]×费率
	价差预备费	(十二)×费率
(十六)	建设期贷款利息	按实际贷款额度及利率计算
(十七)	公路基本造价	(十二)+(十三)+(十四)+(十五)+(十六)

任务实施

任务描述：

结合本项目所学，查询相关资料，请同学们解决本项目案例引入中的两个问题，以小组为单位完成任务单。

任务单

任务名称：公路工程概算、预算费用计算						
组别		组长		组员		
任务要求	通过学习本项目的内容，计算建设项目信息化费及工程保险费，并写出解题步骤					
完成任务的体会：						

续表

任务名称:公路工程概算、预算费用计算
小组成员分工合作情况说明:
参考资料来源:

项目五　公路工程概算、预算文件的编制

学习目标

1. 知识目标

(1) 掌握公路工程概算、预算文件的组成内容。
(2) 熟悉公路工程概算、预算文件的编制流程与步骤。

2. 能力目标

能够熟练运用造价管理软件来编制公路工程的施工图预算。

3. 素质目标

(1) 培养良好的职业道德观念与敬业精神。
(2) 树立认真负责的工作态度,形成严谨务实、精益求精的工作作风。

思维导图

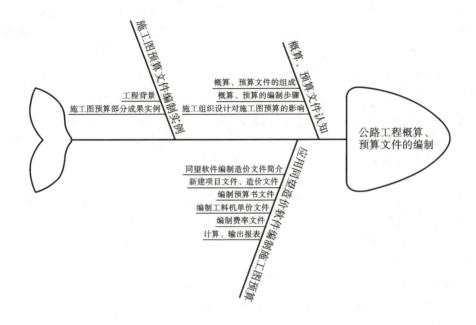

案例导入

背景材料:

(一)项目概况

永兴路位于安徽省萧县东部新区,路线全长3.945 km。本项目采用三级公路标准建设,桥涵荷载等级采用公路-Ⅱ级,设计速度为40 km/h。

(1)本项目平面主要技术指标如下:路线全长3.945 km,平均每千米1.014个交点,平曲线最小半径为1194 m(共2处),最大直线长度为1090.709 m,平曲线占路线总长的61.337%。纵断面主要技术指标如下:平均每千米变坡1.512次,最大纵坡2.4%,最短坡长223.969 m,凸形竖曲线最小半径3500 m(共1处),凹形竖曲线最小半径2500 m(共1处),竖曲线长度占路线总长的19.665%。

(2)标志板材料均采用铝合金板。标志板面反光材料全部采用Ⅳ类反光膜,铝合金标志板背面可采用原色。标志基础采用钢筋混凝土基础,强度为C25,板面的大小及地基的承载力决定基础的尺寸。设计荷载考虑风荷载,风速按50年一遇考虑,为25.6 m/s。标线采用加热熔剂型涂料,表面撒布玻璃微珠。路侧均设置B级波形梁护栏。

(3)路基宽9.5 m,路面宽8.0 m,硬路肩宽2×0.5 m;土路肩宽2×0.75 m。行车道路面横坡采用单向坡,坡度为1.5%。土路肩横坡3%,坡向道路外侧。挖方边坡:边坡坡度按1:1.5设计。路堑段排水沟外侧碎落台宽度为1.0 m。

①填方段新建路基填筑。

当路基填筑高度$H \leqslant 1.46$ m时,40 cm上路床采用6%石灰土填筑,压实度$\geqslant 95\%$。40 cm下路床采用填石路基,最大粒径$\leqslant 10$ cm,压实后孔隙率$\leqslant 22\%$。路基底部清表20 cm,反开挖至路面高程以下1.86 m,采用40 cm碎块石换填处治,最大粒径小于摊铺厚度的1/2;补偿厚度按20 cm控制。

当路基填土高度$H > 1.46$ m时,40 cm上路床采用6%石灰土填筑,压实度$\geqslant 95\%$。40 cm下路床采用填石路基,最大粒径$\leqslant 10$ cm,压实后孔隙率$\leqslant 22\%$。40 cm上路堤采用填石路基,最大粒径$\leqslant 15$ cm,压实后孔隙率$\leqslant 22\%$。其下各层采用碎块石填筑,最大粒径小于摊铺厚度的2/3,孔隙率$\leqslant 24\%$。路基底部清表20 cm,采用40 cm碎块石换填处治,最大粒径小于摊铺厚度的1/2,补偿厚度按20 cm控制。

②路基过塘(河、沟)路段。

施工前先抽水,清除塘底淤泥。清除淤泥后,塘底以上采用60 cm碎块石回填处治,最大粒径小于摊铺厚度的2/3;采用压实沉降差控制压实度,补偿厚度按20 cm控制。其上至周围地面高度范围内采用碎块石填筑,摊铺层厚暂按50 cm控制,最大粒径小于摊铺厚度的2/3;孔隙率$\leqslant 24\%$。

③新建挖方路段。

对于土质、土石、全风化岩石挖方段,清表20 cm后反开挖至路面高程以下1.46 m,80 cm路床采用6%石灰土,压实度$\geqslant 96\%$。

④土路肩采用素土填筑,压实度$\geqslant 90\%$。

⑤宕渣回填路基填筑要求。其粒径大于40 mm的石块含量需大于30%的土石混合物,石块的最大粒径不大于150 mm。用于路基顶面以下800 mm范围内时,最大粒径不大于100 mm。

⑥涵洞两侧处均采用6%石灰土填筑,压实度不小于96%。

⑦填挖交界处路基纵、横向拼接采用挖台阶拼接,台阶宽度不小于2.0 m,并向内侧倾斜4%。在填挖交界处路床底面铺设一层双向钢塑黏焊土工格栅。土工格栅技术指标要求:纵/横向抗拉强度$\geqslant 50$ kN/m;纵/横向延伸率$\leqslant 2.0\%$。施工时,选用宽度不小于4.0 m的土工格栅,连接处用扎丝绑扎后采用U形钢筋钉固定,U形钢筋钉在纵横向均按2.0 m间距布设。纵向填挖交界处铺设钢塑格栅长度不小于20 m,横向填挖交界处铺设钢塑格栅长度不小于8 m。

⑧路基防护以绿色防护作为主要实施方案。对于水塘路基边坡防护,水塘设计水位加0.5 m以下采用M7.5浆砌片石满护。

⑨路基排水主要采用以下形式。

a.一般农田路段路基排水沟设为梯形断面土质排水沟,底宽0.6 m,均深0.6 m,两侧坡度为1:1.5。排水沟出水口10 m长度用C25现浇混凝土加固。

b.村镇段路基排水采用矩形盖板边沟。矩形边沟盖板预留开口,路面及界外汇水通过预留孔流入矩形边沟。

c.路基排水沟穿过被交道路时,通过设置线外涵进行连通。为方便施工,线外涵涵身采用 φ60 mm 预制钢筋混凝土管节。

d.挖方路段在两侧边坡的坡脚碎落台外侧设置梯形排水沟进行排水,采用 M7.5 浆砌片石进行加固。排水沟净深不小于 0.6 m,并可根据排水要求适当加深。

e.路堑坡口 5 m 以外的上侧山坡截水沟根据地形采用梯形或矩形,并采用 M7.5 浆砌片石进行加固。急流槽同样采用 M7.5 浆砌片石砌筑。

(4)路面结构层设置如下。

①填方段路面结构。

上面层:4 cm SMA-13(SBS 改性)。

黏层:乳化沥青。

下面层:8 cm SUP-25(SBS 改性)。

下封层:乳化沥青。

基层:36 cm 抗裂水泥稳定碎石。

底基层:18 cm 低剂量水泥稳定碎石。

总厚度:66 cm。

②中、弱风化岩质挖方段路面结构。

上面层:4 cm SMA-13(SBS 改性)。

黏层:乳化沥青。

下面层:8 cm SUP-25(SBS 改性)。

下封层:乳化沥青。

基层:36 cm 抗裂水泥稳定碎石。

底基层:18 cm 级配碎石。

总厚度:66 cm。

③K3+246~K3+922 段新建路面结构。

上面层:4 cm SMA-13(SBS 改性)。

黏层:乳化沥青。

下面层:8 cm SUP-25(SBS 改性)。

下封层:乳化沥青。

基层:36 cm 抗裂水泥稳定碎石。

底基层:18 cm 级配碎石。

总厚度:66 cm。

(二)预算编制说明

1.编制依据

(1)交通运输部发布的《公路工程建设项目概算预算编制办法》(JTG 3830—2018)(以下简称《编制办法》)。

(2)交通运输部发布的《公路工程预算定额》(JTG/T 3832—2018)。

(3)交通运输部发布的《公路工程机械台班费用定额》(JTG/T 3833—2018)。

(4)财政部、国家税务总局发布的《关于全面推开营业税改征增值税试点的通知》(财税〔2016〕36 号)。

(5)《交通运输部办公厅关于印发〈公路工程营业税改征增值税计价依据调整方案〉的通知》(交办公路〔2016〕66号)。

(6)《国家发展改革委关于进一步放开建设项目专业服务价格的通知》(发改价格〔2015〕299号)。

(7)《国家计委、国家经贸委关于停止收取供(配)电工程贴费有关问题的通知》(计价格〔2002〕98号)。

(8)安徽省交通运输厅发布的《关于调整安徽省公路工程人工费标准的通知》(皖交建管函〔2019〕210号)。

(9)安徽省人民政府发布的《安徽省人民政府关于调整安徽省征地补偿标准的通知》(皖政〔2015〕24号)。

(10)安徽省发展改革委、安徽省财政厅、安徽省自然资源厅联合发布的《关于调整耕地开垦费征收标准等有关问题的通知》(皖发改收费〔2019〕33号)。

(11)宿州市人民政府发布的《关于调整宿州市被征土地青苗及地上附着物补偿标准的通知》(宿政秘〔2015〕221号)及其附件《萧县被征土地青苗及地上附着物补偿标准》。

(12)安徽省交通建设工程质量监督局发布的2020年8月份《安徽省交通建设工程主要材料价格信息》。

2. 工、料、机单价及其他费用取费标准

(1)人工费:根据安徽省交通运输厅发布的《关于调整安徽省公路工程人工费标准的通知》(皖交建管函〔2019〕210号),人工按每工日105.56元计取。

(2)材料:本项目建设所用筑路材料价格主要依据2020年8月份《安徽省交通建设工程主要材料价格信息》,并按照《公路工程营业税改征增值税计价依据调整方案》(交办公路〔2016〕66号)文件规定,按不含增值税的价格计算综合得出机械台班费用;同时,机械台班费用还需参照《机械台班费用定额》(2018年版)及上述66号文件规定计取。

(3)直接费:按《编制办法》规定计取。

(4)间接费:按《编制办法》规定计取。

(5)建设项目前期工作费:按《国家发展改革委关于进一步放开建设项目专业服务价格的通知》(发改价格〔2015〕299号)文件规定计取。

(6)预备费按3%计取。

(7)利润:按《公路工程营业税改征增值税计价依据调整方案》(交办公路〔2016〕66号)文件规定,按7.42%计取。

(8)税金:按《公路工程营业税改征增值税计价依据调整方案》(交办公路〔2016〕66号)文件规定,以9%计取。

(9)建设单位(业主)管理费、工程监理费、设计文件审查费、竣(交)工验收试验检测费均按《编制办法》规定计取。

(10)工程质量监督费和工程定额测定费已按《省政府关于取消和停止征收部分行政事业性收费和政府性基金项目的通知》(苏政发〔2008〕78号)规定取消。

(11)本预算未计取施工技术装备费、研究试验费、施工机构迁移费、供电贴费、大型机具设备购置费及固定资产投资方向调节税等费用。

> 3. 设计预算总投资
> 本项目施工图设计预算建筑安装工程费为 4179.53 万元,工程预算总投资为 6567.84 万元。
>
> **思考问题:**
> 结合工程资料,在学习完本项目内容后编制施工图预算文件。

思政园地

工程造价学科的缔造者——徐大图

徐大图,1947 年生于南京,1964 年考入北京大学经济系,1979 年考取中国人民大学基本建设经济专业研究生,1982 年获得硕士学位。1982 年 10 月,徐大图开始在天津大学工作,并于 1990 年晋升为教授。1986 年初"两会"期间,徐大图先生被国家计委急召至北京,与香港测量师学会创会会长简福饴先生共同探讨在中国高校中开设工程造价专业的可行性。当时,要让内地各大高校设立"工程造价"专业并与国际接轨,可以说是势在必行,但专业名称的选择却受到限制。既不能称为"工程测量",也不能称为"工程概预算",而"工程造价"这个词又一时难以被大家接受。因此,徐大图先生将专业名称定为"技术经济"。自 1997 年起,他在天津大学主导了技术经济与系统工程系的建设与发展。徐教授出版的《建设工程造价管理》等著作,为造价行业奠定了基本框架,确定了行业的发展模式,成功创立了中国工程造价学科。我们之所以能拥有如此系统的知识,全仰赖前人的不懈探索。面对困难,我们应砥砺前行,这才是我们造价新青年应有的风气。

任务一 概算、预算文件认知

一、概算、预算的定义与分类

公路工程概算、预算是指在公路基本建设的初步设计或施工图设计阶段,根据国家相关政策和规定,依据设计文件详细计算其全部建设费用的文件。

概算、预算的分类可根据工程内容和设计阶段来划分。

公路建设内容涵盖公路基本建设、公路改扩建、公路大中修以及公路小修保养。

依据公路基本建设程序,公路工程设计可采取一阶段设计、二阶段设计或三阶段设计的形式。

基本建设项目可被划分为建设项目、单项工程(亦称工程项目)、单位工程、分部工程及分项工程。建设项目由多个单项工程构成,单项工程则由多个单位工程组成,单位工程由各个分部工程构成,而分部工程又由若干分项工程组成。

根据不同的建设项目组成内容与设计阶段,可对概(预)算进行具体分类。

1. 按建设项目组成分类

(1)单位工程概(预)算,是用于计算单位工程建设费用的文件。
(2)单项工程概(预)算,是综合若干个单位工程概(预)算而成的文件。
(3)建设项目概(预)算,是用于计算整个建设项目全部投资额的文件。

2. 按建设内容分类

(1)公路基本建设工程概(预)算。
(2)公路大中修工程概(预)算。
(3)公路小修保养工程概(预)算。

3. 按设计阶段分类

(1)设计概算(简称概算)。
(2)修正概算。
(3)施工图预算。

二、概算、预算的作用

1. 设计概算与修正概算的作用

设计概算是公路工程初步设计文件的关键组成部分,由设计单位根据建设项目的初步设计,遵循《概算定额》(2018年版)、《编制办法》及相关文件编制而成,用于计算工程投资额。概算应严格控制在经批准的建设项目可行性研究报告投资估算的允许幅度内,一旦获得批准,即成为基本建设项目投资的最高限额。它不仅是编制建设项目投资计划、确定和控制建设项目投资的依据,也是控制施工图设计和施工图预算的基准,同时还是衡量设计方案经济合理性、选择最佳设计方案以及考核建设项目投资效果的重要依据。

修正概算是三个阶段设计中第二阶段(技术设计阶段)文件的重要组成部分,由设计单位根据建设项目的技术设计,依据《概算定额》(2018年版)和《编制办法》及相关文件编制而成,用于计算工程项目的修正投资额。

设计单位应根据不同的设计阶段编制概算和修正概算,全面了解工程所在地的建设条件,掌握各项基础资料,正确引用规定的定额、取费标准、工资单价和材料设备价格,并按照规定进行编制,以确保概算能够完整、准确地反映设计内容。

对于采用批准的初步设计进行设计施工总承包招标的工程,其标底或造价控制值应严格控制在经批准的总概算范围内。

2. 施工图预算的作用

施工图预算是施工图设计文件的重要组成部分,根据《预算定额》(2018年版)、《编制办法》及相关文件编制而成,用于计算工程造价。

施工图预算是设计阶段控制工程造价的主要指标。经审定的施工图预算,是确定工程造价、编制或调整固定资产投资计划以及考核工程成本的重要依据。施工图预算应根据施工图设计的工程量和施工方法,按照规定的定额、取费标准、工资单价、材料设备预算单价,遵循《编制办法》在开工前编制完成并报请批准。

对于采用施工图设计进行施工招标的工程,经审定的施工图预算是编制标段清单预算、工程标底或造价控制值的重要依据,同时也是分析、考核施工企业投标报价合理性的参考。

对于不宜实行招标而采用施工图预算加调整价结算的工程,经审定的施工图预算可作为确定合同价款的基础,或作为审查施工企业提出的施工预算的依据。

施工图预算还是考核施工图设计经济合理性的重要依据。施工图设计应严格控制在批准的初步设计及其概算范围内。如单位工程预算超出相应概算时,应深入分析原因,对施工图设计中不合理部分进行修改,对其合理部分应在总概算投资范围内进行调整解决。

三、编制概算、预算的要求及依据

1. 对编制人员的要求

(1)编制人员应需具备良好的政治素质,必须严格遵循国家的方针、政策和相关制度。

(2)编制人员应具备较高的业务能力。这要求他们深入理解设计意图,全面熟悉工程所在地的建设条件,掌握详尽的基础资料,并正确引用规定的定额、取费标准、工资单价以及材料设备价格,按照既定规定进行编制,以确保能够完整且准确地反映设计内容。他们还应熟悉施工过程,做好设计方案的比较工作,将技术工作和经济工作紧密结合,以全面提升设计质量。

(3)编制、审核人员必须持有公路工程造价人员执业资格证书,并对所编制的工程造价文件的质量负责。

2. 对概(预)算文件质量的要求

概(预)算文件应符合国家方针政策及相关制度,同时满足公路设计、施工技术规范的要求。文件质量的具体要求包括:合规性、实用性、经济性、提交及时性、内容完整性(不重不漏)、计算准确性、字迹打印清晰以及装订整齐完善。

3. 对概(预)算编制单位的要求

通常情况下,概(预)算的编制工作应由具备相应资格的设计(咨询)单位负责,并对其编制质量承担相应责任。当一个建设项目由多个设计(咨询)单位共同承担设计时,各设计(咨询)单位应分别负责其所承担的单项或单位工程的概(预)算编制工作。此时,应由主管部门指定一个主体设计(咨询)单位负责统一协调汇总工作,并对全部概(预)算的编制质量承担最终责任。

4. 设计概算或修正概算编制依据

(1)国家发布的相关法律、法规、规章及规程等文件。

(2)《概算定额》(2018年版)、《机械台班费用定额》(2018年版)以及《公路工程建设项目概算预算编制办法》(JTG 3830—2018)。

(3)工程所在地省级交通运输主管部门发布的补充计价依据。

(4)经批准的可行性研究报告(对于修正概算,则为初步设计文件)等相关资料。

(5)初步设计(或技术设计)图纸等设计文件。

(6)工程所在地的人工、材料、机械及设备预算单价等信息。

(7)工程所在地的自然、技术、经济条件等相关资料。

(8)工程施工方案。

(9)相关合同、协议等文件。

(10)其他相关资料。

5. 施工图预算编制依据

(1)国家发布的相关法律、法规、规章及规程等文件。

(2)《预算定额》(2018年版)、《机械台班费用定额》(2018年版)以及《公路工程建设项目概算预算编制办法》(JTG 3830—2018)。

(3)工程所在地省级交通运输主管部门发布的补充计价依据。

(4)经批准的初步设计文件(或技术设计文件,如适用)等相关资料。

(5)施工图纸等设计文件。

(6)工程所在地的人工、材料、机械及设备预算单价等信息。

(7)工程所在地的自然、技术、经济条件等相关资料。

(8)工程施工组织设计或施工方案。

(9)相关合同、协议等文件。

(10)其他相关资料。

四、概算、预算文件的组成

概算、预算文件是设计文件中不可或缺的部分。编制完成后,需将这一系列文件整理得井井有条,装订成册。概算、预算文件主要由封面、目录、编制说明以及全部计算表格构成。

1. 封面及目录

概算、预算文件的封面与扉页需遵循《公路工程基本建设项目设计文件编制办法》(以下简称《编制办法》)的相关规定进行制作。扉页的次页应包含建设项目名称、编制单位、编制及复核人员的姓名(并加盖相应印章)、编制日期、当前册数及总册数等信息。目录则依据概算、预算表的表号顺序进行编排。扉页的次页及目录的具体样式可参考图5-1、图5-2。

××公路初步设计概算

(K××+××～K××+××)

第　册　共　册

编制:[签字并盖章]

复核:[签字并盖章]

编制单位:(盖章)

编制时间:年　月　日

图 5-1　初步设计概算扉页

目 录

(甲组文件)

1. 编制说明
2. 项目前后阶段费用对比表
3. 建设项目属性及技术经济信息表(00 表)
4. 总概(预)算汇总表(01-1 表)
5. 总概(预)算人工、主要材料、施工机械台班数量汇总表(02-1 表)
6. 总概(预)算表(01 表)
7. 人工、主要材料、施工机械台班数量汇总表(02 表)
8. 建筑安装工程费计算表(03 表)
9. 综合费率计算表(04 表)
10. 综合费计算表(04-1 表)
11. 设备费计算表(05 表)
12. 专项费用计算表(06 表)
13. 土地使用及拆迁补偿费计算表(07 表)
14. 工程建设其他费计算表(08 表)
15. 人工、材料、施工机械台班单价汇总表(09 表)

(乙组文件)

1. 分项工程概(预)算计算数据表(21-1 表)
2. 分项工程概(预)算表(21-2 表)
3. 材料预算单价计算表(22 表)
4. 自采材料料场价格计算表(23-1 表)
5. 材料自办运输单位运费计算表(23-2 表)
6. 施工机械台班单价计算表(24 表)
7. 辅助生产人工、材料、施工机械台班单位数量表(25 表)

图 5-2 施工图预算目录

2. 编制说明

概算、预算完成后,需附上简明扼要的编制说明。其内容通常涵盖以下方面。
(1)建设项目设计文件的编制依据。
(2)编制范围与工程概况。
(3)所采用的定额、费用标准,以及人工、材料、设备、施工机械台班预算单价的依据或来源,新增工艺的单价分析等。

(4)相关的委托书、协议书、会议纪要的内容概述。

(5)概算、预算的总金额,以及人工、钢材、水泥、沥青等主要材料的总量。

(6)各设计方案的经济性对比分析。

(7)项目综合经济技术指标的统计,以及本阶段与上阶段工程数量、造价的变化对比分析。

(8)其他费用计算项及计价依据的详细说明。

(9)所采用的公路工程造价软件名称及版本号。

(10)其他需要特别说明的问题。

预算造价文件

3. 概算、预算表格

公路工程概算、预算中的材料与设备、施工机械台班单价及各项费用的计算均通过规定的统一表格进行表述,表格样式需符合《概算预算编制办法》(2018年版)附录A的相关要求。

4. 概算、预算文件分类

概算、预算文件根据实际需求分为甲、乙两组。甲组文件主要包括各项费用的计算表;乙组文件则涵盖建筑安装工程费用的各项基础数据计算表。

概算、预算文件作为设计文件的重要组成部分,需按照《编制办法》中关于设计文件的报送份数要求,与设计文件一同报送。同时,还需提交可计算的造价电子数据文件以及新工艺单价分析的详细资料。乙组文件中的"分项工程概(预)算表"(21-2表)可根据需要选择提交电子版或纸质版。

概算、预算的编制应针对一个完整的建设项目(如一条路线或一座独立的大桥、中桥、隧道)进行。若建设项目需要分段或分部编制时,应根据实际需求分别编制,但必须汇总编制成"总概(预)算汇总表"。甲、乙组文件所包含的具体内容可参考图5-2。

五、概算、预算的编制步骤

(1)准备工作。

①现场调查。在编制概(预)算前,必须进行深入的现场调查,广泛收集相关资料。现场调查的细致程度和资料的全面、准确性,将直接影响概(预)算的编制质量。因此,做好现场调查是确保概(预)算编制质量的关键环节。现场调查应与建设项目的外业勘察工作同步进行,并与相关勘察工作紧密协调与分工。现场调查的内容包括:人工工资、施工机械车船使用税、材料供应及运输情况、土地征用、房屋及建筑物拆迁、电力及电信线路拆迁、工地转移费、主副食运费补贴里程、施工用电、沿线自然条件(如气温、雨量等)、临时工程以及其他如沿线文物、管线交叉方案等。

临时工程,如临时电力、电信、临时便道、临时便桥等,需根据施工方案和路线实际情况,确定预制场、沥青混合料及水泥混凝土拌合站、现场管理机构、施工点等的位置和范围,从而确定临时占地数量和各种临时工程数量。在进行调查时,需按照以下要求分别收集临时工程相关资料。

a. 临时占地数量。这包括施工企业施工工地所需的生产、生活用房占地,预制场,沥青混合料拌合站,水泥混凝土拌合站,路面稳定土拌合站,材料堆放场,仓库,临时便道及其他临时设施等所需临时占地数量,以及处理复耕土地所需的费用等资料。数量需根据工程规模、工期长短及施工方案确定。

b. 临时电力、电信。在考虑临时电力、电信线路的接线位置和长度时,需与被接线单位协商确定,尽量就近接入。

c. 临时便道。这包括运输材料、构件、半成品到工地和砂、石材料从料场至公路以及预制场、拌合站内部所需的汽车便道,以及大型施工机械进场的道路。

d. 临时便桥。这包括为修建汽车便道而必须修建的便桥,以及桥梁施工时,材料、机械设备过河所需的便桥。便桥的高度与长度需根据施工现场实际情况和工期安排确定。

e. 临时轨道铺设。临时轨道按需要分为轻、重轨。重轨又分为路基上和桥上两种,轻轨铺在预制场,用于运输混凝土、预制构件横移。

② 熟悉设计文件,核对主要工程量。设计文件由封面、扉页、目录、工程说明书、设计图纸、工程数量表及其他成果表、基础资料等组成。设计图纸和工程说明书共同确定了工程的数量和施工方法,而工程量是编制工程造价的基础资料。因此,在编制概(预)算前,应深入熟悉设计文件,了解设计意图,掌握工程全貌,并核对主要工程量。这是合理划分计算项目,正确套用定额,准确、完整、快速编制概(预)算的关键环节。

(2) 分析现场调查资料及施工组织设计资料。

① 概(预)算调查资料的分析。概(预)算资料的调查工作是确保概(预)算文件质量的基础工作,通常与公路工程外业勘察同时进行。对这些调查资料应进行详细分析,如有不明确或不全的部分,应重新调查,以确保概(预)算的准确和合理。

② 施工组织设计文件的分析。对与相应设计阶段配套的施工组织设计文件(尤其是施工方案)应认真分析其可行性、合理性、经济性。因为施工方案将直接影响概(预)算金额的高低和定额的选用。因此,在编制概(预)算时,应重点对施工方案进行认真分析。

a. 施工方法。同一工程内容可以采用不同的施工方法完成。因此,应根据工程设计的意图和要求,结合工程实际,选择最经济合理的施工方法。

b. 施工机械。施工机械的选择也将直接影响施工费用。因此,应根据选定的施工方法选配相应的施工机械。

c. 其他方面。如运距远近的选择(如土方中取土坑、弃土场的位置)、材料堆放的位置及仓库的设置等,也需进行综合考虑,以确保施工的高效和经济性。

(3) 划分项目。

公路工程概(预)算的基础是分项工程概(预)算表,因此,工程分项是概(预)算工作中的一项核心基础工作。分项时必须遵循以下三个方面的要求。

① 必须按照概(预)算项目表的要求进行分项,这是最基本的要求。概(预)算项目表实际上是将一个复杂的建设项目科学地分解成多个分项工程的方法。

② 符合定额项目表的要求。定额项目表是定额的主体,分项后的各个工程所包含的工作内容、施工方法、工艺要求必须与定额中该分项工程的要求一致,或符合定额说明中规定的范围。

③ 符合费率的要求。措施费和企业管理费都是根据不同工程类别确定的费率定额,因此所分的项目必须满足这些费率的要求。

(4) 摘取计价工程量。

工程量是编制概(预)算的基础资料,通常设计人员在完成设计图纸的同时就已经进行了计算。在编制概(预)算时,还需要进一步熟悉设计文件并对工程量进行复核。虽然不需要根据设计图纸重新计算工程量,但设计图纸提供的工程数量与定额表规定的工程内容和计算规则可能不完全一致,因此编制人员需要按照定额的要求从设计图表中摘取计价工程量。

摘取计价工程量通常需要考虑以下内容。

①设计工程量。根据定额规定的计算规则,将设计图表中提供的工程量(永久工程数量)进行分类、统计、汇总,得出符合定额要求的计价工程量。

②辅助工程量。辅助工程不构成永久工程的实体,而是辅助其形成。例如,在路面工程组价中,需要考虑拌合设施的安拆和材料运输的工程量。辅助工程量通常没有统一的计算标准,需要依据项目实际情况逐项分析确定。

③临时工程量。临时工程参与永久工程的形成,但在公路建成后需要拆除恢复。它与辅助工程不同,不服务于单一对象,而是服务于整个工程项目。包括临时便道、临时便桥、临时码头、临时轨道铺设、临时电力线路等。

为了正确摘取工程量,做到不重不漏,编制人员必须明确定额规定的工程内容、适用范围,并熟悉定额的各章、节说明及附注。

(5)套用定额。

根据摘取的工程量,结合施工组织设计要求,正确套用概(预)算定额,进行工、料、机实物量分析。在套用定额时,根据施工图设计文件的各分项工程的具体情况,可分为以下几种情况。

①直接套用定额。

②定额合并。

③在定额允许的范围内进行调整,如乘系数、加减消耗量(定额附注)、定额抽换(混凝土、砂浆标号调整)等。

④补充定额。

(6)计算人工、材料、施工机械台班预算单价。

按照《概算预算编制办法》(2018年版)所规定的方法和要求,完成人工费单价、自采材料料场单价、材料预算单价、施工机械台班单价的计算工作。具体需要编制以下表格:自采材料料场价格计算表(23-1表),材料自办运输单位运费计算表(23-2表),材料预算单价计算表(22表),施工机械台班单价计算表(24表),人工、材料、施工机械台班单价汇总表(09表),辅助生产人工、材料、施工机械台班单位数量表(25表)。

(7)取定措施费、企业管理费和规费的各项费率标准,并进行综合费率计算。编制综合费率计算表(04表)和综合费计算表(04-1表)。

(8)计算分项工程的直接费、措施费、企业管理费、规费、利润、税金等费用。编制分项工程概(预)算计算数据表(21-1表)和分项工程概(预)算表(21-2表)。

(9)计算设备购置费和专项费用。编制设备购置费计算表(05表)和专项费用计算表(06表)。

(10)计算建筑安装工程费。编制建筑安装工程费计算表(03表)。

(11)计算人工、主要材料、施工机械台班的总消耗数量。编制人工、主要材料、施工机械台班数量汇总表(02表)。

(12)计算土地征用及拆迁补偿费。编制土地使用及拆迁补偿费计算表(07表)。

(13)计算工程建设其他费、预备费、建设期贷款利息等费用。编制工程建设其他费计算表(08表)和总概(预)算表(01表)。

(14)撰写概(预)算编制说明。

(15)进行复核、审查、出版等工作。

注：上述表号均对应《概算预算编制办法》(2018年版)，可参照图5-2加深理解。

六、施工组织设计对施工图预算的影响

施工组织设计涵盖施工方案、施工进度计划、施工现场平面布置以及资源需求与供应等四大核心内容，其中施工方案(特别是施工方法的选定)和施工现场平面布置对施工图预算有着显著影响。

1. 施工方法选择对施工图预算的影响

在公路工程施工组织设计中，施工方法的选择至关重要，需基于工程条件，遵循经济合理原则，进行全面比较。随着施工工艺和技术的不断进步，设计人员需结合工程特点与实际，选择经济适用的施工方法。

(1)路基施工方法的选择。在路基工程中，土、石方施工的工程量是控制施工图预算的关键因素。施工方法的选择对土、石方施工中的工日与机械台班消耗有着重要影响。当前，为满足施工质量要求，高等级公路普遍采用机械化施工，而低等级公路则多采用人工与机械相结合的施工方式。若采用机械化施工，其实质在于施工机械的选择，需根据施工种类及运输距离合理选用机械。例如，土、石方运距小于100 m时，选用推土机进行运输作业较为经济；而当运距超过500 m时，再选用推土机则显得不经济，此时应选择自卸汽车。这是在编制施工组织设计与预算时需特别注意的。

(2)路面施工方法的选择。路面基层施工方法主要分为路拌与厂拌，面层施工则包括热拌、冷拌、贯入及厂拌等方法。不同施工方法的工程成本消耗各异，路面结构一定时，施工方法的选择将直接影响造价。因此，应结合公路等级、路面质量要求、工程规模及工期要求等进行综合分析，以确定施工方法。

(3)桥梁工程施工方法的选择。与路基、路面工程相比，桥梁工程结构类型多样、施工工艺复杂、施工方法众多且技术要求高。如桥梁上部构造的施工方法可分为预制安装与现浇两大类。预制安装施工包括自行式吊车安装、跨墩门架安装、架桥机(单导梁、双导梁)安装、缆索吊装及悬臂拼装等；现浇施工则主要有支架现浇与悬臂现浇等。不同施工方法下，桥梁上部构造混凝土的每立方米造价存在差异，有时甚至较大。因此，在确定桥梁施工方法时，应根据桥梁规模与结构设计要求，综合考虑施工现场、环境、设备等因素，选择最佳施工方法。

2. 施工标准化对施工图预算的影响

施工标准化涵盖工地标准化、施工过程标准化与管理标准化。其中，工地标准化包括驻地与施工现场的标准化，对施工图预算影响较大。

施工现场平面布置是施工组织设计在空间上的综合体现，是施工组织设计的重要组成部分。它是在基础资料调查的基础上，结合工程实际情况，按照一定的布置原则与方法，对工程施工过程中的材料供应、运输路线、供水、供电、临时工程、工地仓库、生活设施、管理机构设施、预制场、拌合站、采料厂、材料及半成品堆放点以及大型机械设备工作面的布置进行规划。平面布置的确定将直接影响预算中的直接费用，如临时工程费、土地租用费及场地平

整费等。因此,在规划施工组织设计的平面布置时,应兼顾技术可行性与经济合理性,一般应遵循以下原则。

(1)对于永久性占用土地或需临时租用的土地,应结合地形地貌,在满足施工需求的前提下,选择交通便利、运输条件好、材料供应方便的地点进行布置,并尽可能利用荒山、荒地,减少农田占用与场地平整工程量。

(2)合理确定外购材料工地仓库与自采材料堆放点以及预制场、拌合站的位置,以减少材料的二次搬运与场内搬运距离。

(3)施工平面布置应与施工进度、施工方法相适应,并注重生态环境保护。

(4)鉴于材料费在公路工程建设中占比较大,应给予充分重视。合理选择材料、确定经济运距与运输方案是控制预算造价的重要手段,也是施工组织设计的重点。

任务二 应用同望造价软件编制施工图预算

一、同望WECOST软件编制造价文件简介

1. 同望WECOST软件系统概述

公路工程造价编制涉及大量计算工作,既费时又费力,是一项极为烦琐而复杂的任务。为了提高工作效率,近年来,公路管理、设计、施工等部门已广泛采用计算机软件进行工程造价编制。目前,公路建筑市场上应用的造价软件种类繁多,但功能大同小异。鉴于篇幅限制,本书以下内容将以同望WECOST公路工程造价管理系统为例,详细介绍公路工程造价软件的具体应用及操作方法。

同望WECOST公路工程造价管理系统自2007年推出以来,现已更新至V10.8版本。该系统支持公路新旧办和定额标准,采用全新的技术架构,功能更为强大,操作更符合用户习惯,实现了多阶段、多种计价模式、网络化以及编制审核一体化。

2. 同望WECOST软件编制造价文件流程

同望WECOST软件编制造价文件流程如图5-3所示。

利用该软件编制施工图预算的主要工作包括:

(1)在【项目管理】界面,新建建设项目及造价文件。

(2)进入【预算书】界面,编制预算书文件,添加项目。项目表建立完成后,通过定额计算或数量单价的方式对第一部分费用(建安费)进行组价,同时通过基数计算和数量单价的方式对第二、三部分费用进行计算。

(3)在【工、料、机汇总】界面,进行工、料、机的汇总分析,确定预算单价。只需直接输入或计算运费、原价即可。

(4)进入【取费程序】界面,选择费率并确定项目属性的基本参数。

(5)在【报表】界面,预览、打印并输出报表。

项目文件及项目表建立

二、新建项目文件、造价文件

1. 软件登录

安装好同望软件后,插上加密锁,直接双击软件图标,即可打开登录界面,如图5-4所

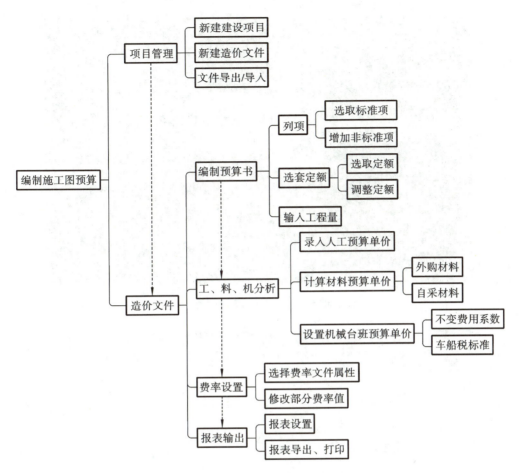

图 5-3 造价文件编制流程图

示。操作提示如下。

(1)若你拥有同望正式加密锁,插上加密锁后,请选择【加密锁登录】方式,点击即可登录软件并进入【项目管理】界面。

(2)若你没有同望加密锁,可以通过注册同望天工造价账号来登录同望软件。此登录方式为学习版模式,软件功能与正式版相同,支持编辑、修改、预览等操作,但无法打印、输出报表或导出数据。

(3)若在软件升级后,插上加密锁却无法登录软件,或提示无权限,你可尝试单击【更新加密锁】按钮,然后重新登录。

2. 新建项目文件

登录软件后,你将进入【项目管理】界面。

【项目管理】界面主要由项目管理窗口、基本信息栏以及菜单功能栏三部分构成。

操作步骤如下:在【项目管理】界面中,点击鼠标右键,选择【新建】,然后再选择【建设项目】,如图 5-5 所示。

在弹出的窗口中,你需要输入工程项目名称,选择工程所在地、建设性质以及编制类型,最后点击【确定】按钮,如图 5-6 所示,即可完成建设项目的新建工作。

图 5-4　同望软件登录界面

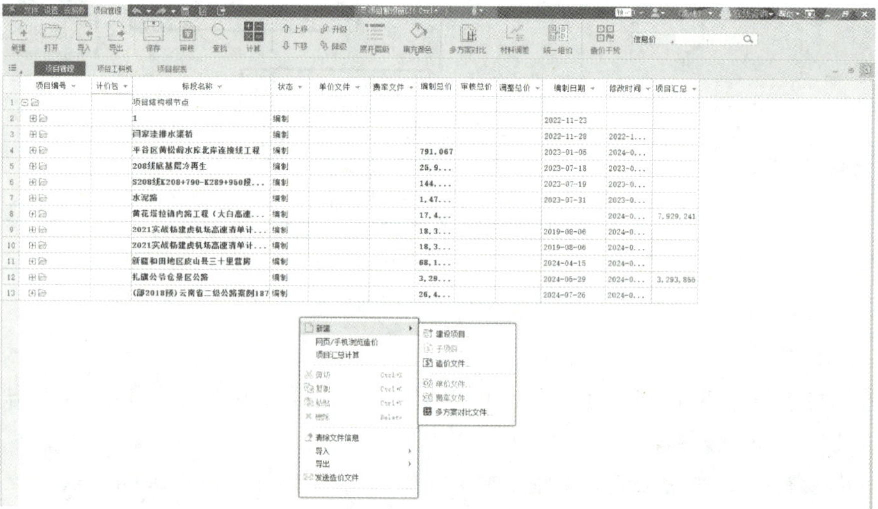

图 5-5　项目管理界面

3. 新建造价文件

操作：定位到新建的项目上→点击鼠标右键→选择【新建】→选择【造价文件】。

在弹出的窗口中，你需要输入相关的项目参数，包括起止桩号、工程所在地、建设性质以及计价依据等，然后点击【确定】按钮即可，如图 5-7 所示。

4. 填写项目基本信息

新建项目和造价文件后，根据工程实际情况，填写项目基本信息和造价文件基本信息。

三、编制预算书文件

新建项目完成后→定位造价文件→双击【计价包】→直接打开项目，进入【预算书】界面，如图 5-8 所示。

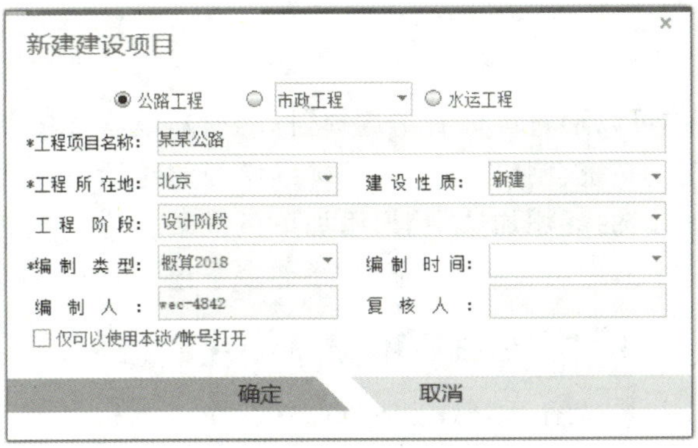

图 5-6　新建项目文件

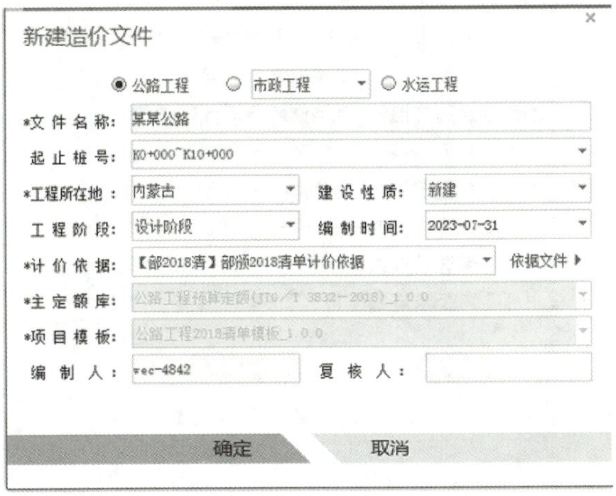

图 5-7　新建造价文件

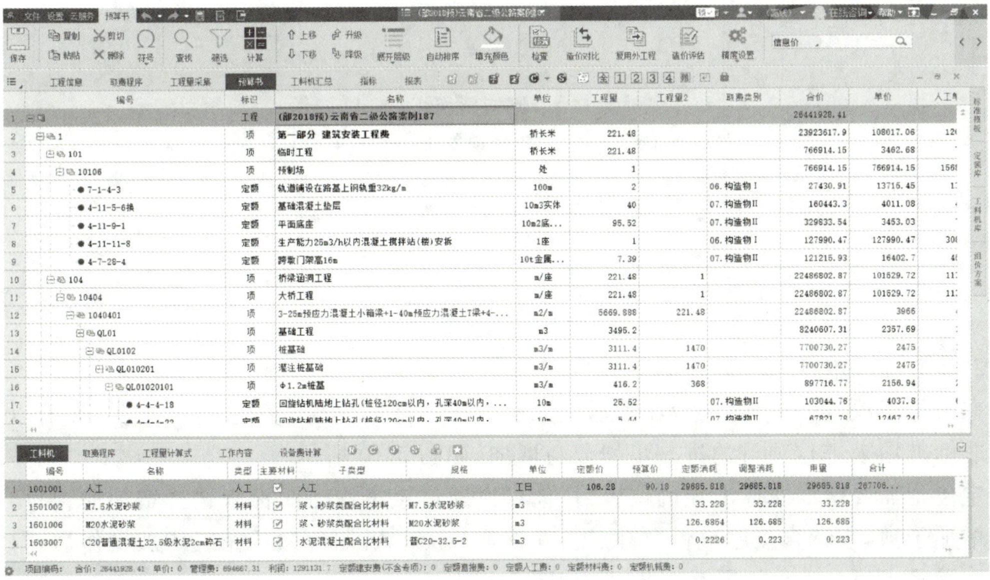

图 5-8　预算书界面

1. 新建项目表

1)选择标准项

在【预算书】界面,你可以通过鼠标右击选择【标准项】,或者直接点击位于【预算书】界面右侧的【标准模板】按钮。系统会弹出一个选择标准模板的对话框,在选择好节点后,你可以通过双击该节点或右击并选择【添加选中】来添加单条记录。若你在复选框中同时勾选多条记录,只需点击【添加选中】,即可一次性选择并添加多条记录,如图 5-9 所示。

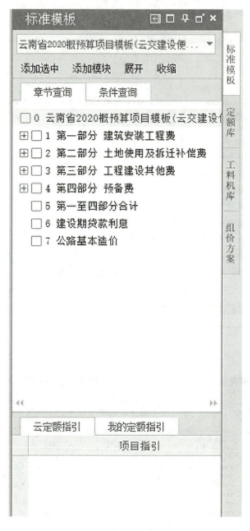

图 5-9　标准模板

2)增加非标准项

在增加了项目的标准项之后,若遇到某些分项在标准模板中未包含的情况,你可以通过增加非标准项来进行项目的进一步划分与增加,如图 5-10 所示。

定位到需要增加非标准项的位置后,你可以通过点击快捷图标来选择增加前项、增加后项或增加子项,或者直接用鼠标右键点击并选择相应的增加选项。完成增加操作后,只需对应输入编号、名称、单位以及数量即可,如图 5-11 所示。

完成项目表后,逐一对各分部分项进行工程数量的录入与核实。

项目五　公路工程概算、预算文件的编制 / 153

图 5-10　新增非标准项图标

图 5-11　增加项目

2. 套定额组价、定额调整及换算

1）选套定额

在【预算书】界面，点击你希望套取定额的位置，然后点击鼠标右键，从弹出的菜单中选择【定额】，或者你也可以直接点击位于预算书右侧或下方的【定额库】按钮。这时，系统会弹出一个定额库窗口，如图 5-12 所示。在【定额】的下拉框中，选择你需要的定额库（请注意，系统默认的定额库是你在创建造价文件时所选择的主定额库）。接下来，在定额库中查找你所需套用的定额子目，双击该子目或右击并选择【添加选中行】即可完成定额的套取，如图 5-12 所示。

路基工程之
路基填方

图 5-12 添加定额

2）输入工程量

对于分部分项的子项，应依据施工工艺、施工流程以及项目的实际情况来选定合适的定额并进行组价。随后，根据图纸信息，进行各定额工程数量的计算、核实及输入。

(1) 工程量填写设置。

系统默认设置下，子节点会自动继承父节点的工程量。若修改上级节点的工程量，下级节点中与之相同的工程量会随之自动更新，不相同的则保持不变。若你不希望使用自动继承工程量的功能，可以在主菜单中选择【工具】→【系统参数设置】，然后将【是否自动填写工程量】的选项设置为【否】。系统默认以自然单位来处理工程量，即输入的定额子目工程量会自动除以定额单位系数进行转换。

(2) 工程量计算式。

在工程量计算式的标签页下，你可以添加分项及定额工程量的详细计算过程。通过点击计算式右侧的按钮，你可以快速查询并应用相应的计算公式，这有助于你更便捷地检查及复核工程量，避免错算、漏算或重复计算的情况。

3）定额调整

在定额调整里，需要进行定额的标准换算、工、料、机替换等操作。

(1) 定额调整。

在【预算书】界面，单击需要调整的定额，系统在靠右下方窗口里设置有【换算】【配比】【系数】【辅助】等定额调整窗口，如图 5-13 所示。用户可根据工程实际情况对需要调整的定额进行调整，所有的定额调整信息会记录在【调整列表】里。

软件应用-路基工程之土方填筑

(2) 工料机替换。

在【工料机】界面中，你可以根据需要增加或选择工料机，或者通过单击鼠标右键，在右键菜单中根据需求选择【删除】或【替换】工料机。同时，你还可以将新增的补充工料机保存至【我的工料机库】中。

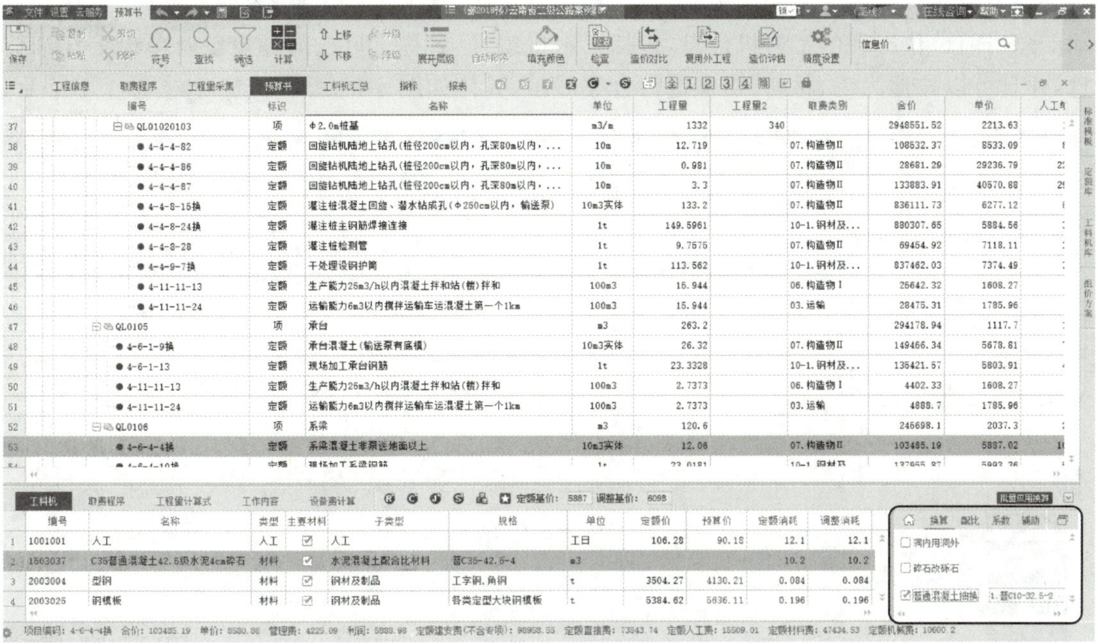

图 5-13 定额调整

【例 5-1】 替换普通混凝土：C25-32.5-4 cm 换成 C20-32.5-4 cm，如图 5-14 所示。

【解】 输入定额 2-3-3-4，在【工料机】界面用鼠标选中需替换材料（C25 普通混凝土 32.5 级水泥 4 cm 碎石），再点击鼠标右键，在弹出菜单中选择【工料机替换】，对应选择要替换的材料（C20 普通混凝土 32.5 级水泥 4 cm 碎石），双击鼠标即可完成替换。工料机中，水泥、碎石、中（粗）砂的消耗量会根据内置公式乘以系数自动调整。

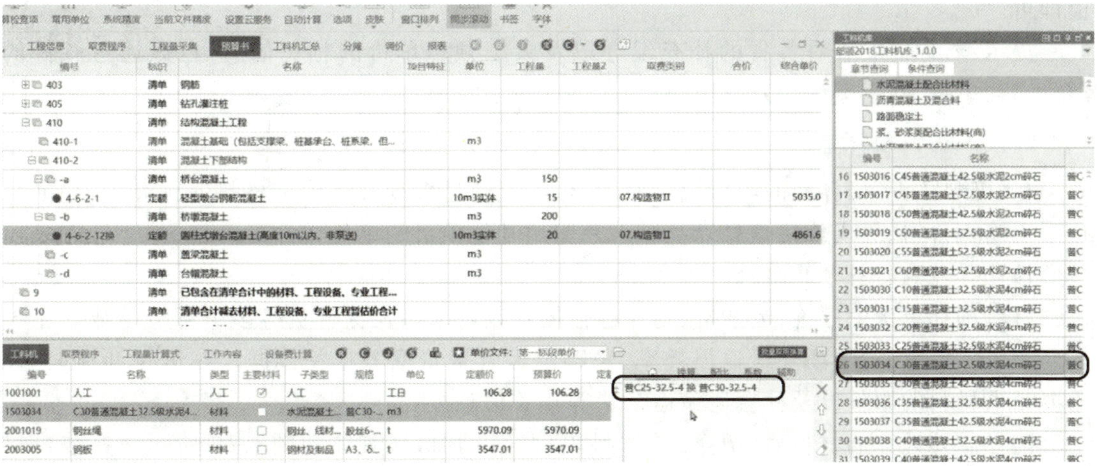

图 5-14 替换混凝土

四、编制工料机单价文件

工料机分析是对单位工程造价基础数据的深入剖析，它为计算各类费用提供了坚实的基础。

在完成【预算书】界面的相关操作后,你可以切换到【工料机汇总】界面。此时,系统会自动汇总当前单位工程的工料机信息,包括工料机编号、名称、单位、消耗量以及单价等详细信息,并且可以按照人工、材料、机械进行分类展示,具体如图 5-15 所示。

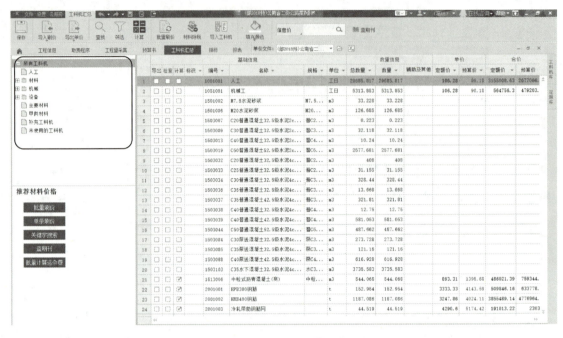

图 5-15 工料机计算界面

1. 录入人工预算单价

录入人工预算单价相对简单,你只需在人工、机械工的预算单价列中直接输入相应的数值即可。

提示:若你需要查看各省的补充编办以及人工预算单价的相关信息,可以通过软件的【帮助】菜单下的【定额说明】进行查阅。

2. 录入材料预算单价

在【工料机汇总】界面的【材料】分栏中,你可以通过多种方式确定材料的预算价,包括直接手工输入价格、导入价格信息以及导入并调用其他项目的单价文件等。

1)计算外购材料预算单价

材料预算单价由原价、运杂费、场外运输损耗以及采购及保管费等多个部分组成。系统已经集成了毛重系数、场外运输损耗率、采购及保管费费率等相关数据。在进行计算时,你需要录入材料的原价以及社会运输运杂费等相关信息。

选择需要计算的材料后,切换到【材料单价计算】窗口,具体如图 5-16 所示。在该窗口中,你需要输入材料的【起讫地点】【原价】【运距】【t·km 运价】以及【装卸费单价】等关键参数,并选择相应的运输方式。随后,系统将通过分析这些参数为你计算出材料的运杂费。

2)计算自采材料预算单价

(1)计算自采材料料场价格。

进入【原价运杂费】计算窗口后,选择【自采定额】选项。在空白区域点击【增加】按钮,随后会弹出选套运输定额的窗口。在该窗口中,选择你所需套用的定额,具体如图 5-17 所示。

项目五　公路工程概算、预算文件的编制 / 157

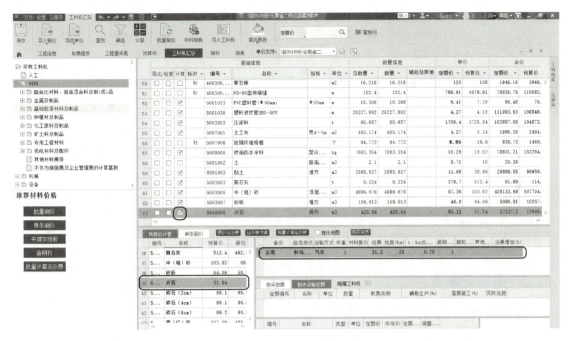

图 5-16　外购材料预算单价的计算

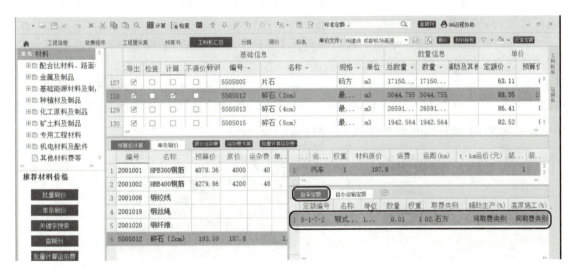

图 5-17　计算自采材料料场价格

(2)计算自采材料运杂费。

若选择运输方式为【自办运输】,则需进入【自办运输定额】选项。在空白区域同样点击【增加】按钮,之后会弹出选套运输定额的窗口。在该窗口中,选择你所需套用的运输和装卸定额,具体如图 5-18 所示。

3. 录入机械台班单价

机械台班费用由不变费用和可变费用两部分组成,系统已经内置了不变费用和可变费用的相关参数。在机械费计算窗口中,你可以根据实际需求调整车船税以及不变费用系数。

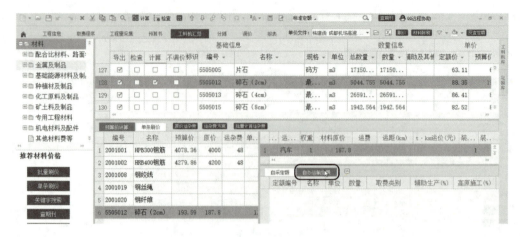

图 5-18　计算自采材料运杂费(自办运输)

五、编制费率文件

进入【取费程序】界面,编制费率文件。

1. 设置费率文件

在【取费程序】界面的右侧窗口中,你可以根据工程所在地选择相应的费率文件属性并进行设置,具体如图 5-19 所示。

当你将光标悬停在【冬季施工】【雨季施工】等费率项目上时,系统会即时在线显示该费率属性的详细信息。根据这些提示信息,你可以方便地选择所需的属性值。

若工程跨越了不同的取费区域,你只需在界面上点击鼠标右键,然后选择【费率加权计算】。接着,填写项目在不同取费区域内的里程数。软件将依据这些数据自动进行加权计算,得出冬季、雨季、高原、风沙等费率项目的费率值,具体如图 5-20 所示。

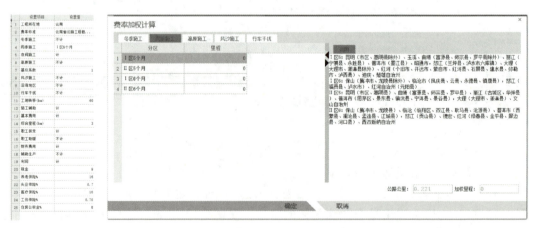

图 5-19　设置费率文件　　　　　　　图 5-20　费率加权计算

2. 查看、修改费率

1）查看费率

设置好费率属性后,你可以在【取费程序】界面左上方的窗口中查看已经设定好的取费费率,具体如图 5-21 所示。在这个窗口中,你可以查阅系统中所有费率项所设置的费率值,涵盖措施费、企业管理费、利润以及税金等各项费用。

费率项	01 土方	02 石方	03 运输	04 路面	04-1 路面(隧道)	05 隧道	06 构造物 I	06-1 构造物 I(绿化)	07 构造物 II	08 构造物 III(一般)	08-1 构造物 III(室内)	08-2 构造物 III(桥梁)	08-3 构造物 III(设备)	09 技术复杂大桥	10 钢材及钢结构	10-1 钢材及钢结构	10-2 钢材及钢结构	11 设备	12 利润和税金	13 不计
1 措施费	1...	1...	0...	1...	1...	1...	3...		6...	6...		3...		1...	1...		0...			
2 措施费 I	0...	0...	0...	0...	0...	0...	3...		2...	2...		0...		0...	0...		0...			
3 冬季施工增加费																				
4 雨季施工增加费	0.665	0.626	0.675	0.654			0.458	0.458	0.53	1.031		1.031		0.653						
5 夜间施工增加费							0.903	1.702	1.702	1.702				0.928	0.874		0.874			
6 高原地区施工增加费																				
7 风沙地区施工增加费																				
8 沿海地区施工增加费																				
9 行车干扰施工增加费																				
10 工地转移费	0...	0...	0...	0...	0...	0...	0...		0...	0...		0...		0...	0...		0...			
11 措施费 II	0.521	0.47	0.154	0.818	0.818	1.195	1.201	1.201	1.537	2.729	2.729	2.729	2.729	1.677	0.564	0.564	0.564			
12 施工辅助费	0.521	0.47	0.154	0.818	0.818	1.195	1.201	1.201	1.537	2.729	2.729	2.729	2.729	1.677	0.564	0.564	0.564			
13 企业管理费	3.332	3.363	1.888	3.056	3.056	4.444	4.441	4.441	5.745	7.846	7.846	7.846	7.846	5.089	3.163	3.163	3.163			
14 基本费用	2.747	2.792	1.374	2.427	2.427	3.569	3.587	3.587	4.726	6.976	5.976	5.976	5.976	4.143	2.242	2.242	2.242			
15 主副食运费补贴	0.122	0.108	0.118	0.066	0.066	0.096	0.114	0.114	0.126	0.225	0.225	0.225	0.225	0.101	0.104	0.104	0.104			
16 职工探亲路费	0.192	0.204	0.132	0.159	0.159	0.266	0.274	0.274	0.348	0.551	0.551	0.551	0.551	0.208	0.164	0.164	0.164			
17 职工取暖补贴																				
18 财务费用	0.271	0.259	0.264	0.404	0.404	0.513	0.466	0.466	0.545	1.094	1.094	1.094	1.094	0.637	0.653	0.653	0.653			
19 税费	35.45	35.45	35.45	35.45	35.45	35.45	35.45	35.45	35.45	35.45	35.45	35.45	35.45	35.45	35.45	35.45	35.45			

图 5-21　费率显示窗口

2）修改费率

（1）直接修改。在【取费程序】界面，字体为蓝色的费率值表示可以直接进行输入修改。对于与费率属性不匹配的费率值，即那些允许手动修改的费率，系统会以红色字体进行标识，以表明这些费率值与系统内置的标准值存在差异。

（2）费率乘系数。若你需要进行费率乘系数的操作，首先需要自定义一个取费模板。接着，在【取费程序】界面左下方的窗口中，选择你希望乘系数的【费率项】。然后，点击鼠标右键，从弹出的菜单中选择【费率乘系数】。在随后出现的输入窗口中，输入你想要的系数并点击【确定】按钮，该费率项的费率值就会自动按照你输入的系数进行调整。

（3）恢复默认值。如果你希望恢复系统默认的费率设置值，只需在右键菜单中选择【恢复默认费率值】选项即可。

六、计算、输出报表

1. 费用计算与检查

单击【计算】按钮，进行费用计算。计算完毕系统会弹出【问题检查】信息，可根据需要进行修正。

2. 输出报表

切换至【报表】窗口，选择需要生成的报表，可完成报表的打印、导出等操作，如图 5-22、图 5-23 所示。

3. 导出、导入模板文件

当编制完预算后，需要发给上级审核或他人时，需保存并关闭造价文件，然后在项目管理窗口选中需要导出的项目→点击【文件】或鼠标右键→【导出 WECOST 文件】→选择【保存路径】的功能，来进行数据的交互使用，如图 5-24 所示。

图 5-22　报表输出打印界面

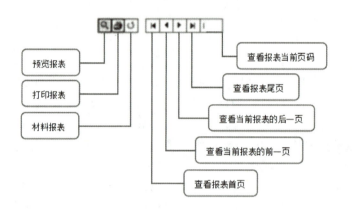

图 5-23　报表输出打印图标

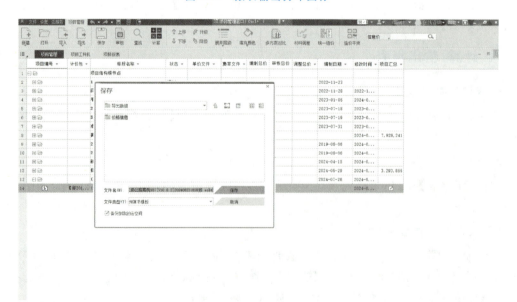

图 5-24　导出保存造价文件

任务三　施工图预算编制实例

一、工程背景

工程项目名称：××至××港区疏港交通战备公路（以下简称"××港区疏港公路"）。

项目概况：路线起于××村，顺接××公路（起点桩号为 K8+897.992），终于××港区（终点桩号为 K19+555.630），全长 10.659505 km（断链 1.867 m，长链），并在桩号 K11+917～K12+180 处修建长 263 m 的××隧道，按设计速度为 60 km/h 的二级公路标准进行设计。

本项目主要工程量如下所示。

(1)路基土、石方：土方 213267 m^3，石方 544328 m^3，平均每千米土、石方 71068.949 m^3。
(2)防护砌体：40657.96 m^3。
(3)喷锚挂网：38533 m^2。
(4)排水砌体：11397.7 m^3。
(5)路面：水泥混凝土路面 140582.5 m^2，硬路肩 35385.6 m^2。
(6)桥梁：1 处，长 53.5 m。
(7)涵洞：钢筋混凝土盖板涵 1109.8 m/36 道。
(8)平面交叉：2 处。
(9)隧道：1 处，长 263 m。

项目施工图设计文件：请参见本书配套用书《公路工程施工招标文件示例》。

项目任务：根据交通运输部现行计价办法及本省补充规定，编制该项目的施工图预算文件。

二、施工图预算部分成果示例

(1)建设项目属性及技术经济信息表(00 表)，见表 5-1。
(2)总预算表(01 表)，见表 5-2。
(3)人工、主要材料、施工机械台班数量汇总表(02 表)，见表 5-3。
(4)建筑安装工程费计算表(03 表)，见表 5-4。
(5)综合费率计算表(04 表)，见表 5-5。
(6)专项费用计算表(06 表)，见表 5-6。
(7)土地使用及拆迁补偿费计算表(07 表)，见表 5-7。
(8)工程建设其他费计算表(08 表)，见表 5-8。
(9)人工、材料、施工机械台班单价汇总表(09 表)，见表 5-9。
(10)分项工程预算计算数据表(21-1 表)，见表 5-10。
(11)分项工程预算表(21-2 表)，见表 5-11。
(12)材料预算单价计算表(22 表)，见表 5-12。
(13)自采材料料场价格计算表(23-1 表)，见表 5-13。
(14)材料自办运输单位运费计算表(23-2 表)，见表 5-14。
(15)施工机械台班单价计算表(24 表)，见表 5-15。

(16)辅助生产人工、材料、施工机械台班单位数量表(25 表),见表 5-16。

(17)原始数据表(附表 01),见表 5-17。

表 5-2～表 5-17 可扫描下方二维码查看。

表 5-1 建设项目属性及技术经济信息表

建设项目:K8+897.992～K19+555.630   00 表

序号	名称	单位	信息或数量	经济指标/元	备注
一	项目基本属性				
1	工程所在地		福建		
2	路线长度	km	10.659505		
3	公路等级		二级公路		
4	设计时速	km/h	60		
5	地形类别				
6	路面结构		水泥混凝土路面		
7	路基宽度	m	17		
8	路基长度	km	10.343		
9	桥梁长度	km	0.0535		
10	隧道长度	km	0.263		
11	桥隧比	%	2.968		
二	工程造价				
1	第一部分 建筑安装工程费	km	10.659505	120945991	
2	第二部分 土地征用及拆迁补偿费	km	10.659505	14592729	
3	第三部分 工程建设其他费用	km	10.659505	9929047	
4	第四部分 预备费	km	10.659505	4364033	
5	建设期贷款利息	km	10.659505		

编制: 复核:

任务实施

任务描述:在完成前述各项任务的基础上,完成本任务单。

任务单

任务名称:应用造价软件编制概算、预算文件				
组别		组长	组员	
任务要求	用造价软件编制"永兴路建设工程"项目的施工图预算文件			
具体要求描述: 　　编制预算文件:包括 01 表至 12 表。 　　组织形式:由小组组长分配任务给各组员(建议分配具体到项目,如挖方、填方、排水工程等),并由小组长汇总各组员的个人成果,形成本组的最终成果。 　　各组需按以下顺序将成果装订成册,形成小组成果:(1)封面;(2)小组成员任务分配表;(3)目录;(4)编制说明;(5)01 表至 12 表(每表均需编制人员签名,并由相应组员复核签字)。 　　成绩主要根据个人完成任务的质量、平时检查结果来评定,并参照协作精神、态度以及小组成果等因素进行综合评定。				
完成任务的体会:				
小组成员分工合作情况说明:				
附件:施工图预算报表(电子版或打印版)				

项目六　公路工程施工招标与投标文件的编制

学习目标

1. 知识目标

(1) 了解工程招投标的概念、作用、特点、基本原则、范围与分类。
(2) 明确公路工程招投标文件的组成部分和基本工作程序。
(3) 掌握工程量清单的概念、特点、作用、分类及其组成内容。
(4) 掌握投标报价的构成、编制依据以及编制程序。
(5) 掌握基础标价的计算方法、投标报价策略与技巧,以及标价的调整方法。
(6) 掌握投标报价文件的编制方法与技巧。

2. 能力目标

(1) 能够准确描述公路工程招投标各环节的工作内容。
(2) 能够准确判别招标投标当事人的法律责任。
(3) 能够独立完成公路工程项目招标文件的工程量清单编制和招标控制价的编制工作。
(4) 能够熟练运用造价软件进行基础标价的计算,完成分摊、调价及报表输出等工作。
(5) 能够根据实际情况选择并应用投标报价策略与技巧。
(6) 能够独立完成投标报价文件的编制工作。

3. 素质目标

(1)培养廉洁奉公、遵纪守法的职业道德意识。
(2)培养出色的口头与书面表达能力以及良好的人际沟通能力。
(3)培养团队协作精神,增强团队合作能力。

思维导图

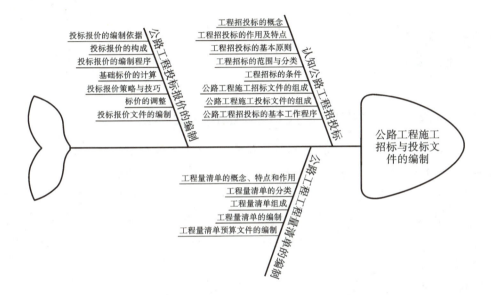

案例导入

背景材料:

国有资金投资的某省重点建设项目,依法必须招标,采用工程量清单方式进行施工招标。在招投标过程中发生了如下事件。

事件一:招标人认为该项目技术复杂且自然环境恶劣,建议招标代理机构采用邀请招标方式进行招标,直接邀请多家综合实力强、经验丰富的大型总承包公司参与投标。

事件二:在投标截止时间前5日,招标人对项目技术要求和工程量清单做了部分修改,并通知开标时间不变。投标人甲对此提出了异议,认为此修改影响了投标文件的编制,应顺延开标时间。

事件三:由于受外界因素影响,招标人决定延长投标有效期。投标人乙认为自己无中标希望,拒绝了招标人的延长要求,并要求退还投标保证金。投标人丙同意了延长投标有效期,但不同意延长投标保证金的有效期,并提出修改投标文件中的工期。其余参与投标的投标人均同意了延长要求。

确定中标人后,业主与中标单位签订了施工合同。

思考问题:

1. 在事件一中,依据法律法规的相关规定,该项目是否可以直接采用邀请招标方式进行招标?请说明理由。

2. 在事件二中,投标人甲提出的异议是否合理?请说明理由,并指出招标人何时答复以及应如何处理异议。

3. 在事件三中,投标人乙和投标人丙的做法是否妥当?请分别说明理由,并指出招标人是否应退还投标人乙和投标人丙的投标保证金,以及两者的投标是否继续有效。

思政园地

《中华人民共和国招标投标法》

1999年8月30日,《中华人民共和国招标投标法》由中华人民共和国第九届全国人民代表大会常务委员会第十一次会议审议通过,于2000年1月1日正式实施。

2017年12月27日,根据第十二届全国人民代表大会常务委员会第三十一次会议通过的《全国人民代表大会常务委员会关于修改〈中华人民共和国招标投标法〉、〈中华人民共和国计量法〉的决定》,对《中华人民共和国招标投标法》进行了修正,修正后的法律自2017年12月28日起施行。

依据《中华人民共和国招标投标法》,国务院制定了《中华人民共和国招标投标法实施条例》。该条例已经于2011年11月30日由国务院第183次常务会议审议通过,并经历了2017年、2018年、2019年三次修订,目前共包含七章节八十四条内容。

违法违规招投标案例

1. 招标文件设置不合理条件

在某高速公路工程的招标过程中,招标文件明确列出了投标人的资质、业绩、注册资金等要求,并指定了使用某些特定品牌或型号的设备和材料。这一举措引发了诸多争议,众多潜在投标人纷纷表示,这些条件过于严苛,不仅限制了竞争范围,还违背了招投标应遵循的公平、公正、公开原则。

根据《中华人民共和国招标投标法》的相关规定,招标人不得在招标文件中设定不合理的条件,以限制或排斥潜在的投标人。本案中,招标文件因指定特定品牌或型号的设备和材料而涉嫌构成对竞争的不当限制,有违法律规定。

2. 投标人串通投标

在某高速公路工程的招标活动中,多家投标人被发现私下串通,通过相互协商,约定轮流中标,以实现共同利益。这种行为严重扰乱了市场秩序,严重损害了其他投标人的合法权益。

根据《中华人民共和国招标投标法》的相关规定,串通投标的行为将受到法律的严厉制裁。

3. 投标人不当行为

在某政府采购招投标活动中,企业乙被曝出通过行贿手段获取中标机会,后被其他竞争对手发现并向政府举报。经过深入调查,企业乙的行贿行为被证实,政府随即取消了其中标资格,并依法对其进行了处罚。

任务一　认知公路工程招投标

一、建设工程招投标的概念

1. 建设工程招标

建设工程招标是指业主(或建设单位)作为发包方,根据拟建工程的内容、工期、质量和投资额等技术经济要求,邀请具备资格和能力的企业或单位参与投标,并从中择优选取承担可行性研究、科学试验、勘察、设计、施工和监理等任务的承包单位。

2. 建设工程投标

建设工程投标是指经审查合格并具备投标资格的投标人,在同意发包方招标文件所提条件的基础上,经过广泛的市场调研,结合自身实际情况(如能力、经营目标等),以投标报价的形式参与竞争,争取获得工程任务的过程。

二、建设工程招投标的作用及特点

1. 建设工程招投标的作用

招投标认知

(1)有利于节约建设资金,提高投资效益。
(2)增强了监理单位的责任感。
(3)促使建筑企业改进经营管理,为了在市场竞争中生存、发展和壮大,建筑企业既要注重经济效益,又要重视社会效益和企业信誉。

2. 建设工程招投标的特点

(1)招投标是在国家宏观计划指导和政府监督下进行的竞争。
(2)投标是在平等互利的基础上进行的竞争。
(3)竞争的目的是相互促进,共同提高。
(4)对投标人进行资格审查,防止不合格的承包商参与承包。

三、建设工程招标投标的基本原则

(1)公开原则:即信息透明,招标程序、投标人的资格条件、评标标准和方法、中标结果等信息均应公开。
(2)公平原则:即机会均等,招标人不得以不合理的条件限制或排斥潜在投标人,不得对潜在投标人实行歧视待遇。

(3)公正原则:即程序规范、标准统一,保障招投标各方的合法权益,做到程序公正;对所有投标人实行同一标准。

(4)诚实信用原则:此原则要求各方以善意真诚、守信不欺、公平合理为行为准则。

四、建设项目招标的范围与分类

1. 招标的范围

根据《中华人民共和国招标投标法》(以下简称《招标投标法》)和《必须招标的工程项目规定》(中华人民共和国国家发展和改革委员会令第16号)的相关规定,在我国进行下列工程建设项目(包括项目的勘察、设计、施工、监理以及与工程建设有关的重要材料、设备等的采购)时,必须进行招标。

(1)大型基础设施、公用事业等关系社会公共利益、公众安全的项目。

必须招标的具体范围由国务院发展改革部门会同国务院有关部门按照确有必要、严格限定的原则制定,并报国务院批准。

(2)全部或部分使用国有资金投资或国家融资的项目。

①使用预算资金200万元人民币以上,并且该资金占投资额10%以上的项目。

②使用国有企业事业单位资金,并且该资金占控股或主导地位的项目。

(3)使用国际组织或外国政府贷款、援助资金的项目。

①使用世界银行、亚洲开发银行等国际组织贷款、援助资金的项目。

②使用外国政府及其机构贷款、援助资金的项目。

2. 强制招标的标准

为了明确必须进行招标的工程建设项目的具体范围和规模标准,规范招标投标活动,国家发展和改革委员会制定了《必须招标的工程项目规定》。

属于招标范围内的项目,其勘察、设计、施工、监理以及与工程建设有关的重要设备、材料等的采购,达到下列标准之一的,必须进行招标。

①施工单项合同估算价在400万元人民币以上。

②重要设备、材料等货物的采购,单项合同估算价在200万元人民币以上。

③勘察、设计、监理等服务的采购,单项合同估算价在100万元人民币以上。

④同一项目中可以合并进行的勘察、设计、施工、监理以及与工程建设有关的重要设备、材料等的采购,合同估算价合计达到上述①、②、③项规定标准的,也必须进行招标。

上述标准是工程建设项目强制招标的最低标准,任何单位和个人不得将依法必须进行招标的项目化整为零或以其他方式规避招标。

3. 公路建设项目可以不进行招标的规定

根据《公路工程建设项目招标投标管理办法》(中华人民共和国交通运输部令2015年第24号)第九条的规定,有下列情形之一的公路工程建设项目,可以不进行招标。

(1)涉及国家安全、国家秘密、抢险救灾或者属于利用扶贫资金实行以工代赈、需要使用农民工等特殊情况。

(2)需要采用不可替代的专利或专有技术。

(3)采购人自身具有工程施工或提供服务的资格和能力,且符合法定要求。

(4)已通过招标方式选定的特许经营项目投资人依法能够自行施工或提供服务。
(5)需要向原中标人采购工程或服务,否则将影响施工或功能配套要求。
(6)国家规定的其他特殊情形。

4. 建设项目招标分类

1)按标的分类

根据标的的不同,建设工程招标可分为勘察设计招标、施工监理招标、材料设备采购招标和施工招标。其中,工程施工招标在各类招标中数量大、范围广、价值高,具有较强的代表性,本书主要介绍工程施工招标。

2)按竞争程度分类

按竞争程度的不同,建设工程招标可分为公开招标和邀请招标。这也是我国《招标投标法》中规定的法定招标方式。

(1)公开招标。

公开招标是指招标人按照法定程序,以招标公告的方式邀请不特定的法人或其他组织投标,并通过国家指定的报刊、广播电视及信息网络等媒介发布招标公告。有意参加投标的单位需接受资格预审,购买招标文件,并参与投标。

(2)邀请招标。

邀请招标是指招标人以投标邀请书的方式邀请特定的法人或其他组织投标。招标人根据自己的经验和所掌握的信息,向具备施工能力、资信良好的三个以上承包商发出投标邀请书,收到邀请书的单位可参加投标。

五、建设工程招标的条件

根据《工程建设项目施工招标投标办法》的规定,依法必须招标的工程建设项目,应当满足以下条件方可进行施工招标:

(1)招标人已经依法设立;
(2)初步设计及概算已经履行完审批手续;
(3)招标范围、招标方式和招标组织形式等已经履行完核准手续;
(4)有相应的资金或资金来源已经落实;
(5)具备招标所需的设计图纸及技术资料。

六、公路工程施工招标文件组成

1. 招标文件的作用

招标文件的编制是招标准备工作中至关重要的环节,其重要性主要体现在以下两个方面。
(1)招标文件是投标人进行投标的主要依据。
(2)招标文件中的主要内容构成了签订合同的基础。

2. 招标文件的主要内容

招标人应根据招标项目的具体特点和实际需求来编制招标文件。招标文件应涵盖招标项目的技术要求、对投标人资格审查的标准、投标报价的要求以及评标标准等关键内容。

根据《标准施工招标文件》(2007年版)的规定,工程施工招标文件被划分为四卷,共包含八章,具体内容可参见表6-1。

表 6-1　工程施工招标文件组成

第一卷	第一章　招标公告/投标邀请书 第二章　投标人须知 第三章　评标办法 第四章　合同条款及格式 第五章　工程量清单
第二卷	第六章　图纸
第三卷	第七章　技术标准和要求
第四卷	第八章　投标文件格式

3. 公路工程标准施工招标文件的组成

为加强公路工程施工招标管理,规范资格预审文件和招标文件的编制工作,交通运输部组织专家对《公路工程标准施工招标资格预审文件》(2009 年版)和《公路工程标准施工招标文件》(2009 年版)进行了修订,并经审定形成了《公路工程标准施工招标资格预审文件》(2018 年版)(以下简称《标准施工招标资格预审文件》)和《公路工程标准施工招标文件》(2018 年版)。这两版文件自 2018 年 3 月 1 日起施行。

交通运输部规定:自招标文件施行之日起,依法必须进行招标的公路工程应使用《公路工程标准施工招标资格预审文件》(2018 年版)和《公路工程标准施工招标文件》(2018 年版),其他公路项目可参照执行。

《公路工程标准施工招标文件》(2018 年版)共分为四卷:

第一卷包含招标公告(或投标邀请书)、投标人须知、评标办法、合同条款及格式、工程量清单;

第二卷为图纸(另册);

第三卷包含技术规范(另册)和工程量清单计量规则(另册);

第四卷为投标文件格式。

1)招标公告(投标邀请书)

采用资格预审或邀请招标方式时,以投标邀请书格式发布;采用资格后审方式时,以招标公告格式发布。

招标公告(未进行资格预审)通常包含以下内容:项目概况与招标范围、投标人资格要求、招标文件的获取方式、投标文件的递交要求及相关事宜、发布公告的媒介、联系方式等。

投标邀请书是招标人向经过资格预审合格的投标人正式发出的参加本项目投标的邀请。因此,投标邀请书也是投标人具备投标资格的证明。未获得投标邀请书的投标人,无权参加本项目的投标。投标邀请书的主要内容与招标公告类似,但更具体,并强调了对投标人的资格要求。

招标人按照《公路工程标准施工招标文件》(2018 年版)第一章的格式发布招标公告或发出投标邀请书后,应将实际发布的招标公告或实际发出的投标邀请书编入出售的招标文件中,作为招标文件的组成部分。

2)投标人须知

投标人须知是招标单位为了说明招标性质、范围,向投标单位提供的必要信息资料,以及对投标人的合格条件、编制投标书的规定、投标书的送交、开标与评标直至签订合同的有关要求。投标人须知包括投标人须知前附表、附录和正文三部分。

投标人须知前附表用于进一步明确正文中的未尽事宜,由招标人根据招标项目的具体特点和实际需要编制和填写。该表应与招标文件中其他章节相衔接,并不得与正文内容相抵触。

附录是投标人资格审查条件表,规定了本项目投标人的资质、财务、业绩、信誉、项目经理与项目总工、其他管理人员和技术人员、主要机械设备和实验检测设备的最低要求。

正文的主要内容有以下几点。

(1) 总则。说明项目概况、资金来源和落实情况、招标范围、计划工期、质量要求和安全目标、投标人资格要求、费用承担、保密要求、语言文字、计量单位、踏勘现场、投标预备会、分包要求、响应和偏差等。

(2) 招标文件。说明招标文件的组成、澄清、修改和异议处理流程。

(3) 投标文件。说明投标文件的组成、报价要求、投标有效期、保证金提交方式、资格审查资料、备选投标方案和投标文件的编制要求等。

(4) 投标。说明投标文件的密封和标识要求、投标文件的递交方式和时间,以及投标文件的修改与撤回规定。

(5) 开标。说明开标时间和地点、开标程序以及开标异议的处理方式。

(6) 评标。说明评标委员会的组成、评标原则以及评标方法和标准等。

(7) 合同授予。说明中标候选人公示、评标结果异议处理、中标候选人履约能力审查、定标原则、中标通知、中标结果公告、履约保证金提交要求以及签订合同的流程和注意事项等。

(8) 纪律和监督。说明对招标人、投标人、评标委员会成员以及与评标活动有关的工作人员的纪律要求。

(9) 是否采用电子招标、评标方式。

(10) 需要补充的其他内容。说明根据具体情况需要补充的其他相关内容。

3) 评标办法

《公路工程标准施工招标文件》(2018 年版)提供了四种评标办法:合理低价法、技术评分最低投标价法、综合评分法和经评审的最低投标价法。在公路工程施工招标评标中,一般采用合理低价法或技术评分最低投标价法。对于技术特别复杂的特大桥梁和特长隧道项目的主体工程,可以采用综合评分法。而对于工程规模较小、技术含量较低的工程,则可以采用经评审的最低投标价法。

(1) 合理低价法。

评标委员会对满足招标文件实质性要求的投标文件,按照第三章评标办法(合理低价法)第 2.2 款规定的评分标准进行打分,并按得分由高到低的顺序推荐中标候选人,或根据招标人的授权直接确定中标人(但投标报价低于其成本的除外)。当综合评分相等时,评标委员会应按照评标办法前附表规定的优先次序推荐中标候选人或确定中标人。

合理低价法是综合评估法的一种特例,其中评标价得分为 100 分,其他评分因素分值为 0 分。在合理低价法中,第一个信封(商务及技术文件)的评审应采用合格制。

(2) 技术评分最低投标价法。

评标委员会对满足招标文件实质性要求的投标文件的施工组织设计、主要人员、技术能力等因素进行评分,并按照得分由高到低的顺序排序。对排名在招标文件规定数量以内的投标人的报价文件进行评审,按照评标价由低到高的顺序推荐中标候选人,或根据招标人的授权直接确定中标人(但投标报价低于其成本的除外)。当评标价相等时,评标委员会应按照评标办法前附表规定的优先次序推荐中标候选人或确定中标人。

通过第一个信封（商务及技术文件）评审的投标人数量应不少于3名，且最高不宜超过10名。此外，招标人可以规定技术文件采用暗标形式编制。

(3) 综合评分法。

评标委员会对满足招标文件实质性要求的投标文件，按照第三章评标办法（综合评分法）第2.2款规定的评分标准进行打分，并按得分由高到低的顺序推荐中标候选人，或根据招标人的授权直接确定中标人（但投标报价低于其成本的除外）。当综合评分相等时，评标委员会应按照评标办法前附表规定的优先次序推荐中标候选人或确定中标人。

综合评分法仅适用于技术特别复杂的特大桥梁和特长隧道项目的主体工程。在采用综合评分法时，评标委员会会对投标人的评标价、施工组织设计、主要人员、技术能力、财务能力、业绩、履约信誉等进行综合评估打分。其中，评标价所占的权重不应低于50%。

(4) 经评审的最低投标价法。

评标委员会对满足招标文件实质性要求的投标文件，根据第三章评标办法（经评审的最低投标价法）第2.2款规定的量化因素及量化标准进行价格折算，并按照经评审的投标价由低到高的顺序推荐中标候选人，或根据招标人的授权直接确定中标人（但投标报价低于其成本的除外）。当经评审的投标价相等时，评标委员会应按照评标办法前附表规定的优先次序推荐中标候选人或确定中标人。

《公路工程标准施工招标文件》(2018年版)对四种评标方法的评审因素、标准和程序做出了明确规定。招标项目具体采用哪一种评标方法应在招标文件中明确说明。

4) 合同条款及格式

合同条款主要规定了合同履行中当事人的基本权利和义务，以及合同履行中的工作程序、监理工程师的职责与权力等。《公路工程标准施工招标文件》(2018年版)的合同条款由通用合同条款和专用合同条款两部分构成，并附有合同协议书、廉政合同、履约保证金和工程资金监管协议等合同附件格式文件。

通用合同条款参考了FIDIC的相关内容，对发包人和承包人的责任进行了恰当的划分。在材料和设备、工程质量、计量、变更、违约责任等方面，对双方当事人的权利、义务和责任进行了相对具体、集中和具有操作性的规定，为明确责任、减少合同纠纷提供了条件。具体条款共分24个方面的问题，包括一般约定、发包人义务、监理人、承包人、材料和工程设备、施工设备和临时设施、交通运输、测量放线、施工安全、治安保卫和环境保护、进度计划、开工和竣工、暂停施工、工程质量、试验和检验、变更、价格调整、计量与支付、竣工验收、缺陷责任与保修责任、保险、不可抗力、违约、索赔和争议的解决等。招标人在编制招标文件时，可根据各行业和具体工程的不同特点和要求，对通用合同条款进行修改和补充。

《公路工程标准施工招标文件》(2018年版)将"专用条款"分为A、B两部分。A部分为公路工程专用合同条款，是对通用合同条款的约定、补充和细化，适用于公路工程施工项目；B部分为项目专用合同条款，是根据招标项目的具体特点和实际需要，对通用合同条款和公路工程专用合同条款所做的补充和细化，是专用于本施工项目的。项目专用合同条款包括项目专用合同条款数据表和项目专用合同条款两部分。

招标人在编制项目招标文件中的"项目专用合同条款"时，除"通用合同条款"明确"专用合同条款"可作出不同约定以及"公路工程专用合同条款"明确"项目专用合同条款"可作出不同约定外，补充和细化的内容不得与"通用合同条款"及"公路行业标准工程专用合同条款"的强制性规定相抵触。同时,补充、细化或约定的不同内容,不得违反法律、行政法规的强制性规定,并应遵循平等、自愿、公平和诚实信用的原则。

合同附件格式包括合同协议书、廉政合同、安全生产合同、其他管理和技术人员最低要求、主要机械设备和试验检测设备最低要求、项目经理委托书、履约保证金格式、工程资金监管协议格式等。

合同协议书是投标人中标后成为本合同的承包人,与业主共同填写并签署的合同的格式。

5)工程量清单

工程量清单是与技术规范相对应的一份重要文件。技术规范详细规定了各工程子目的范围、质量要求及计量支付办法,而工程量清单则清晰地列出了每一工程子目可能发生的工程数量。工程量清单由说明、工程量清单表、计日工明细表、暂估价表、工程量清单汇总表和工程量清单单价分析表等几个关键部分组成。

由于工程量清单是根据招标文件中包含的、具有合同约束力的图纸,以及相关的国家标准、行业标准和合同条款中约定的工程量计算规则进行编制的,因此,在阅读和理解时,应紧密结合投标人须知、通用合同条款、专用合同条款、技术规范及图纸等内容。

6)图纸

图纸是招标文件和合同不可或缺的组成部分,对于投标人拟订施工方案、确定施工方法、提出替代方案以及计算投标报价等至关重要。

7)技术规范

技术规范是招标文件和合同文件中的核心组成部分,广泛适用于各级公路项目的新建、扩建或改建的施工与管理。它通过对施工中使用的原材料、半成品或成品、隐蔽工程以及施工原始资料和记录等进行一系列的控制与检查,确保工程质量符合既定的质量标准。在每一章节的施工要求中,都明确提出了质量标准、质量等级、检验内容和方法等要求。对于未明确之处,应参照国家和交通运输部现行的相关规范规定,并经监理人批准后执行。

《公路工程标准施工招标文件》(2018年版)中的技术规范包括总则、路基、路面、桥梁、涵洞、隧道、安全设施及预埋管线以及绿化及环境保护等内容。

8)工程量清单计量规则

工程量清单计量规则由说明和计量规则两部分构成。计量规则详细列出了子目号、子目名称、单位、工程量计量以及工程内容等关键信息。每个子目号与工程量清单中的子目号一一对应,是承包人报价和发包人支付的重要依据。

计量规则的各章节按照第七章"技术规范"的相应章节进行编号,因此,在理解和应用时,应将各章节工程子目的工程量计量规则与"技术规范"相应章节的施工规范相结合。同时,计量规则的计量与支付应与合同条款、工程量清单以及图纸同时阅读,以确保准确性和一致性。工程量清单中的支付项目号和本规则的章节编号也是一致的。

9)投标文件格式

投标文件主要分为商务及技术文件和报价文件两大类。商务及技术文件的格式包括投标函及投标函附录、授权委托书或法定代表人身份证明、联合体协议书、投标保证金、施工组织设计、项目管理机构、拟分包项目情况表、资格审查资料以及其他相关资料等。报价文件的格式则包括调价函格式(如有)、投标函、已标价工程量清单、合同用款估算表等。

投标函是招标人为投标人准备的一份空白文件,用于填写投标总报价。投标函中应主要包含以下内容:投标人信息、投标项目名称、投标总报价(需签字盖章)、工程质量承诺、投标有效期、投标保证金承诺以及资料真实性承诺等。招标文件中提供投标函格式的目的在于统一各投标单位递送的投标书格式，并提醒各投标单位在投标后遵守相关规定。

投标函附录则用于明确合同条款中的重要参数，如缺陷责任期、逾期交工违约金、提前交工奖金、开工预付款金额、材料和设备预付款、进度付款证书最低限额、逾期付款违约金的利率、质量保证金百分比以及质量保证金限额等。该文件在投标单位签字确认后即成为投标文件及合同的重要组成部分。在编制招标文件时，投标函附录的编制是一项至关重要的工作，其参数的具体标准对造价及质量等方面具有重要影响。

七、公路工程施工投标文件的组成

在公路工程投标中，投标人编写的投标文件分为双信封和单信封两种形式。

1. 双信封

双信封形式的投标文件应包含以下各项内容。

第一个信封（商务及技术文件）：

(1)投标函及其附录；

(2)授权委托书或法定代表人身份证明；

(3)联合体协议书（如适用）；

(4)投标保证金缴纳证明；

(5)施工组织设计；

(6)项目管理机构介绍；

(7)拟分包项目情况表；

(8)资格审查所需资料；

(9)投标人须知前附表规定的其他相关材料。

第二个信封（报价文件）：

(1)调价函（如有）及调价后的工程量清单；

(2)投标函；

(3)已标价工程量清单；

(4)合同用款估算表。

2. 单信封

单信封形式的投标文件应包含以下各项内容：

(1)投标函及其附录；

(2)授权委托书或法定代表人身份证明；

(3)联合体协议书（如适用）；

(4)投标保证金缴纳证明；

(5)已标价工程量清单；

(6)施工组织设计；

(7)项目管理机构介绍；

(8)拟分包项目情况表；

(9)资格审查所需资料；

(10) 调价函及调价后的工程量清单(如有);

(11) 投标人须知前附表规定的其他相关材料。

投标人在评标过程中根据法律法规和招标文件要求所做的澄清和确认,构成投标文件的组成部分。

八、公路工程招投标的基本工作程序

公路工程招投标工作总体上可以分为三个阶段——招标准备阶段、招标组织阶段和评标定标阶段,其基本工作程序如图 6-1 所示。

招投标工作流程

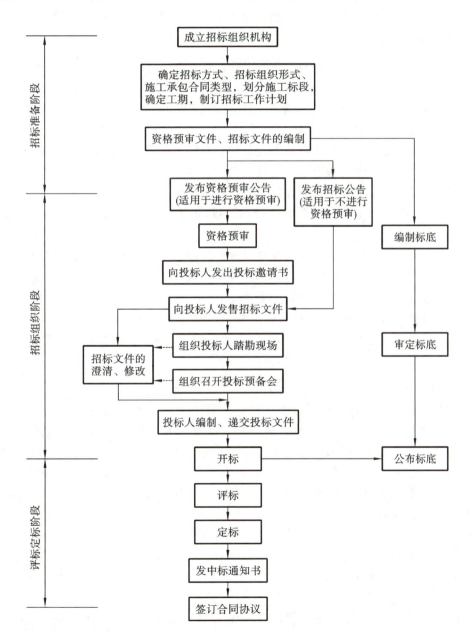

图 6-1 公路工程招投标的基本工作程序

任务二　公路工程工程量清单的编制

一、工程量清单的概念、特点和作用

1. 工程量清单的概念

工程量清单是详细列出拟建工程的分部分项工程项目、措施项目及其他项目名称和相应数量的明细清单。它是根据招标要求和施工设计图纸，按照统一的工程量计算规则和工程量清单项目编制规则，计算并编制出的拟建招标工程各项目的数量表格。

2. 工程量清单的特点

（1）工程量清单是招投标活动的产物，是投标文件和合同文件不可或缺的重要组成部分。

（2）工程量清单必须与招标文件的技术规范、图纸保持一致，图纸上要求完成的工程细目必须在工程量清单中得到准确反映。

（3）工程量清单各章的编号应与技术规范相应章节的编号相匹配，理解工程量清单中的工程细目时，应结合技术规范相应章节的计量与支付条款。

（4）工程量清单的工程细目与预算定额的工程细目在某些规定上相同，但部分名称相同而含义不同，还有些预算定额中没有的项目，同时计量方法与概、预算定额的规定也存在一定差异。

（5）工程量清单中所列出的工程数量是设计的预计数量，不能作为最终结算与支付的唯一依据。结算和支付应以监理工程师认可的、按技术规范要求实际完成的工程数量为准。

（6）工程量清单中有标价的单价或总额涵盖了工、料、机、管理、利润、缺陷修复、税金等费用，以及合同中明示或暗示的所有责任、义务和一般风险。

（7）在合同履行过程中，标有单价的工程量清单是办理结算并确定工程造价的重要依据。

3. 工程量清单的作用

（1）在招投标阶段，招标工程量清单为投标人提供了一个平等、共同的基础进行投标竞争。工程量清单详细列出了要求投标人完成的工程项目及其相应工程实体数量，为投标人提供了拟建工程的基本内容、实体数量和质量要求等信息，确保了所有投标人所掌握的信息相同，受到的待遇客观、公正、公平。

（2）工程量清单是建设工程计价的重要依据。在招投标过程中，招标人依据工程量清单编制招标工程的招标控制价；投标人则根据工程量清单所表述的内容，结合企业定额计算投标价格，并自主填报工程量清单所列项目的单价与合价。

（3）工程量清单是工程付款和结算的可靠依据。发包人根据承包人是否完成工程量清单规定的内容，以投标时在工程量清单中所报的单价作为支付工程进度款和进行结算的基准。

（4）工程量清单是调整工程量、进行工程索赔的重要依据。在发生工程变更、索赔、增加新的工程项目等情况时，可以选用或参照工程量清单的分部分项工程或几家项目与合同单价来确定变更项目或索赔项目的单价和相关费用。

因此，工程量清单的编制质量直接关系到工程项目的报价以及招投标阶段和施工阶段的造价控制。在《公路工程标准施工招标文件》（2018年版）的第五章中，专门对工程量清单进行了介绍，并给出了按章、节、目排列的工程子目表，以供招标单位在制作工程量清单时参考。

二、工程量清单的分类

按分部分项工程单价组成来分类可分为以下三类。

1. 直接费单价（也称工料单价）

直接费单价由人工、材料和机械费组成，是根据现行预算定额的工、料、机消耗标准及预算单价和可进入直接费的调价因素确定的。其他直接费、间接费、利润、材料差价、税金等则按现行的计算方法计取，并列入其他相应价格中。这是国内绝大部分地区采用的编制方式。

2. 部分费用单价（也称综合单价）

部分费用单价综合了直接费、管理费和利润，并依据综合单价计算公式来确定。该综合单价与图纸上的分部分项工程量清单相对应，即分部分项工程实物量计价表。一般来说，这部分费用属于非竞争性费用。而综合费用项目，如脚手架工程费、高层建筑增加费、施工组织措施费、履约担保手续费、工程担保费、保险费等，则属于竞争性费用。在国内，非竞争性费用通常采用定额预算编制方法，套用定额及相应的调差文件来计算；而竞争性费用则由投标人根据工程实际情况和自己的能力进行自由报价。

3. 全费用单价（国际惯例）

全费用单价由直接费、非竞争性费用和竞争性费用组成。该工程量清单项目包括工程量清单、措施费和暂定金额。工程量清单由分部分项工程组成，措施费由各措施项目费组成，暂定金额即不可预见费，包括工程变更和零星工程（计日工）。全费用单价合同是典型的、完整的单价合同，工程量能形成一个独立的子目分项编制。对于该子目的工作内容和范围，必须加以说明和界定。工程量清单不能单独使用，应与招标文件的招标须知、合同文件、技术规范和图纸等结合使用。

三、工程量清单组成

依据《公路工程标准施工招标文件》（2018年版）第一卷第五章，工程量清单由以下部分组成：工程量清单说明、投标报价说明、计日工说明、其他说明、工程量清单表、计日工表、暂估价表、投标报价汇总表、工程量清单单价分析表。

1. 工程量清单说明

（1）工程量清单是根据招标文件中包括的有合同约束力的工程量清单计量规则、图纸以及有关工程量清单的国家标准、行业标准、合同条款中约定的其他规则编制的。对于约定计量规则中没有的子目，其工程量按照有合同约束力的图纸所标示尺寸的理论净量进行计算。计量采用中华人民共和国法定计量单位。

（2）工程量清单应与招标文件中的投标人须知、通用合同条款、专用合同条款、工程量清单计量规则、技术规范及图纸等一起阅读和理解。

（3）工程量清单中所列工程数量是估算的或设计的预计数量，仅作为投标报价的共同基础，不能作为最终结算与支付的唯一依据。实际支付应按实际完成的工程量，由承包人按工程量清单计量规则规定的计量方法,以监理人认可的尺寸、断面进行计量,并按本工程量清单的单价和总额价计算支付金额;或根据具体情况,按合同条款第15.4款的规定,按监理人确定的单价或总额价计算支付额。

(4)工程量清单各章是按第八章"工程量清单计量规则"、第七章"技术规范"的相应章次进行编号的。因此,在理解或解释工程量清单中各章的工程子目的范围与计量时,应与"工程量清单计量规则""技术规范"相应章节的范围、计量与支付条款相结合。

(5)对于作业和材料的一般说明或规定,在工程量清单中未重复写入。因此,在给工程量清单各子目标价前,应参阅第七章"技术规范"的有关内容。

(6)工程量清单中所列工程量的变动,不会降低或影响合同条款的效力,也不免除承包人按规定的标准进行施工和修复缺陷的责任。

(7)图纸中所列的工程数量表及数量汇总表仅作为提供资料之用,并非工程量清单的外延。当图纸与工程量清单所列数量不一致时,应以工程量清单所列数量作为报价的依据。

2. 投标报价说明

(1)工程量清单中的每一子目必须填入单价或价格,且每个子目只允许有一个报价。

(2)除非合同另有明确规定,工程量清单中标有价格的单价和总额价已包含为实施和完成合同工程所需的全部劳务、材料、机械、质检(包括自检)、安装、缺陷修复、管理、保险、税费、利润等费用,以及合同中明示或暗示的所有责任、义务和一般风险。

(3)对于工程量清单中投标人未填入单价或价格的子目,其费用应视为已分摊在工程量清单中其他相关子目的单价或价格之中。承包人必须按照监理人的指令完成这些未填入单价或价格的子目,但不得因此获得额外的结算与支付。

(4)符合合同条款规定的全部费用应视为已计入标有价格的工程量清单所列各子目之中。对于未列出的子目或不予计量的工作,其费用应视为已分摊在本合同工程的相关子目的单价或总额价之中。

(5)承包人用于本合同工程的各类装备的提供、运输、维护、拆卸、拼装等所需支付的费用,已包含在工程量清单的单价与总额价之中。

(6)工程量清单中的各项金额均以人民币(元)为单位进行结算。

(7)暂列金额(不含计日工总额)的数量及拟用子目的具体说明。

(8)暂估价的数量及拟用子目的具体说明。

公路项目工程量清单的组成

3. 计日工说明

1)总则

(1)本说明应参照通用合同条款第15.7款进行理解。

(2)未经监理人书面指令,任何工程不得按计日工方式施工;接到监理人按计日工方式施工的书面指令后,承包人不得拒绝执行。

(3)投标人应在计日工单价表中填列计日工子目的基本单价或租价,该基本单价或租价适用于监理人指令的任何数量的计日工的结算与支付。计日工的劳务、材料和施工机械由招标人(或发包人)列出正常的估计数量,投标人报出单价,计算出计日工总额后列入工程量清单汇总表中,并作为评标价的组成部分。

(4)计日工的价格不进行调整。

2)计日工劳务

(1)在计算应付给承包人的计日工工资时,工时从工人到达施工现场并开始从事指定工作算起,直到返回原出发地点为止,扣除用餐和休息时间。只有直接从事指定工作且能胜任该工作的工人才能计入工时,随同工人一起工作的班长应计算在内,但不包括领工(工长)和其他质检管理人员。

(2)承包人可以获得用于计日工劳务的全部工时的支付,该支付按承包人填报的"计日工劳务单价表"所列单价计算。该单价应包括基本单价及承包人的管理费、税费、利润等所有附加费。具体说明如下。

①劳务基本单价包括承包人劳务的全部直接费用,如工资、加班费、津贴、福利费及劳动保护费等。

②承包人的利润、管理费、质检费、保险费、税费;易耗品的使用费,水电及照明费,工作台、脚手架、临时设施费;手动机具与工具的使用及维修费;以及上述各项伴随而来的其他费用。

3)计日工材料

承包人可以获得计日工使用的材料费用(已计入劳务费内的材料费用除外)的支付。该费用按承包人"计日工材料单价表"中所填报的单价计算。该单价应包括基本单价及承包人的管理费、税费、利润等所有附加费。具体说明如下。

(1)材料基本单价按供货价加运杂费(到达承包人现场仓库)、保险费、仓库管理费以及运输损耗等计算。

(2)承包人的利润、管理费、质检费、保险费、税费及其他附加费。

(3)从现场运至使用地点的人工费和施工机械使用费不包括在上述基本单价内。

4)计日工施工机械

(1)承包人可以获得用于计日工作业的施工机械费用的支付。该费用按承包人填报的"计日工施工机械单价表"中的租价计算。该租价应包括施工机械的折旧费、利息、维修费、保养费、零配件费、油燃料费、保险费和其他消耗品的费用;以及全部有关使用这些机械的管理费、税费、利润和司机与助手的劳务费等费用。

(2)在计日工作业中,承包人计算施工机械费用时,应按实际工作小时支付。除非经监理人同意,否则计算的工作小时不得将施工机械从现场某处运到监理人指令的计日工作业的另一现场的往返运送时间包括在内。

4. 其他说明

说明其他需要交代的内容。

5. 工程量清单表

工程量清单表是在招标工程中按章的顺序排列的各个项目表,根据工程的不同部位和施工内容进行分类。表中包括子目号、子目名称、单位、数量、单价及合价等栏目。其中单价或合价栏的数字一般由承包商在投标时填写,而其他部分一般由业主或招标单位在编制工程量清单时确定。

《公路工程标准施工招标文件》(2018年版)中的工程量清单由以下7章组成:

第100章 总则;

第200章 路基;

第300章 路面;

第400章 桥梁、涵洞;

第500章 隧道；

第600章 安全设施及预埋管线。

第700章 绿化及环境保护设施。

工程量清单分为两类,具体内容如下。

(1)一类是开办项目的工程量清单,这些项目通常是在工程施工开工前就要发生,或者一开工就会发生,或者大部分会在初期发生的项目,例如工程保险、承包商的临时设施费等。在工程量清单及技术规范中,这些项目会被单独列项,并通常放在清单的第100章"总则"中。这类项目的特点是相关款项采用包干支付方式,按总额进行结算。

(2)另一类是永久性工程项目的工程量清单,包括路基,路面,桥梁,涵洞,隧道,安全设施及预埋管线,绿化及环境保护设施共6个项目。这些项目的工程量应根据图纸中的工程量,并按照技术规范的"计量与支付"条款规定进行处理后确定。需要注意的是,该工程量是暂估数量,实际工程量需要通过计量的方式来最终确定。

表6-2和表6-3分别为第100章和第200章的工程量清单节选。

表6-2 第100章 总则

清单	第100章 总则				
子目号	子目名称	单位	数量	单价	合价
101	通则				
101-1	保险费				
-a	按合同条款规定,提供建筑工程一切险	总额			
-b	按合同条款规定,提供第三者责任险	总额			
102	工程管理				
102-1	竣工文件	总额			
102-2	施工环保费	总额			
102-3	安全生产费	总额			
102-4	信息化系统(暂估价)	总额			
103	临时工程与设施				
103-1	临时道路修建、养护与拆除(包括原道路的养护)	总额			
103-2	临时占地	总额			
103-3	临时供电设施架设、维护与拆除	总额			
103-4	电信设施的提供、维修与拆除	总额			
103-5	临时供水与排污设施	总额			
104	承包人驻地建设				
104-1	承包人驻地建设	总额			
105	施工标准化				
105-1	施工驻地	总额			
105-2	工地试验室	总额			
105-3	拌合站	总额			
105-4	钢筋加工场	总额			

续表

子目号	子目名称	单位	数量	单价	合价
105-5	预制场	总额			
105-6	仓储存放地	总额			
105-7	各场(厂)区、作业区连接道路及施工主便道	总额			
	清单第 100 章合计　人民币				

表 6-3　第 200 章　路基(节选)

清单　第 200 章　路　基					
子目号	子目名称	单位	数量	单价	合价
202	场地清理				
202-1	清理与掘除				
-a	清理现场	m^2			
-b	砍伐树木	棵			
-c	挖除树根	棵			
202-2	挖除旧路面				
-a	水泥混凝土路面	m^3			
-b	沥青混凝土路面	m^3			
-c	碎石路面	m^3			
202-3	拆除结构物				
-a	钢筋混凝土结构	m^3			
-b	混凝土结构	m^3			
-c	砖、石及其他砌体结构	m^3			
-d	金属结构	kg			
202-4	植物移栽				
-a	移栽乔(灌)木	棵			
-b	移栽草皮	m^2			
203	挖方路基				
203-1	路基挖方				
-a	挖土方	m^3			
-b	挖石方	m^3			
-c	挖除非适用材料(不含淤泥、岩盐、冻土)	m^3			
-d	挖淤泥	m^3			
-e	挖岩盐	m^3			
-f	挖冻土	m^3			
203-2	改河、改渠、改路挖方				

续表

子目号	子目名称	单位	数量	单价	合价
-a	挖土方	m³			
-b	挖石方	m³			
-c	挖除非适用材料(不含淤泥、岩盐、冻土)	m³			
-d	挖淤泥	m³			
-e	挖岩盐	m³			
-f	挖冻土	m³			

6. 计日工表

计日工,也被称为散工或点工,是指在工程施工过程中,发包人可能会遇到一些临时性的或新增加的项目。由于这种临时新增项目的工程量在招投标阶段很难准确估计,因此,为了避免开工后可能出现因价格争议而引发的争端,发包人希望能在招投标阶段就对这些项目的价格进行事先确定。为此,需要以计日工明细表的形式,在工程量清单中予以明确列出。

计日工表主要由计日工劳务表、计日工材料表、计日工施工机械表以及计日工汇总表等几个部分组成。其具体的格式可以参考表6-4至表6-7。

表6-4 计工日劳务表

编号	子目名称	单位	暂定数量	单价	合价
101	班长	h			
102	普通工	h			
103	焊工	h			
104	电工	h			
105	混凝土工	h			
106	木工	h			
107	钢筋工	h			
	……				
			劳务小计金额:		
			(计入"计日工汇总表")		

表6-5 计工日材料表

编号	子目名称	单位	暂定数量	单价	合价
201	水泥	t			
202	钢筋	t			
203	钢绞线	t			
204	沥青	t			
205	木材	m³			

续表

编号	子目名称	单位	暂定数量	单价	合价
206	砂	m³			
207	碎石	m³			
208	片石	m³			
	……				
			材料小计金额：_____		
			（计入"计日工汇总表"）		

表 6-6 计工日施工机械表

编号	子目名称	单位	暂定数量	单价	合价
301	装载机				
301-1	1.5 m³ 以下	h			
301-2	1.5～2.5 m³	h			
301-3	2.5 m³ 以上	h			
302	推土机				
302-1	90 kW 以下	h			
302-2	90～180 kW	h			
302-3	180 kW 以上	h			
	……				
			施工机械小计金额：_____		
			（计入"计日工汇总表"）		

表 6-7 计日工汇总表

名称	金额	备注
劳务		
材料		
施工机械		
	计日工总计：_____	
	（计入"投标报价汇总表"）	

7. 暂估价表

暂估价是指发包人在工程量清单中预先设定的，用于支付那些必然会发生但暂时无法确定具体价格的材料、工程设备或专业工程的金额。在工程实施阶段，将根据不同类型的材料与专业工程的具体情况，对这些暂估价进行重新定价。暂估价表主要由材料暂估价表、工程设备暂估价表以及专业工程暂估价表三个部分组成,其具体的格式可以参考表 6-8 至表 6-10。

表 6-8 材料暂估价表

序号	名称	单位	数量	单价	合价	备注

表 6-9 工程设备暂估价表

序号	名称	单位	数量	单价	合价	备注

表 6-10 专业工程暂估价表

序号	专业工程名称	工程内容	金额
		小计:	

8. 投标报价汇总表

投标报价汇总表是通过将各章的工程量表及计日工表进行汇总,并加上按项目招标文件规定的一定比例或数量的暂列金额(通常这一比例或数量不宜超过第 100 章～第 700 章合计金额的 3%)来得出该项目的总报价。这个总报价与投标书中填写的投标总价应保持一致,其格式具体参见表 6-11。

表 6-11　投标报价汇总表

项目名称_____　标段_____

序号	章次	科目名称	金额/元
1	100	总则	
2	200	路基	
3	300	路面	
4	400	桥梁、涵洞	
5	500	隧道	
6	600	安全设施及预埋管线	
7	700	绿化及环境保护设施	
8		第 100 章～第 700 章清单合计	
9		已包含在清单合计中的材料、工程设备、专业工程暂估价合计	
10		清单合计减去材料、工程设备、专业工程暂估价合计（即 8－9＝10）	
11		计日工合计	
12		暂列金额（不含计日工总额）①	
13		投标报价（即 8＋11＋12＝13）	

注：材料、工程设备、专业工程暂估价已包括在清单合计中，不应重复计入投标报价。

① 暂列金额的设置不宜超过工程量清单第 100 章～第 700 章合计金额的 3%。

9. 工程量清单单价分析表

工程量清单单价分析表用来分析和体现清单各子目综合单价所包含的人工费、材料费、机械使用费、其他直接费、管理费、税费、利润等各项费用构成，其格式见表 6-12。

表 6-12　工程量清单单价分析表

序号	编码	子目名称	人工费			材料费						机械使用费	其他直接费	管理费	税费	利润	综合单价
						主材				辅材费	金额						
			工日	单价	金额	主材耗量	单位	单价	主材费								

四、工程量清单的编制

工程量清单编制包括清单说明、清单子目划分、工程数量计算三项工作。

1. 清单说明

工程量清单说明，在某些合同文件中也被称为清单前言。它对工程量清单的性质、承包人填报工程量清单的单价和合同价格的要求等做出了明确规定。因此,该说明在招投标期间对如何进行工程报价有实质性影响,在工程实施期间对工程是否进行计量与支付以及如何进行计量与支付同样具有实质性影响。在进行工程变更及费用索赔时,其参考作用更为明显,直接影响到监理工程师对单价的确定。

工程量清单说明主要强调了工程量清单与招标文件的关系、工程量清单中工程量的性质与作用、工程量计算规则、承包人填报工程量清单价格时的要求等方面的内容。

2. 清单子目划分

清单子目列于分项清单表或工程量清单中,通常根据招标工程的不同性质分章按顺序排列。

清单子目的分章排列有助于区分不同性质、不同位置、不同施工阶段或其他特性不同的工程。同时,也有利于将那些需要采用不同施工方法、不同施工阶段或成本差异较大的工程区分开来。工程子目反映了施工项目中各分部分项工程及其数量,是工程量清单的主体部分。

工程子目由招标人根据招标文件、招标项目的具体特点和实际需要编制,并与"投标人须知""通用合同条款""专用合同条款""技术规范"和"图纸"相衔接。

1)工程子目的内容划分

按内容不同,可分为以下两部分。

(1)工程量清单的"总则"部分。该部分说明合同需要发生的各种开办项目,其计价特点主要是采用总额包干,因此,其计量单位大多为"总额",其格式参见表6-2。

(2)根据图纸需要发生的工程子目部分。该部分说明了施工项目中各工程子目将要发生的工程量,计价特点是单价不变,实际工程量由计量确定。

2)工程子目的划分原则

(1)与技术规范保持一致:工程量清单各工程子目在名称、单位等方面都应和技术规范相一致,以便承包人清晰理解各工程子目的内涵并准确填写各子目的单价。因此,在编制招标文件时,其工程子目划分应尽量与技术规范相一致。如果根据实际需要对某些工程子目重新划分,则应注意修改技术规范的相应内容(包括相应的计量与支付方法)。

(2)便于计量支付、合同管理以及处理工程变更:工程子目的大小要科学合理。工程子目过小可能有利于处理工程变更的计价,但会增加计量工作量和计量难度;工程子目过大则可减少计量工作量,但过大可能难以发挥单价合同的优势,不便于变更工程的处理(计价)。此外,工程子目过大也会使支付周期延长,影响承包人的资金周转,最终影响合同的正常履行和合同的严肃性。

(3)保持合同的公平性:为保持合同的公平性,应将开办项目作为独立的工程子目单独列出。开办项目往往是一些一开工就要全部或大部分发生甚至开工前就要发生的项目,如工程保险、承包人的驻地建设、临时工程等。如将这些项目包含在其他项目的单价中,则承包人开工时上述款项不能得到及时支付,这不仅影响合同的公平性和承包人的资金周转,还会影响招标中预付款的数量(预付款数量需增加),并可能加剧承包人的不平衡报价(承包人可能将开工早的工程子目报价提高,以尽早收回成本),从而影响变更工程的计价。

(4)保持清单的灵活性:为了使清单在实施中具有一定的灵活性,工程量清单中应包含计日工清单。设立计日工清单的目的是用来处理一些小型变更工程(小到可以用日工的形式来计价)的计价问题,使工程量清单在造价管理上的可操作性更强。为加强承包人计日工报价的合理性,在编制工程量清单时应事先假定各计日工的数量。

3. 工程量计算

工程量清单的工程量是反映承包人义务量大小及影响造价管理的重要数据。整理工程量的依据是设计图纸和技术规范,这是一项技术性工作,绝非简单地罗列设计文件中的工程量。在整理工程量时,应根据设计图纸及调查所得的数据,在技术规范的计量与支付方法的基础上进行综合计算。同一工程子目,其计量方法不同,所计算出来的工程量也会不同。设计文件中工程量所对应的计量方法与技术规范中的计量方法不一定一致,这需要在整理工程量的过程中进行技术处理。在工程量的计算中,应认真、细致,确保其准确性,做到不重不漏,避免计算错误。否则,会带来以下问题。

(1)工程量的错误一旦被承包人发现,承包人可能会利用不平衡报价给业主带来损失。
(2)工程量的错误会引起合同总价的调整和索赔(或反索赔)。
(3)工程量的错误还会增加变更工程和费用索赔的处理难度。
(4)工程量的错误会造成投资控制和预算控制的困难。

五、工程量清单预算文件的编制

公路工程工程量清单预算是在施工招投标活动中,针对采用工程量清单计价的工程,参照施工图预算的造价依据和方法,按照规定的程序,对招标工程建设所需的全部费用及其构成进行测算后所确定的预计造价值。

在招标阶段,适宜编制工程量清单预算。该预算是招标人确定招标控制价或最高投标限价,并评判投标报价合理性的重要依据。

1. 说明

工程量清单预算文件的编制说明应涵盖以下内容。
(1)设计文件的批复情况、招标的主要工作内容概述以及工程建设规模等基本信息。
(2)采用的造价依据,包括人工、材料、设备、机械台班的单价来源或依据,以及其他费用标准或费用信息等。
(3)工程招标的核备情况,以及与工程量清单预算编制相关的委托书、协议书、会议纪要等重要文件。
(4)造价总金额,以及人工、钢材、水泥、木料、沥青等主要资源的总消耗量,同时说明其他需要关注的问题。
(5)与批复的设计概算(修正概算或施工图预算)对应部分的费用对比情况,以揭示差异。
(6)其他与造价相关但无法在表格中直接反映的事项。

2. 基本表格

单个合同段的工程量清单预算文件的基本表格包括:
(1)主要技术经济指标表(招预(总)1表);
(2)项目清单预算表(招预1表);
(3)工程量清单预算表(招预2表、2-1表);
(4)人工、材料、设备、机械的数量单价表(招预4表)。
表格的具体样式参见表6-13至表6-17。

表 6-13　主要技术经济指标表

建设项目名称：　　　　　编制范围：　　　　　第　页　共　页　　　　　　　招预(总)1 表

指标编码	指标名称	单位	信息或工程量	费用/万元	技术经济指标（单价）	各项费用比例/(%)	备注

编制：　　　　　　　　　　　　　　复核：

表 6-14　项目清单预算表

建设项目名称：　　　合同段：　　　编制范围：　　　第　页　共　页　　　　招预1 表

要素费用编码	清单子目编码	工程或费用名称	单位	数量1	数量2	单价1/元	单价2/元	合价/元	各项费用比例/(%)	备注

编制：　　　　　　　　　　　　　　复核：

表 6-15　工程量清单预算表

建设项目名称：　　　合同段：　　　编制范围：　　　　　　　　　　第　页　共　页

序号	清单子目编码	清单子目名称	金额/元
1	100	第 100 章 总则	
2	200	第 200 章 路基工程	
3	300	第 300 章 路面工程	
4	400	第 400 章 桥梁、涵洞工程	
5	500	第 500 章 隧道工程	
6	600	第 600 章 安全设施及预埋管线	
7	700	第 700 章 绿化及环境保护设施	
001		各章合计	
002		计日工合计	
003		暂列金额	
004		总价(004＝001＋002＋003)	

编制：　　　　　　　　　　　　　　复核：

表 6-16　工程量清单预算表(节选)

建设项目名称：　　　合同段：　　　编制范围：　　　　　　　　　　第　页　共　页

第 200 章 路基工程

清单子目编码	清单子目名称	单位	数量	单价/元	合价/元
	第 200 章小计				

编制：　　　　　　　　　　　　　　复核：

表 6-17　人工、材料、设备、机械的数量单价表

建设项目名称：　　　　　合同段：　　　　编制范围：　　　　　　　　　　第　页　共　页

序号	编码	名称	单位	单价	总数量	分项统计					场外运输损耗		备注（规格）
						专项管理及临时工程	路基工程	路面工程	桥梁涵洞工程	隧道工程	交叉工程	%	数量	

编制：　　　　　　　　　　　　　　　　复核：

六、标底或招标控制价的编制

标底或招标控制价是工程造价的一种重要控制手段，其水平将直接影响中标价，因此，标底或招标控制价的编制在施工招标过程中占据举足轻重的地位。

1. 标底的概念、作用及要求

1）标底的概念

标底是招标人根据招标项目的具体情况计算并确定的施工底价，它代表了招标人对该工程造价的期望，同时也是该工程在建设市场交易中的预期价格基准。标底通常被用作评审和比较投标价的参考依据。

2）标底的作用

（1）标底在招标过程中起到了防止盲目报价、遏制低价抢标和串通哄抬标价的关键作用。

（2）标底是衡量投标报价是否合理的重要标准，也是决定投标单位能否中标的关键因素。

（3）通过编制标底，招标人可以更好地控制工程造价，核实投资规模。

3）标底的要求

（1）招标人有权根据项目特点决定是否编制标底。若招标项目设有标底，招标人可以自行编制或委托中介机构进行编制，并需送交相关造价或招标管理部门审核确认。

（2）标底必须控制在批准的概算金额范围之内。

（3）一个招标项目只能设定一个标底。

（4）标底的具体数额必须严格保密，直至开标时方可公布。

2. 标底的编制依据

工程标底的编制主要依据工程招标文件的发包内容、范围以及工程量清单，同时参照相关计价办法、现行工程消耗定额以及人工、材料、机械的市场平均价格，并结合常规的施工组织设计方案进行编制。

对于公路工程招标项目，标底的编制依据主要包括以下几个方面。

1）招标文件

标底是衡量和评审投标价的基准，招标人必须严格遵循招标文件中的投标人须知、合同

条款、工程量清单及图纸等编制标底。

2) 概预算定额

概预算定额是国家根据合理的施工组织和一般正常的施工条件制定的专业或地区统一定额,具有法定性。编制标底时,必须按照现行概、预算定额及国家规定的其他计价依据进行。

3) 费用定额

编制标底时,其他工程费、间接费、利润和税金等费用应根据费用定额规定的取费标准,结合招标工程的规模、招标方式、招标文件的有关规定以及参与投标的施工企业的实际情况进行确定。

4) 工、料、机价格

工、料、机价格是计算直接工程费的重要依据。人工工资应按照国家规定的计价依据和当地工资标准进行计算;材料预算单价应参照地区指导价或以市场供应价为基础进行分析确定;机械台班预算单价则按照地区或行业统一的《公路工程机械台班费用定额》进行确定。

5) 设计概算或施工图预算文件

经过上级主管部门或相关方面审查批准的初步设计、概算文件或施工图设计、预算文件也是编制标底的重要依据。标底金额不得超过批准的设计概算或施工图预算金额。

6) 施工组织方案

标底的多个方面都与施工组织方案密切相关,如临时工程的数量、路基和路面的施工机械选择、钻孔桩的钻机型号以及架梁方案等。因此,编制标底前必须制订完善的施工组织方案。

3. 标底的编制方法

编制标底的方法并非一成不变,而是通常根据招标项目的技术管理特性、设计完成阶段以及合同计价模式等因素灵活选择。标底的常见编制方法包括概预算编制法、综合单价法、经验单价比较法以及统计平均法等。

1) 概预算编制法

概预算编制法依据概预算定额及其编制原则来确定标底,其编制流程与概预算的编制方法大致相同。不同之处在于,标底需根据招标文件(或合同)中明确规定的承包人义务进行编制,且仅考虑建筑安装工程费用。

采用概算定额编制标底时,通常适用于初步设计阶段即进行招标的工程。若施工图设计已完成,则可依据施工图计算工程量,并按预算定额编制标底。标底亦可在工程概算或预算的基础上经适当调整后确定,并需注意以下事项:

(1) 按概算编制标底时,应考虑概算定额中工、料、机消耗量的富余情况(一般富余3%~5%),并适当下浮。

(2) 对概预算中未涵盖但可能由承包人承担的费用,应在标底中予以考虑。

(3) 概预算金额应根据市场供求情况进行合理调整。

(4) 对概预算中明显不合理的费用,应据实调整或替换概预算定额中的数据。

(5) 鉴于当前劳动生产力水平普遍高于概预算定额所反映的水平,且招标市场多为买方市场,价格通常较低,因此确定标底时,应在概预算基础上,根据市场供求状况及当前劳动生产力水平,乘以一个小于1的修正系数。

2)综合单价法

综合单价法依据工程量清单进行计价,通过对工程量清单中的分项工程子目进行单价分析计算,确定每个子目的综合单价(全费用单价)及合价。其编制方法与投标报价基本一致。

3)经验单价比较法

经验单价比较法以同一地区、同一类型近期实际发生的分项工程单价为基础,通过分析施工条件等差异进行适当调整,从而确定本招标项目的单价,并按预定工程量计算出总价。此方法适用于工程项目众多、实际经验丰富的地区。

4)统计平均法

(1)投标价统计平均法:以投标人的投标价平均值(或加权平均值)作为标底。此方法简化了标底编制工作,无须保密;但存在被多家投标人联合操纵标底及投标结果的风险,影响评标公正性。若投标人联合哄抬标价,将导致中标价偏高,损害业主利益。

(2)投标价与标底复合评价法:以投标价平均值与业主编制的标底的加权之和作为标底。由于开标前双方均不知晓复合标底的具体数额,因此具有不可预知性,有效避免了人为因素的影响,有利于科学评价投标报价。

4. 招标控制价的编制方法

当招标人不设定标底时,为确保投标报价的客观性与合理性,避免哄抬标价,招标人应编制招标控制价。招标控制价是招标人依据建设主管部门发布的计价依据、招标文件、设计施工图纸及市场行情等条件计算得出的,招标工程限定的最高工程造价,即最高投标限价,亦称拦标价、预算控制价等。投标人的投标价不得高于招标控制价,否则其投标将被视为无效。

若招标人设定招标控制价,应在招标文件中明确最高投标限价或其计算方法。招标控制价的编制依据和方法与标底基本相同。

任务三 公路工程施工投标报价的编制

标底及投标
报价的计算

一、投标报价的编制依据

投标报价编制的主要依据包括:
(1)国家或省级、行业建设主管部门颁布的计价办法。
(2)企业定额,以及国家或省级、行业建设主管部门颁发的计价定额和计价依据。
(3)招标文件、工程量清单及其补充通知、答疑纪要。
(4)工程设计文件及相关资料。
(5)工程所在地的地质、地貌、水文、气候条件及其他相关条件。
(6)施工现场情况、工程特点及投标时拟订的施工组织设计或施工方案。
(7)与工程项目相关的标准、规范、技术资料。
(8)工程量计算规则。
(9)人工、材料、机械台班市场价格。
(10)措施费、企业管理费等各项综合取费标准。综合取费标准涵盖了措施费、企业管理费、规费、利润、税金以及专项费用的取费标准。其中,除规费、税金、专项费用采用规定的费率外,其他各项费用均可根据工程特点、企业经营管理水平和市场竞争状况综合确定。

(11)其他相关资料。

二、投标报价的构成

1. 按定额计价的方式编制

按定额计价的方式编制,即投标人需遵循预算编制规定,先计算出工程量,再依据政府主管部门批准的各种定额来计算直接费、间接费、利润和税金等费用。最后,还需考虑一定的浮动率,并据此计算出总价。

2. 工程量清单报价法

工程量清单报价法,即投标人需针对招标人所提供的工程量清单,填报出工程的单价、合价以及总价。

工程量清单计价的投标报价应包括按招标文件规定完成工程量清单所列项目的全部费用,这些费用涵盖分部分项工程费、措施项目费、其他项目费、规费和税金。具体公式如下:

工程报价＝分部分项工程费＋措施项目费＋其他项目费＋规费＋税金

(1)分部分项工程和单价措施项目清单与计价表的编制。

在编制分部分项工程和单价措施项目清单与计价表时,综合单价是其中的核心内容。综合单价涵盖了完成一个规定清单项目所需的人工费、材料和工程设备费、施工机具使用费、企业管理费、利润,并需考虑风险费用的分摊。

(2)总价措施项目清单与计价表的编制。

对于措施项目中的总价项目投标报价,投标人应遵循以下原则:

①措施项目的内容应严格依据招标人提供的措施项目清单和投标人投标时拟订的施工组织设计或施工方案来确定。

②措施项目费由投标人自主确定,但其中的安全文明施工费必须严格按照国家或省级、行业建设主管部门的规定来计价,不得作为竞争性费用。招标人无权要求投标人对该项费用进行优惠,投标人也不得将该项费用用于市场竞争。

(3)其他项目清单与计价表的编制。

①暂列金额应按照招标人提供的其他项目清单中列出的金额来填写,且不得随意变动。

②暂估价同样不得随意变动和更改。

③计日工应按照招标人提供的其他项目清单列出的项目和估算的数量,由投标人自主确定各项综合单价并计算费用。

④总承包服务费应根据招标人在招标文件中列出的分包专业工程内容和供应材料、设备情况,以及招标人提出的协调、配合与服务要求和施工现场管理需要,由投标人自主确定。

(4)规费、税金项目清单与计价表的编制。

规费和税金应按国家或省级、行业建设主管部门的规定来计算,同样不得作为竞争性费用。这是因为规费和税金的计取标准是依据有关法律、法规和政策规定制定的,具有强制性。

三、投标报价的编制流程

投标报价的编制主要包括以下几个步骤。

(1)研究招标文件:在投标报价前,首先需要仔细研读招标文件,了解项目的具体要求、条件、工程范围以及其他关键信息。

(2)调查投标环境:对投标环境进行深入调查,包括政治和法律环境、自然条件、市场状况等,以便全面评估可能面临的风险和潜在的机会。

(3)制订施工方案:根据项目的具体特点和要求,制订详尽的施工方案,涵盖施工方法、工艺流程、进度计划以及所需资源等内容。

(4)计算基础标价:基于施工方案和市场调查,准确计算工程所需的人工、材料、设备等成本,形成基础标价。

(5)确定投标策略与运用投标技巧:在分析竞争对手、评估自身实力及项目风险的基础上,制定合适的投标策略,并灵活运用各种投标技巧以增加中标机会。

(6)调整标价并确定投标报价:综合考虑市场竞争、项目风险及企业利润目标等因素,对基础标价进行适当调整,最终确定具有竞争力的投标报价。

(7)编制投标报价文件:按照招标文件的要求,精心编制投标报价文件,确保内容完整、准确、合规,以便在投标过程中赢得评审专家的认可。

图 6-2 所示为投标报价编制流程。

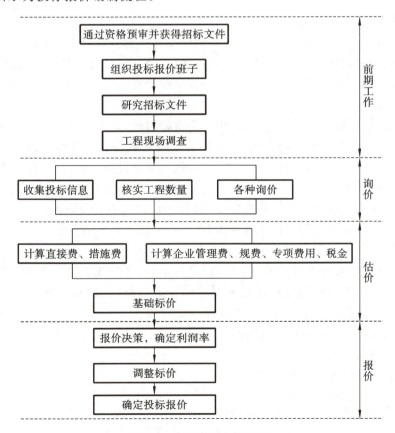

图 6-2 投标报价编制流程

投标报价的编制还涉及对工程量的复核、投标报价的编制原则和依据,以及投标文件的编制和递交需遵循的相关规定。整个过程要求投标人全面考虑各种潜在的风险和成本因素,以确保报价的合理性及竞争力。

四、基础标价的计算

基础标价的计算是在施工总进度计划、主要施工方法、分包商选择和资源安排确定之后,依据本公司的工料消耗标准(即企业定额)和水平,以及询价所得信息,对本公司完成招标工程所需支出的费用进行详细分析计算的过程。其基本原则是根据本公司的实际情况,合理确定施工成本和待摊费用,而不考虑其他外部因素,不涉及投标决策、利润水平及施工风险的评估。成本价主要由直接费、措施费、企业管理费、规费、税金及专项费用等构成。基础标价计算的核心内容包括直接费、措施费、企业管理费的计算,并在此基础上,按规定计取规费、税金及专项费用,从而得出基础标价,形成初步的投标报价数据。

五、投标报价策略与技巧

投标人为了提升报价的竞争力,需要努力降低自身的施工成本,同时,为了确保在合同执行过程中能够获得一定的经济效益,还必须设定合理的利润率,并充分预估潜在风险,最终进行报价的平衡调整。

1. 投标报价策略

在投标过程中,投标人应根据自身的经营状况和经营目标,综合考虑自身的优势与劣势,评估竞争的激烈程度,并深入分析投标项目的整体特点,结合工程的类别、施工条件等因素来确定投标策略。从投标的全过程来看,投标策略主要表现在以下三个方面。

1) 生存型策略

当投标人面临生存危机时,可能会以中标为首要目标,而不计其他影响因素。这种危机可能源于社会、政治、经济环境的变化,也可能源于投标人自身经营管理的不善。具体表现为:企业经济状况不佳,投标项目数量减少;政府调整基建投资方向,导致投标人擅长的工程项目减少,尤其是对那些营业范围单一的专业工程投标人造成较大冲击;投标人经营管理不善,导致投标邀请日益减少。在这种情况下,投标人应以生存为重,即使不盈利甚至赔本也要争取中标,只要能暂时维持生存并渡过难关,就有可能迎来东山再起的机会。

2) 竞争型策略

竞争型策略是指投标人以竞争为手段,以开拓市场、实现低盈利为目标。在精确计算成本的基础上,投标人需要充分预估各竞争对手的报价目标,并以有竞争力的报价来争取中标。以下情况下,投标人应采取竞争型报价策略。

(1) 经营状况不景气,近期投标邀请较少。

(2) 面临竞争对手的威胁。

(3) 试图打入新的地区市场。

(4) 开拓新的工程施工类型。

(5) 投标项目风险较小,施工工艺简单、工程量大、社会效益好。

(6) 附近有本企业其他正在施工的项目,可以形成协同效应。

这种策略也被大多数企业所采用,通常被称为保本低利策略。

3) 盈利型策略

这种策略旨在让投标报价充分展现自身优势,以追求最佳盈利为目标,对效益较小的项目兴趣不大,而对盈利潜力大的项目则充满信心。以下情况适宜采用盈利型报价策略:投标人在该地区已稳固市场地位、施工能力达到饱和、享有高信誉、面临的竞争对手较少、具备技术优势并对招标方具有较强的品牌影响力,投标人的主要目标是扩大影响力,或者面对施工条件恶劣、难度大、资金支付条件不佳、工期和质量要求极为苛刻,以及作为联合伙伴陪标的项目等。

在按照既定策略得出报价后,应对该报价进行全方位的分析。分析的目的是评估这个报价的合理性、竞争力、盈利潜力及潜在风险。通常而言,投标人对投标报价的计算方法大同小异,造价工程师所依据的基础价格资料也颇为相似。因此,从理论上讲,各投标人的投标报价与招标人的标底价应当相去不远。

2. 投标报价技巧

1) 不平衡报价法

不平衡报价法是指在工程项目投标总价基本确定后,通过调整内部各项目的报价,以期在不影响中标的前提下,于结算时获得更理想的经济效益。常见的不平衡报价法有以下几种:

(1) 对于能够早日收回资金的项目,如前期措施费、基础工程、土石方工程等,可适当提高报价,以加速资金周转;而后期工程项目,如设备安装、装饰工程等,则可适当降低报价。

(2) 经过工程量核算,若预计某项目工程量会增加,可适当提高该项目的单价,以便在最终结算时多盈利;相反,对于工程量可能减少的项目,可降低其单价,以减少结算时的损失。但需注意,对于清单工程量有误且可能减少的项目,不能盲目抬高单价,需具体分析后再定。

(3) 若设计图纸不明确,且预计修改后工程量会增加,可提高相应项目的单价;而对于工程内容不明确的项目,则可适当降低单价。

(4) 在议标时,投标人通常会压低标价。此时,应优先压低小工程项目的单价,即使压低较多,总价也不会显著降低,同时给招标人留下大幅降价的印象,展现投标人的让利诚意。

(5) 在其他项目费中,工日单价和机械台班单价可适当提高,以便在招标人用工或使用机械时多盈利。但需注意,对于其他项目中的工程量,需具体分析是否报高价,并设定合理限度,以免抬高总报价。

虽然不平衡报价可降低投标人的风险,但报价必须建立在对工程量清单表中的工程量风险仔细核对的基础上。特别是降低单价的项目,若工程量增加,将造成重大损失。因此,降价幅度需控制在合理范围内,一般不超过10%,以免引起招标人反对,甚至导致废标。若不注意此点,招标人可能会挑选出报价过高的项目,要求投标人进行单价分析,并围绕过高内容压价,使投标人得不偿失。

2) 多方案报价法

有时招标文件中允许提出一个建议方案,或对于某些条款不明确、不公正或技术规范要求苛刻的招标文件,投标人可在充分估计风险的基础上,采用多方案报价法。即按原招标文件报一个价,再提出若某条款变动,报价可降低的额度。这样可降低总造价,吸引招标人。此时,投标人应组织有经验的设计和施工工程师,对原设计方案进行仔细研究,提出更合理的方案,以吸引招标人,促成自己的方案中标。这种新方案可降低总造价或提前竣工。但需注意,对原招标方案必须报价,新方案报价仅供招标人比较。

3) 突然降价法

报价是保密工作,但竞争对手可能会通过各种渠道刺探情报。采用突然降价法可在报价时迷惑对手。即先按一般情况报价或表现出兴趣不大,到投标截止前突然降价。采用此法时,需在准备报价过程中考虑好降价幅度,并根据情况信息与分析判断,在临近截止日期前做出最后决策。突然降价法通常只降低总价,而降低的部分可通过不平衡报价分摊到各清单项内,以期获得更高效益。

4)先亏后盈法

对于大型分期建设的工程,在第一期工程投标时,可将部分间接费分摊到第二期工程中去,少计算利润以争取中标。这样,在第二期工程投标时,凭借第一期工程的经验、临时设施及信誉,较易获得第二期工程。但需注意,若第二期工程遥遥无期,则不宜采用此法。

5)许诺优惠条件

投标报价附带优惠条件是有效手段之一。招标人评标时,除考虑报价和技术方案外,还会分析其他条件,如工期、支付条件等。因此,投标时可主动提出提前竣工、低息贷款、赠送施工设备、免费转让新技术或专利、免费技术协作、代为培训人员等优惠条件,以吸引招标人,利于中标。

6)争取评标奖励

有时招标文件规定,对某些技术指标的评标,若提供优于规定的指标值,可获得适当评标奖励。因此,投标人应使招标人注重的指标优于规定标准,以获得评标奖励,利于竞争中取胜。但需注意,技术优于招标规定将导致报价上涨。若报价过高,即使获得评标奖励,也难以抵消报价上涨部分,使评标奖励失去意义。

在工程量清单实行后,投标人在报价时必须展现自己的核心优势,关注如何在降价的同时获得最大利润。投标人首先应在先进合理的技术方案和较低的投标价格上下功夫,同时正确决策利润和风险。此外,还需运用其他策略和技巧辅助报价,规避及防范风险。

其次,有经验的投标人对招标人的工程量清单特别关注,会详细分析研究每一项工程清单的描述及内容。即使发现招标人的工程量清单有错项、漏项及施工过程中可能发生的变更和隐藏风险,也不会正面变更或减少条件,而是利用招标人的错误进行不平衡报价等,为中标后的索赔留下伏笔,以期获得最大利润。

因此,投标人只有很好地运用策略,才能正确分析投标报价并果断做出决策,从而在最低价中标的情况下获得预期利润。

六、标价的调整

1. 有关费用的分摊

所谓摊销费,是指那些不能单独列为第 100 章总则费用的项目,且其产生的费用涉及两个或两个以上清单编号的项目,需要直接分摊到各分项单价中的费用。

摊销费可分为以下两种类型。

一是费用类,如利润、保险费(除第 100 章以外的)、风险金等。

二是实物类,如预制场(或拌合站)的建设费用、拌合设备的安装与拆卸费用、集中拌合混凝土的拌制与运输费用、第 100 章以外的临时工程(如道路、桥梁、供水、供电等)、清除与掘除项目、临时占地等。对上述费用进行分摊的目的是使投标报价更加合理,确保既无重复又无遗漏。

2. 单价的调整

当投标人的总报价确定后,还需采用"不平衡报价法"对单价进行调整,以期在工程结算时获得最佳的经济效益。采用不平衡报价时,必须建立在对工程量表中工程量仔细核对与分析的基础上。特别是对于那些报价较低的项目,如果实际工程量增加,将会给承包人带来重大损失。同时,不平衡报价不宜过多或过于明显,以免引起业主的反对,甚至导致废标。

七、投标报价文件的编制

在考虑了基础报价、报价策略、报价确定及标价调整后,即可按照标书格式及要求来编制报价文件。报价文件包括填有单价和总价的工程量清单、单价分析表、人工及主要材料数量汇总表等组成部分。在进行基础报价计算时,已初步形成了相关报表。随后,利用报价软件进行标价调整,并按照招标文件的要求打印出相关报表,从而形成最终的报价文件。

同望 WECOST 公路工程造价管理系统在编制清单报价文件与编制预算的软件操作流程上基本相同,主要区别在于清单编制相较于预算编制,增加了分摊与调价的功能。因此,在本章中,我们将仅概要介绍编制清单报价中的特殊功能。接下来,我们将使用同望 WECOST 软件进行基础标价的计算、费用分摊、调价以及报表输出。

1. 同望 WECOST 软件清单报价编制操作流程

同望 WECOST 软件清单报价编制操作流程如图 6-3 所示。

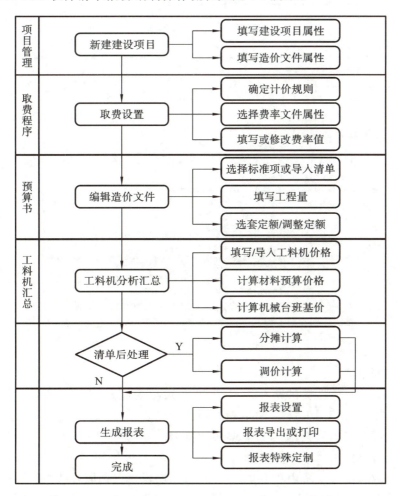

图 6-3　同望 WECOST 软件清单报价编制操作流程

2. 基础标价计算

(1) 新建清单造价文件。

在【预算书】界面点击鼠标右键,然后点击【新建】→【造价文件】→选择【计价依据】,如图 6-4、图 6-5 所示。

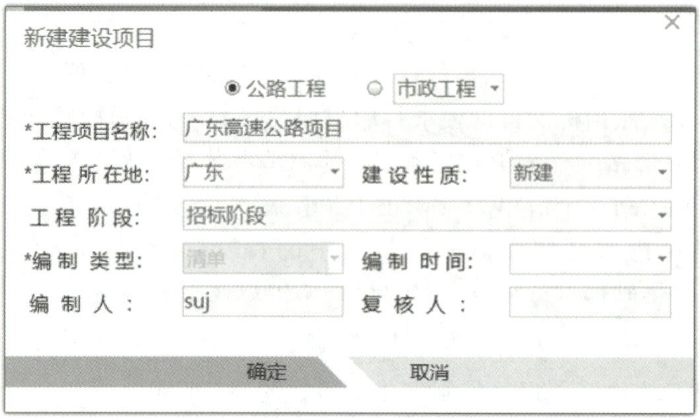

图 6-4　新建建设项目

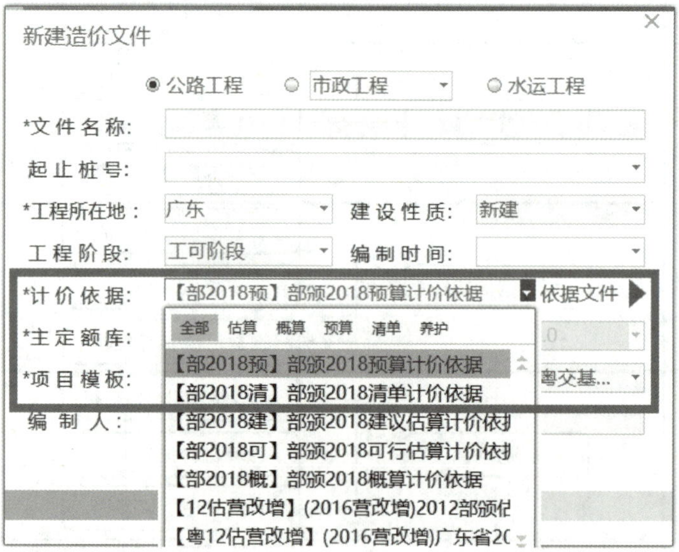

图 6-5　选择计价依据

(2) 导入工程量清单。

在【预算书】界面,软件提供导入 Excel 工程量清单功能,如图 6-6 所示。软件根据清单编号自动排序,用户可使用工具栏上的按钮进行调整。

(3) 选套定额与定额调整,如图 6-7、图 6-8 所示。

(4) 确定人材机价格,如图 6-9~图 6-15 所示。人工价根据各省发布的录入;机械费计算为默认勾选计算,由可变费用和不变费用组成;车船税可以选取各地车船税标准。

(5) 确定取费费率,如图 6-16、图 6-17 所示。一条路线通过不同的雨量区和雨季期时,应分别计算雨季施工增加费或按工程量比例求得平均的增加率,计算全线雨季施工增加费。

项目六　公路工程施工招标与投标文件的编制 / 199

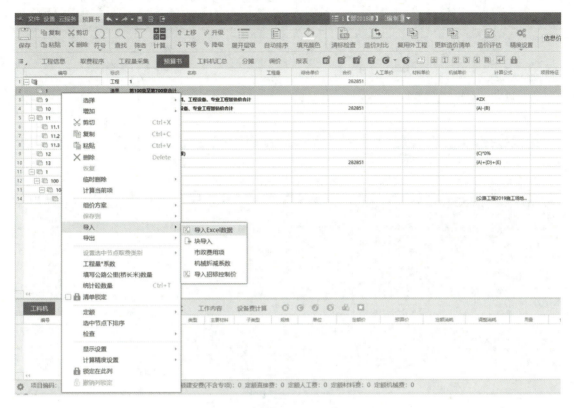

图 6-6　导入工程量清单

图 6-7　选套定额

202-1-a 清单及单价编制实例

309-1-a 清单及单价编制实例

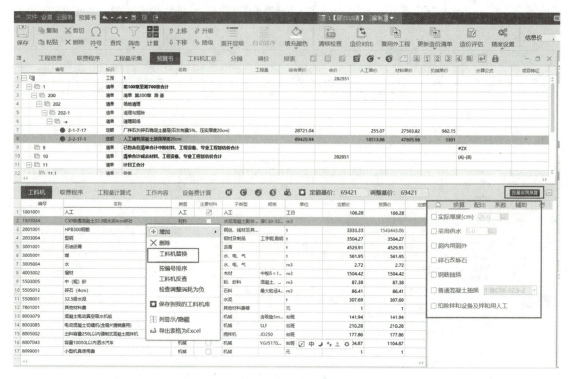

图 6-8　定额调整

图 6-9　工料机汇总

图 6-10　人工价录入

图 6-11 机械费计算

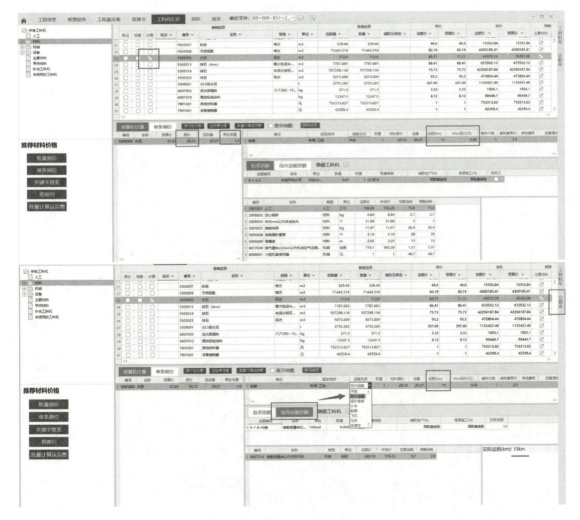

图 6-12 材料运杂费

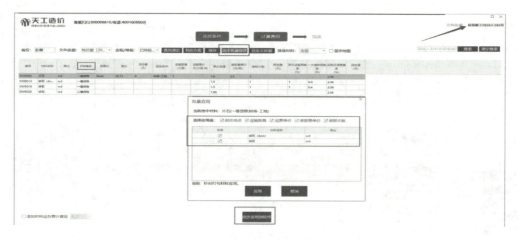

图 6-13 批量运杂费

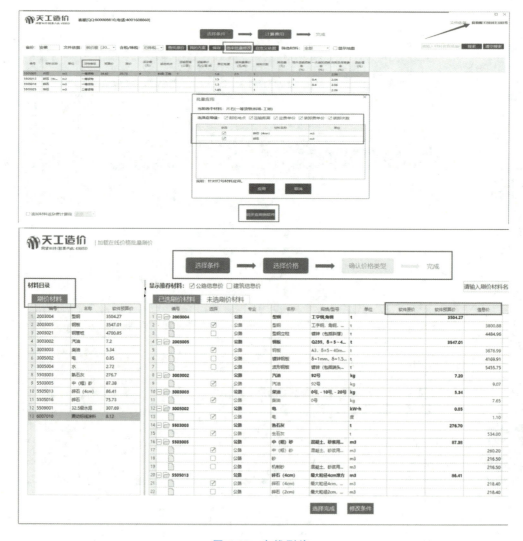

图 6-14 在线刷价

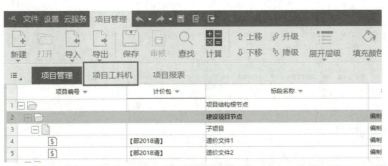

图 6-15　项目工料机

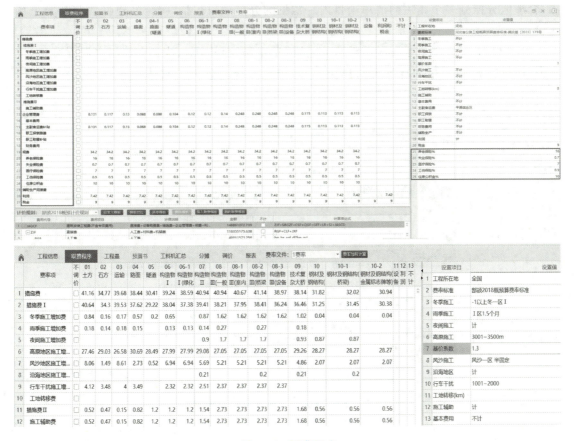

图 6-16　取费程序

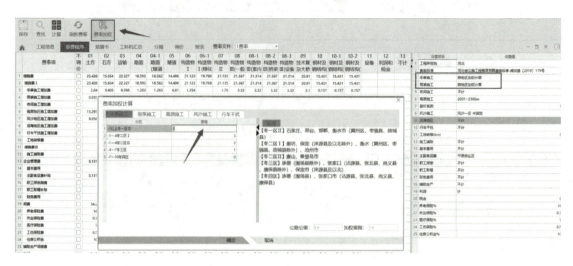

图 6-17 费率加权

3. 费用分摊、调价和报表输出

1) 分摊

分摊的目的在于将工程量清单中未单独开列,但在实际施工过程中必然产生的合理费用,合理地分摊到多个相关的清单项目内。常见的分摊项目包括"拌合站建设费"和"弃土场建设费"等。

WECOST 系统提供了三种分摊方式:按清单金额比重(JE)、按集中拌制水泥混凝土(或水泥)用量(SN)以及按沥青混合料用量(LQ)进行分摊。分摊的具体步骤及系统界面如图 6-18 所示。

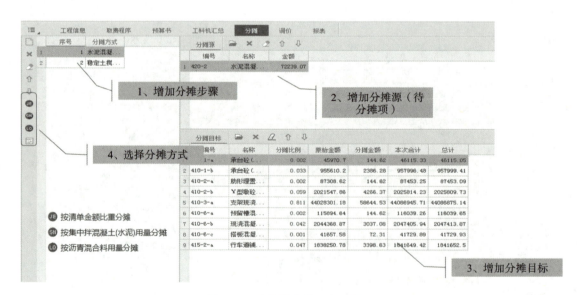

图 6-18 分摊的步骤及系统界面

2）调价——正向调价和反向调价

正向调价可调整工料机消耗量、工料机单价以及综合费率。反向调价则是在目标报价处输入一个目标控制价，系统便会根据所选条件反向计算出报价。反向调价有三种方式：反调工料机消耗量计算、反调综合费率计算和反调综合单价计算。具体操作如图6-19所示。

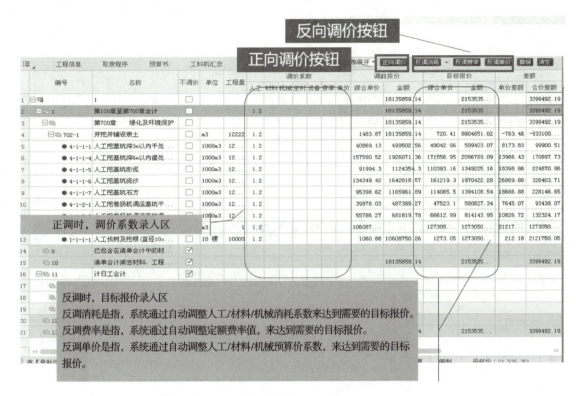

图 6-19　调价操作

在调价界面，如有某些特殊分部分项清单不需要参与调价，直接勾选【不调价】复选框即可。

在进行调价的过程中，如果需要撤销调价操作，可以直接点击调价工具栏上的【撤销】图标，这将撤销选中节点及其下级节点的调价计算。

点击【清空】图标，可以清空所有的调价计算结果。

3）报表输出

（1）在调价界面，勾选需要输出单价分析表的清单项目，然后切换到【报表】界面，浏览单价分析表。单价分析表是招标人用来分析工程量清单报价构成的专用表格，不同的招标人要求的报表项目和格式可能会有所不同。

（2）根据招标人的具体要求，打印输出报表、暂估价表、单价分析表以及其他招标文件所要求的报表，并导出相应的电子文档。

具体操作如图6-20所示。

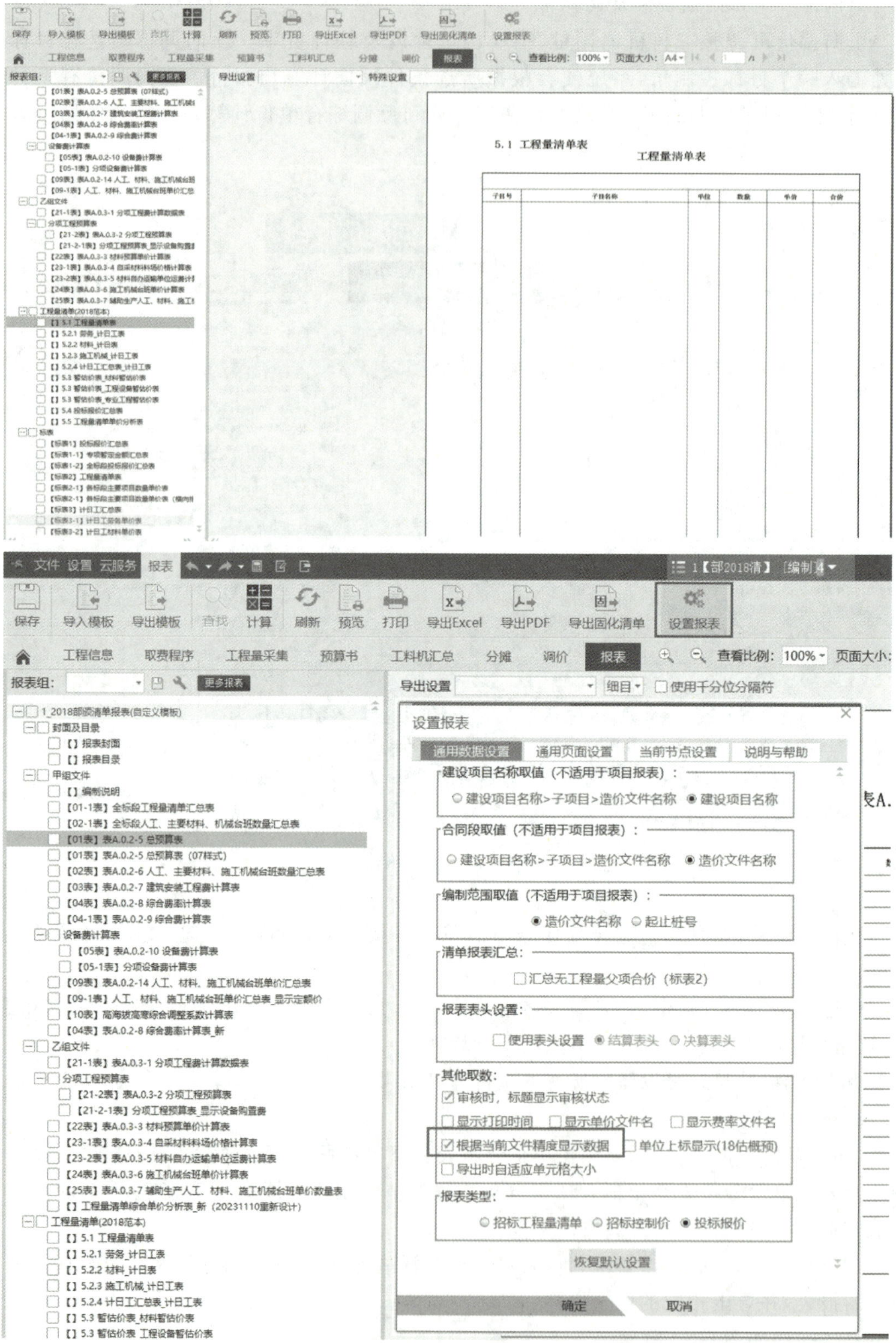
保存
导入模板
导出模板
查找
计算
刷新
预览
打印
导出Excel
导出PDF
导出固化清单
设置报表
工程信息
取费程序
工程量采集
预算书
工料机汇总
分摊
调价
报表
查看比例:
100%
页面大小:
A4
报表组:
更多报表
导出设置
特殊设置
5.1 工程量清单表
工程量清单表
文件
设置
云服务
1【部2018清】
[编制]
细目
使用千分位分隔符
1_2018部颁清单报表(自定义模板)
封面及目录
【】报表封面
【】报表目录
甲组文件
【】编制说明
【01-1表】全标段工程量清单汇总表
【02-1表】全标段人工、主要材料、机械台班数量汇总表
【01表】表A.0.2-5 总预算表
【01表】表A.0.2-5 总预算表（07样式）
【02表】表A.0.2-6 人工、主要材料、施工机械台班数量汇总表
【03表】表A.0.2-7 建筑安装工程费计算表
【04表】表A.0.2-8 综合费率计算表
【04-1表】表A.0.2-9 综合费计算表
设备费计算表
【05表】表A.0.2-10 设备费计算表
【05-1表】分项设备费计算表
【09表】表A.0.2-14 人工、材料、施工机械台班单价汇总表
【09-1表】人工、材料、施工机械台班单价汇总表_显示定额价
【10表】高海拔高寒综合调整系数计算表
【04表】表A.0.2-8 综合费率计算表_新
乙组文件
【21-1表】表A.0.3-1 分项工程费计算数据表
分项工程预算表
【21-2表】表A.0.3-2 分项工程预算表
【21-2-1表】分项工程预算表_显示设备购置费
【22表】表A.0.3-3 材料预算单价计算表
【23-1表】表A.0.3-4 自采材料料场价格计算表
【23-2表】表A.0.3-5 材料自办运输单位运费计算表
【24表】表A.0.3-6 施工机械台班单价计算表
【25表】表A.0.3-7 辅助生产人工、材料、施工机械台班单价数量表
【】工程量清单综合单价分析表_新（20231110重新设计）
工程量清单(2018范本)
【】5.1 工程量清单表
【】5.2.1 劳务_计日工表
【】5.2.2 材料_计日表
【】5.2.3 施工机械_计日工表
【】5.2.4 计日工汇总表_计日工表
【】5.3 暂估价表_材料暂估价表
【】5.3 暂估价表_工程设备暂估价表
设置报表
通用数据设置
通用页面设置
当前节点设置
说明与帮助
建设项目名称取值（不适用于项目报表）：
建设项目名称>子项目>造价文件名称
建设项目名称
合同段取值（不适用于项目报表）：
建设项目名称>子项目>造价文件名称
造价文件名称
编制范围取值（不适用于项目报表）：
造价文件名称
起止桩号
清单报表汇总：
汇总无工程量父项合价（标表2）
报表表头设置：
使用表头设置
结算表头
决算表头
其他取数：
审核时，标题显示审核状态
显示打印时间
显示单价文件名
显示费率文件名
根据当前文件精度显示数据
单位上标显示(18估概预)
导出时自适应单元格大小
报表类型：
招标工程量清单
招标控制价
投标报价
恢复默认设置
确定
取消

图 6-20 报表输出

续图 6-20

任务实施

任务描述：

结合本项目所学，查阅相关资料，完成案例引入中的思考问题，以小组为单位完成任务单。

任务单

任务名称：公路工程施工招标与投标文件编制					
组别		组长		组员	
任务要求	结合本项目所学，查阅相关资料，完成本项目案例引入中的思考问题				

续表

任务名称:公路工程施工招标与投标文件编制
完成任务的体会:
小组成员分工合作情况说明:
参考资料来源:

参 考 文 献

[1] 中华人民共和国交通运输部. 公路工程建设项目概算预算编制办法: JTG 3830—2018[S]. 北京: 人民交通出版社, 2018.

[2] 中华人民共和国交通运输部. 公路工程预算定额: JTG/T 3832—2018[S]. 北京: 人民交通出版社, 2018.

[3] 中华人民共和国交通运输部. 公路工程机械台班费用定额: JTG/T 3833—2018[S]. 北京: 人民交通出版社, 2018.

[4] 中华人民共和国交通运输部. 公路工程建设项目造价文件管理导则: JTG 3810—2017[S]. 北京: 人民交通出版社, 2018.

[5] 中华人民共和国交通运输部. 公路工程标准施工招标文件(2018年版)[M]. 北京: 人民交通出版社, 2018.

[6] 交通运输部职业资格中心. 交通运输工程技术与计量[M]. 北京: 人民交通出版社, 2019.

[7] 交通运输部职业资格中心. 交通运输工程造价案例分析[M]. 北京: 人民交通出版社, 2019.

[8] 《中华人民共和国招标投标法》,《中华人民共和国招标投标法实施条例》修正版. 2017.

[9] 俞素平, 孙莉萍, 徐筱婷. 公路工程定额与造价[M]. 4版. 北京: 人民交通出版社, 2019.

[10] 赖雄英, 郭俊飞. 公路工程造价编制与应用[M]. 北京: 人民交通出版社, 2018.

[11] 雷书华, 高伟, 马涛. 公路工程预算与工程量清单计价[M]. 2版. 北京: 人民交通出版社, 2013.

[12] 俞素平, 丁永灿. 公路工程造价与招投标[M]. 北京: 人民交通出版社, 2011.